예제로 배우는 **Vue.js**

예제로 배우는 **Vue.js**

Vue.js 기초부터
MEVN(MongoDB, Express, Vue.js, Node.js)까지

원철연 지음

i!i
에이콘

추천의 글

올해 프론트엔드에서 백엔드까지 여성 개발자를 양성하는 강의를 진행하면서 수업에 필요한 Vue.js 참고도서에 목말라 하던 중 지인의 추천으로 이 책을 접했다. 이 책은 Vue.js 주요 디렉티브 문법부터 SPA 개발에 필요한 각종 확장 플러그인 활용 기술, 그리고 몽고 DB 기반의 노드백엔드 OPEN API 개발 기술까지 다룬다. Vue.js 기반의 프론트엔드 애플리케이션 개발을 목표로 하는 입문자뿐만 아니라 노드 기반 풀스택 개발자들에게도 강력히 권장하는 자바스크립트 풀스택 개발자에게 필요한 내용을 담은 필수 참고도서다.

강창훈 / 서울시 남부여성발전센터 웹 개발 전문강사, 마이크로소프트 AI MVP

마이크로소프트 MVP가 되면서 친분을 맺은 원철연님은 오랫동안 성공회 대학에서 C#부터 웹 프로그래밍, 데이터베이스까지 프로그래밍 전반의 탄탄한 기본기를 학생들에게 잘 가르치기로 소문난 선생님이다. 이미 몇 권의 프로그래밍 책을 집필한 연륜 있는 저자이며 같은 동네 주민이기도 하다. 몇 달 전 동네 카페에서 커피 한 잔을 앞에 놓고 남자들만의 수다를 하던 중에 새로운 책의 집필 아이디어를 듣게 됐다.

이미 시중에 Vue 책이 제법 많이 나온 상태지만 프로그래밍에 입문하는 학생들을 오랫동안 가르쳐온 감각으로 설계한 책의 골격을 듣고 나니, 내용을 빨리 보고 싶었다. 그래서 이 책의 집필 초반에 책 내용을 볼 수 있는 기회를 얻었고, 책을 써 내려간 방식이 마음에 와 닿았다. 프론트엔드 기술인 Vue를 다루는 책이긴 하지만, 백엔드 기술을 접목하지 않고서는 Vue의 효과적인 설명과 실무에서 필요한 사용법을 익히기에 한계가 있다고 생각했다.

하지만 이 책은 Vue를 현장감 있게 배울 수 있도록 Mongo DB와 Node, Express를 소개하면서 이들 기술에 대한 배경지식이 없어도 Vue를 학습하는 데 걸림돌이 없도록 잘 구성했다. 이 책은 최근의 프론트엔드 개발을 위한 자바스크립트 프레임워크로 가장 핫한 Vue를 학습자의 입장에서 잘 풀어내 처음 Vue에 입문하는 개발자에게 시원한 생수가 돼줄 것 같다. 최근 〈클라우드 기반 웹 개발〉 과정을 진행하면서 교재로 쓸 Vue 책을 고르기 위해 시중에 나온 책들을 살펴봤지만 적합한 책이 없었다. 이 책을 접하고 나서 교재로 선택하고 싶었지만 타이밍이 맞지 않아 아쉬웠다. 이 책을 통해 Vue를 쉽고 빠르게 배워 잘 사용하는 독자들이 많길 기대한다. 책을 집필하느라 오랫동안 열정을 쏟은 원철연님께도 감사를 전한다.

김도균 / Microsoft MVP/MCT

Vue.js에 관심이 있는 입문자가 Vue.js에 쉽고 편하게 접근할 수 있도록 풀어낸 책이다. 그리고 Vue.js뿐만 아니라 여러 가지 환경의 개발 방법이나 브라우저로 디버깅을 하는 방법까지 수록해 놓칠 수도 있는 기초를 튼튼하게 할 수 있다.

장형욱 / LINE, DevOps 개발자

이미 웹프로그래머로 활동하고 있는 이들에게도, 또 준비하는 이들에게도 Vue.js는 더 이상 낯선 이름이 아니다. 그래서 대부분 배워보고 싶다는 생각을 하지만 막상 어디서부터 어떻게 시작해야 하는지 막막하기 마련이다. 이 책은 그 막막함을 해소해주는 것은 물론이고 편안하고 아늑하게 학습할 수 있는 길까지 제시해준다. Vue.js의 개발 환경 구성부터 애플리케이션 구축까지 이어지는 이 길은 중간중간 Vue.js와 어우러져 활용할 수 있는 프레임워크나 서비스의 설명도 포함하고 있으며, 오랜 시간 강단에서 교육에 힘쓰고 있는 저자의 진심이 묻어져 있다. 자 이제 이 길을 함께 걸어보자.

한상훈 / 넥슨코리아

지은이 소개

원철연 cywon@outlook.com

2007년부터 3년 동안 준비한 첫 번째 책『초보자를 위한 C# and Database 완벽가이드』가 2010년 세상에 나온 후 이 책이 인연이 돼 성공회 대학교에서 프로그래밍과 데이터베이스 중심으로 수년 동안 강의했다. 2011년에 마이크로소프트로부터 전문성과 지식 나눔을 인정받아 Microsoft MVP로 2018년 중반까지 활동했다.

경력

* 현재 한국연구재단(NRF) 과학기술지원단(TPC)
* 전 성공회대학교 외래교수
* 전 KISA 심사위원(HTML5 웹 표준)
* 전 Microsoft MVP(Most Valuable Professional)
* 전 (사)한국사물인터넷학회 학술이사
* 전 (사)한국인터넷 전문가협회(KIPFA) 자문위원

강의

웹 프로그래밍(C#, ASP.NET), 웹페이지 구축(HTML, CSS, 자바스크립트), 데이터베이스(SQL 서버), 객체지향 시스템, XAML 프로그래밍, 하이브리드 애플리케이션 개발을 위한 Apache Cordova, SQL 서버, PL/SQL 등

저서

* 『C# and Database 완벽가이드』(영진닷컴, 2010)
* 『C# XML LING 완벽가이드』(영진닷컴, 2011)

강의를 할 때마다 학습자들에게 종종 "나는 단지 여러분보다 조금 먼저 안 것을 전달하는 사람이며 강의가 자신이 나아갈 방향을 정하는 데 조금이라도 도움이 되기를 바란다"라고 말한다. 요즘과 같이 새로운 기술이 자주 등장하고 인터페이스가 변하는 상황에서 신기술을 이해하고 강의를 하거나 책을 쓰는 것은 어려운 일이다. 대표적인 예로 인공지능, 클라우드를 들 수 있으며 자바스크립트 관련된 분야도 그렇다. 모두 소위 말하는 인적, 물적 자원이 집중되는 분야다.

자바스크립트 분야를 예로 들면 한동안 아마존에서 자바스크립트와 관련된 책을 주문해 보곤 했지만 요즘은 더 이상 아마존에서 책을 구매하지 않는다. 왜냐하면 대부분의 책들이 저자의 정성이 가득 담긴 심혈을 기울인 내용들이었지만 중요한 것은 책을 구매하는 시점에서 책에 수록된 예제가 동작하지 않거나 그 사이 변경된 API를 따로 학습해서 이해해야 하는 추가적인 노력이 필요했기 때문이다.

이 책은 2016년 대학교를 떠나 우즈베키스탄에서 KOICA 봉사단원으로 학생들에게 프로그래밍을 가르치던 2017년부터 조금씩 준비해서 나온 결과물이다. 이미 여러 권의 IT책을 썼지만 매번 책을 쓰는 동안 수백 번 이상 자신과의 싸움을 해야 했고 쓰는 동안 버전이 변경돼 다시 수정하는 작업을 반복했다. 이 책도 모든 예제가 동작하도록 마무리하는 시점에서 새롭게 다시 테스트를 했다. 개인적으로 모든 독자를 만족시킬 수 있는 책은 이 세상에 없다는 것은 불변의 진리라고 생각한다. 다만 이 책으로 Vue.js를 학습하는 독자에게 듣고 싶은 말은 "책에 투자한 금액과 시간들이 조금은 의미가 있었다" 정도면 좋겠다.

이 책을 학습할 때 HTML, CSS, 자바스크립트에 대한 기본적인 이해가 필요하다면 내 블로그에서 2013년 8월에 공개한 HTML, CSS, 자바스크립트 관련 책 한권 분량의 자료(https://fromyou.tistory.com/581)를 참고하길 바란다.

이 책을 계속 집필할 수 있도록 격려해주신 MS MVP이며 독립 IT 기술자인 김도 균님께 감사를 전한다. 내가 작성한 원고를 독자들에게 보다 이해하기 쉽게 편집, 디자인해 주시고 세상에 나오게 해주신 에이콘출판사 관계자분께 감사를 전한다.

마지막으로 팔순이 넘으셨는데도 매일 새벽 기도로 응원해주시는 부모님과 가족들에게 감사함을 전한다.

목차

4장　재사용할 수 있는 컴포넌트　　119

6장 폼을 이용해 사용자가 입력한 데이터를 서버로 전달하기   247

7장 라우팅을 활용한 웹사이트 탐색   283

 에이콘출판의 기틀을 마련하신 故 정완재 선생님 (1935-2004)

들어가며

Vue.js는 Angular의 양방향 데이터 바인딩과 React의 가상 돔^{Virtual DOM}과 같은 각각의 프레임의 특징과 비교해 상대적으로 가볍고 배우기 쉽다는 장점이 있다. 이제 Vue.js는 Angular, React와 함께 자바스크립트 기반의 웹, 모바일 '애플리케이션' 개발에서 각광받는 프레임워크이다.

몇 년 전부터 서버의 전체 페이지를 가져와서 새로 로드하지 않고 동적으로 현재의 페이지를 새롭게 구성해 사용자와 상호작용하는 웹 애플리케이션 혹은 웹사이트 형태인 단일 페이지 애플리케이션^{Single Page Application}이 각광받고 있다.

단일 페이지 애플리케이션은 새 HTML을 가져오도록 서버에 요청하지 않고 현재 페이지에서 링크 클릭과 같은 탐색 동작에 대한 응답으로 콘텐츠를 다시 렌더링하는 웹페이지를 의미한다.

따라서 기존 방식인 클라이언트(브라우저)에서 탐색할 링크를 클릭하고 서버가 새 페이지를 렌더링하고 반환하는 전통적인 웹 사이트 형태보다 풍부한 사용자 경험과 쉬운 반응형 디자인이 가능하고 성능 또한 우수 하다는 장점이 있다. 그리고 기존의 웹사이트보다는 스마트폰이나 태블릿 같은 모바일 환경에 적합하다. 이러한 단일 페이지 애플리케이션을 만들 때 Angular, React, 그리고 이 책의 주제인 Vue를 이용한다.

또한 이 3개의 자바스크립트 프레임워크는 NoSQL의 대표주자인 MongoDB, 확장성이 있는 네트워크 애플리케이션 개발에 사용되는 Node.js, 그리고 Node.js의 대표적인 웹 애플리케이션 프레임워크인 Express.js와 어우러져 서버단을 개발하는 데도 활용되고 있으며 각각 MEAN, MERN, MEVN으로 불린다.

이 책에서는 MEVN를 이해할 수 있도록 RESTful 서버 + MongoDB로 서버단을 구성하는 방법과 Vue.js로 RESTful 서버와 연동해 MongoDB에 직접 CRUD 작업을 할 수 있도록 했다.

이 책의 구성

처음 Vue.js를 배우는 사람이 무엇부터 시작해야 하는지, 어떤 것에 접근하는 것이 어려울지 고민하며 썼다. Vue.js를 시작하는 사람들이 처음 접하는 난관은 "무엇부터 시작해서 어떻게 학습하느냐?"일텐데 이를 자세히 설명하고 있으며 "무엇을 배울 것 인가?"라는 질문의 대답으로 Vue.js 관점에서 기초부터 MongoDB, Express, Vue, Node로 구성되는 MEVN을 경험해 볼 수 있도록 구성했다. 이 책의 내용을 요약하면 다음과 같다.

1장 Vue.js 소개

Vue.js를 학습할 때 필요한 Node.js 설치를 시작으로 Vue.js의 기본적인 npm 명령어를 소개한다. Vue.js 프로젝트를 생성하는 방법을 소개하고 구체적으로 vue/cli를 이용하는 방법을 설명한다. 요즘 개발 툴로 각광받는 Visual Studio Code 설치와 기능을 설명하고 Vue.js 개발자 도구인 devtools를 소개한다. 끝으로 자바스크립트 ES6에 새롭게 등장했고 이 책에서도 자주 사용하는 화살표 함수(=>)를 설명한다.

2장 Vue.js 애플리케이션의 시작 – 뷰 인스턴스

Vue.js 애플리케이션의 시작점인 뷰 인스턴스$^{Vue\ instance}$를 정의하고 지원하는 다양한 속성을 이해하고 나아가 이를 응용할 수 있도록 소개한다. method 프로퍼티를 이용한 전통적인 이벤트 처리 방법과 computed, watch 프로퍼티를 이용해 data 객체 내 데이터를 저장하는 프로퍼티에 변화가 발생했을 때 어떻게 처리하는지 설명한다.

props 프로퍼티를 이용해 부모 컴포넌트(뷰 인스턴스)에서 자녀 컴포넌트에게 데이터를 전달하는 방법과 뷰 인스턴스의 생명주기에 대해서 설명한다.

3장 엘리먼트에 기능을 덧붙이는 디렉티브

디렉티브[Directives]는 p, div 같은 HTML 엘리먼트에 붙여서 해당 엘리먼트에 무언가를 할 수 있도록 정의하는 일종의 명령이며, v-prefix 형태로 엘리먼트의 시작태그에 속성 형태로 추가해 사용한다. v-if, v-for 같은 디렉티브를 이용해 흐름을 제어하는 방법을 소개한다. v-model 디렉티브를 이용한 양방향 데이터 바인딩을 소개한 다음 v-on 디렉티브를 이용한 이벤트 처리를 설명한다.

4장 재사용할 수 있는 컴포넌트

Vue.js의 애플리케이션을 기능적이고 효과적으로 관리하는 데 핵심 역할을 하는 컴포넌트[Component]를 CDN, vue/cli로 어떻게 정의, 등록해 사용할 수 있는지 소개한다. 독립적으로 동작하는 컴포넌트 간의 데이터 전달을 위해 props, $emit, eventbus를 이용하는 방법을 설명한다. 좀 더 복잡한 데이터들을 전달하는 데 용이한 슬롯[slot]의 개념을 소개하고 vue.js 2.6 버전에서 새롭게 등장한 v-slot까지 설명한다.

5장 다양한 장치 디자인에 적합한 Materialize, Vuetify

스마트폰, 태블릿, 랩톱, PC 등 다양한 장치에서 동작하는 페이지를 디자인하는 일은 쉬운 일이 아니다. 이러한 작업이 수월하도록 Google Material Design에 기반을 둔 Materialize, Vuetify 라이브러리를 소개한다. 이 두 라이브러리를 이용해 Grid 시스템을 이해하고 활용할 수 있으며 이미지, 텍스트가 포함된 card 형태의 콘텐츠를 추가하는 방법, slider 컴포넌트를 이용한 이미지 슬라이더를 만들고 Navbar 컴포넌트를 이용해 사이트를 탐색하는 방법 등을 설명한다. 마지막으로 vue.js와 구글 클라우드[Google Cloud] 데이터베이스인 Firestore를 이용해 프론트엔드는 vue.js, 백엔드는 Firestore로 구성하는 실시간 채팅 프로그램을 만들어봄으로써 앞서 학습한 Materialize에 실제로 적용해본다.

6장 폼을 이용해 사용자가 입력한 데이터를 서버로 전달하기

form과 관련된 HTML 엘리먼트에는 어떤 것들이 있는지 소개하고 엘리먼트와 뷰 인스턴스의 data 객체 내에 정의되는 데이터 간의 양방향 데이터 바인딩이 v-model 디렉티브를 통해 어떻게 이뤄지는지 설명한다. 서버로 전송하기 전에 입력된 데이터가 정확한 지 확인하는 작업인 유효성 검사과정을 소개하고 유효성 검사를 위해 vuetify를 이용하는 방법을 설명한다. node.js를 이용해 서버를 만들어 실제 서버로 전송되는 데이터의 유효성 검사를 설명한다.

7장 라우팅을 활용한 웹사이트 탐색

라우팅은 사용자가 원하는 정보나 서비스를 쉽게 탐색할 수 있도록 웹사이트 내의 웹페이지들 간의 이동을 정의한다. 이 장에서는 vue-router를 이용해 프로젝트에 기능을 추가하는 방법을 소개한다. nested routes를 이용해 중첩 라우팅 경로, named routes, named views로 다수의 뷰를 하나의 페이지에 관리하는 방법을 알 수 있으며 navigation guard를 이용해 페이지의 접근 방법을 설명한다.

8장 효율적인 데이터 관리를 위한 Vuex

Vue.js 애플리케이션에서 한 곳에 데이터 저장소^{store}를 두고 애플리케이션 내의 모든 컴포넌트가 이용할 수 있게 보다 효율적으로 관리하는 vuex를 소개한다. 상태^{state}를 이용해 데이터를 저장하고 이 상태에 대한 직접적인 변경과 추적이 가능한 mutation, 상태로부터 데이터를 가져오는 함수인 getters, mutation을 커밋^{commit}해 간접적으로 상태를 수정하고 비동기적으로 동작하는 Action을 설명한다.

9장 MEVN(MongoDB, Express, Vue, Node.js) 기반 RESTful 서비스

2000년 로이 필딩^{Roy Fielding}이 박사학위 논문에 REST를 소개한 이후 모바일 환경은 개발환경의 대세가 됐다. 이 장에서는 요즘 개발자가 알아야 할 REST 개념, RESTful 서비스를 설명한다. RESTful 서비스와 연동할 때 알아야 할 개념인 callback, promise, async/await 같은 비동기처리 방법을 설명하며 NoSQL의 대명사인 MongoDB의 이해와 기본적인 CRUD 작업을 설명한다. 이러한 이해를 바탕으로 Node.js를 이용해 RESTful 서비스를 만들고 MongoDB와 연동할 수 있다. 마지막으로 Vue.js를 이용해 만들어진 RESTful 서비스로 MongoDB에 CRUD 작업하는 방법을 설명한다.

이 책의 대상독자

Vue.js를 사용해 웹, 모바일 애플리케이션을 개발하길 원하는 입문자나 보다 빠르게 웹, 모바일 애플리케이션을 개발하길 원하는 기존의 다른 자바스크립트 개발자를 대상으로 한다. 주로 MEVN 스택^{stack}을 이해하는 데 필요한 기능을 다루지만 PHP, ASP.NET, 자바를 이용한 웹 애플리케이션 개발에 Vue.js를 사용하고 싶다면 이 책이 Vue.js의 기초를 다지는 데 도움이 될 것이다.

예제 코드 다운로드

이 책에서 사용한 예제 코드는 https://github.com/cywon/vuejs_example에서 다운 받을 수 있으며, 에이콘출판사의 도서정보 페이지인 http://www.acornpub. co.kr/book/start-vuejs-mevn에서도 예제 코드를 다운로드할 수 있다.

정오표

정오표는 에이콘출판사의 도서정보 페이지 http://www.acornpub.co.kr/book/start-vuejs-mevn에서 확인할 수 있다.

질문

이 책과 관련해 질문이 있다면 이 책의 지은이나 에이콘출판사 편집 팀(editor@acornpub.co.kr)으로 문의해주길 바란다.

1

Vue.js 소개

Vue.js는 사용자 인터페이스^{UI} 및 단일 페이지 애플리케이션^{Single-Page Application}을 만드는 데 사용하는 오픈 소스 자바스크립트 프레임워크이다. 보통 자바스크립트 프레임워크는 개발자가 대화형^{interactive} 웹사이트를 쉽게 만들 수 있는 일종의 자바스크립트 도구로 웹 애플리케이션을 만드는 데 필요한 데이터 조작^{Manipulation}, 라우팅^{routing} 기능 등을 포함한다. 그리고 개발자가 스마트폰, 태블릿, 랩톱, PC와 같이 다양한 장치에 반응형 애플리케이션을 쉽게 만들 수 있는 기능을 제공한다. 개발자들에게 각광받는 이유 중 하나는 반응형의 지원 때문일 것이다.

에반 유^{Evan You}가 Vue.js(일반적으로 뷰^{Vue}로 발음한다)를 세상에 등장시켰다. 그는 구글에서 여러 프로젝트를 진행하면서 UI^{User Interface} 프로토타입을 빠르게 만들 필요성을 느꼈다고 한다. 반복되는 HTML 코드를 작성하는 것은 많은 시간과 자원을 소비하기 때문에 이를 개선할 목적으로 기존의 도구를 찾기 시작했다.

그 당시 Angular는 널리 사용됐지만 React.js는 새롭게 등장했고 Backbone.js와 같은 프레임워크는 MVC^{Model View Controller} 아키텍처를 이용해 대규모 애플리케이션 개발에 사용했다.

하지만 모두 그가 원하는 프레임워크가 아니었다. 그는 2014년 Angluar의 양방향 데이터 바인딩과 React의 특징인 가상 돔$^{Virtual\ DOM}$을 반영해 Vue.js를 내놓았다. Vue.js은 쉽고 유연한 방식의 데이터 바인딩과 재사용할 수 있는 컴포넌트를 제공하기 때문에 신속하게 프로토타이핑할 수 있다. 다음 절에서 Vue.js를 학습하는 기본이 되는 양방향 데이터 바인딩과 가상 돔을 차례대로 간략히 알아본다.

양방향 데이터 바인딩

Vue.js에서 v-model 디렉티브^{directive}를 사용하면 데이터 모델에 해당하는 데이터 변수와 사용자가 볼 수 있는 웹 페이지 UI와 양방향 데이터 바인딩이 가능하다.

그림 1-1은 뉴스그룹에 가입하는 폼^{form}인 UI에 이메일^{email}, 비밀번호^{password}를 입력하는 화면과 데이터 모델인 data 객체 내의 user 속성^{property}의 email, password에 양방향 데이터 바인딩된 것을 나타낸다. 정상적으로 이메일을 입력한 후 비밀번호를 2자리만 입력하면 그림 1-1과 같이 내부적으로 정의된 data 객체 내의 로직에 따라 "비밀번호~"의 에러 메시지를 즉각적으로 나타낸다.

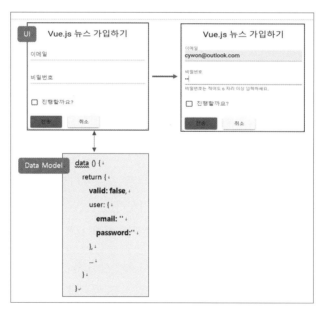

그림 1-1 UI에 이메일, 비밀번호를 입력하고 email, password에 양방향 데이터 바인딩

이와 같이 고객이 연락처, 설문조사, 회원 등록 같은 폼^{form}에 데이터를 입력하면 해당 데이터는 데이터 모델에 정의된 데이터 변수에 저장된다. 반대로 데이터 모델에 정의된 데이터 변수에 변화가 생기면 해당 데이터 변수와 v-model 디렉티브로 바인딩된 DOM^{Document Object Model}에도 변경사항이 자동적으로 반영된다. 기존의 이벤트 처리 같은 추가적인 작업을 할 필요가 없다. 자세한 사항은 디렉티브^{Directive} 부분에서 구체적으로 알아본다.

가상 돔

가상 돔^{Virtual DOM}을 이해하려면 먼저 DOM^{Document Object Model}을 이해할 필요가 있다. 기본적으로 웹페이지는 HTML, XML과 같은 마크업 언어로 작성된 문서로, 크롬^{Chrome}이나 파이어폭스^{Firefox} 같은 웹 브라우저는 HTML이나 XML 같은 마크업 언어로 작성된 문서들을 사용자가 쉽게 이해할 수 있도록 바꾸는 작업을 수행한다. 그 결과로 사용자는 브라우저에서 문자열부터 그림, 테이블 등을 볼 수 있다. 그리고 이러한 해석과정에서 HTML 페이지를 하나의 트리^{Tree} 형태의 모델로 저장하는데 이를 DOM이라고 한다.

DOM은 HTML 문서를 하나의 트리^{Tree} 형태로 나타낼 수 있는데 트리는 노드^{node}들로 구성되며 DOM 트리에 존재하는 요소^{Element}, 속성^{Attribute}, 텍스트^{Text}, HTML 문서 전체를 나타내는 Document 등을 노드라고 한다. 다음과 같이 간단한 index.html이 있다고 가정한다.

```
<html>
<head>
  <title>Node 이해하기</title>
  <script type="text/javascript">
  </script>
</head>
<body>
  <h1>Node에 대하여</h1>
  <p>Node는 HTML의 요소(Element), 속성(Attribute) 등을 나타낸다.</p>
```

```
</body>
</html>
```

이를 DOM 트리 형태로 간략하게 나타내면 다음과 같다.

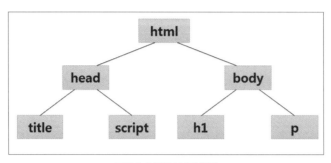

그림 1-2 DOM 트리 형태

DOM을 더 알고 싶다면 내 블로그(https://fromyou.tistory.com/552)의 글을 참고하거나 검색해 이해하길 바란다.

브라우저는 웹페이지를 로드할 때 DOM 트리를 만들고 이를 이용해 div, p, img 같은 요소를 추가, 삭제하거나 CSS 스타일 변경같은 조작Manipulation을 할 수 있다. 소규모의 웹 애플리케이션을 만들 때는 직접 DOM 트리를 매번 변경하는 것이 쉽고 좋아 보인다. 하지만 애플리케이션이 커지면 DOM을 직접 조작하는 시간이 많이 들고 계산 비용이 증가하기 시작한다.

여러분은 Virtual DOM을 DOM의 복사본이라고 생각할 수도 있고, Virtual DOM을 이용하더라도 브라우저에 DOM을 이용해 렌더링할 것이다. Virtual DOM은 필요한 경우에만 직접 DOM에 변화를 준다는 점에서 DOM과 다르다. 다시 말해서 Virtaul DOM에 변경이 발생하고 실제 DOM에 적용해야 할 때만 DOM에 변화를 준다. Virtual DOM은 그림 1-3과 같이 DOM과 Vue.js 애플리케이션의 시작점이 컨트롤 타워인 뷰 인스턴스Vue Instance 사이에 위치하며 DOM과 비교해 변화가 있을 때 실제 DOM에 변화를 적용한다.

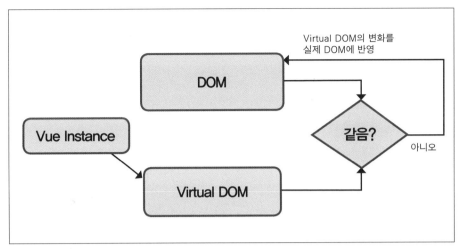

그림 1-3 실제 DOM에 변화 적용

간단한 예로 뷰 인스턴스Vue Instance 내의 template, data에 기반한 v-if 디렉티브를 이용해 〈p v-if="appear"〉와 같은 코드가 작성했다고 가정하자. 만일 appear의 값이 true이면 p 엘리먼트가 Virtual DOM에 추가돼 변화가 발생하며 실제 DOM과 비교해 다르므로 실제 DOM도 p 엘리먼트를 추가한다. 이상으로 Vue.js에서 가장 기본적인 양방향 데이터 바인딩과 Virtual DOM에 대해서 간략히 소개했다.

Vue.js의 장점

첫째, 초보자도 배우기 쉽고 접근이 용이하다. 기존 개발자뿐만 아니라 HTML, CSS, 자바스크립트의 기본만 아는 초보자와 비전공자 역시 쉽게 배우고 활용할 수 있다. 둘째, 유연성Flexibility을 들 수 있는데 Vue.js가 가볍고 단순한 구조이기 때문에 기존의 웹 프로젝트에 Vue.js를 쉽게 적용할 수 있다. Vue.js는 재사용이 가능한 컴포넌트Component 기반이므로 이를 이용하거나 ES6 같은 비교적 최신 자바스크립트 기술을 이용할 수 있고 routing 기능이나 vuex를 이용해 한 곳에서 애플리케이션 전체에서 사용하는 데이터를 효과적으로 관리할 수도 있다. 마지막으로 앞서 양방향 데이터 바인딩을 이용한 UI와 데이터 모델 간의 reactivity 기능을 들 수 있다.

Vue.js 현재와 향후 전망

현재 넷플릭스^{Netflix}, 알리바바^{Alibaba}, 어도비 포드폴리오^{Adobe Portfolio}, 깃랩^{Gitlab}, 닌텐도 ^{Nintendo}, 그래머리^{Grammarly}, 9GAG, 비핸스^{Behance}, 라라벨 스파크^{Laravel Spark} 등 다수의 기업이 Vue.js를 실제로 적용하고 있다.

Stateofjs.com[1]에 따르면 2016년부터 2018년까지 시간 경과에 따른 Vue.js의 인기도는 그림 1-4와 같다.

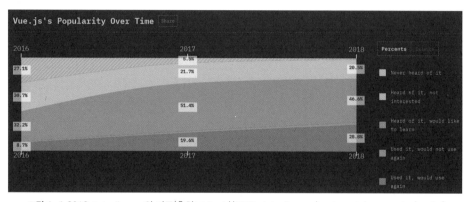

그림 1-4 2018.stateofjs.com의 자료(출처: https://2018.stateofjs.com/front-end-frameworks/vuejs/)

조사에 참여한 30% 가까이 되는 개발자들이 이미 vue.js를 사용해봤고 약 45% 이상의 개발자들이 vue.js에 대해 들어봤으며 배울 의향이 있다고 나타내고 있다.

stateofjs.com 조사 결과처럼 Vue.js는 Angular, React보다 늦게 시작했지만 한 동안 개발자들에게 사랑받는 프레임워크가 될 전망이다.

---

1 프론트엔드 프레임워크에서 테스트 라이브러리에 이르는 주제에 대해 질문하는 20,000명 이상 개발자의 데이터를 수집해 결과를 정리해서 나타낸다.

1.1 Vue.js 시작하기

Vue.js를 배우려면 기본적으로 Node.js가 설치돼 있어야 한다. vue.js 공식 사이트에서 vue.js 프레임워크를 다운로드 받아서 프로젝트를 생성할 수 있고 vue/cli를 이용해 프로젝트를 생성할 수 있다. 좀 더 구체적으로 말하자면 vue.js 애플리케이션을 생성하는 방법은 다음과 같이 3가지 형태로 나눌 수 있다.

- vue.js 파일을 https://vuejs.org에서 다운로드한 후 〈script〉 태그에 추가하는 경우

```
<script src="vue.js"></script>
```

- CDN을 이용하는 경우

```
<script src="https://cdn.jsdelivr.net/npm/vue@2.6.6/dist/vue.js"></script>
```

- vue/cli를 이용하는 경우

```
vue create helloworld --defaut
```

첫 번째 방법과 두 번째 방법에는 별다른 차이가 없기 때문에 이 책에서는 CDN, vue/cli를 이용해 vue.js 애플리케이션을 만드는 방법을 설명한다. 1장에서는 다음과 같이 이 책을 학습하는 데 필요한 환경 설정 및 기본적인 내용을 학습한다.

- Node.js 설치 및 npm 명령어를 학습한다.
- CDN, vue/cli의 설치 및 이용 방법을 학습한다.
- Visual Studio Code 설치와 학습에 필요한 기능들을 활용할 수 있도록 한다.
- vue.js로 만든 앱의 구조를 파악하고 디버깅이 용이한 Vue.js devtools를 설치한다.
- 화살표 함수arrow function를 학습한다.

1.1.1 Node.js 설치 및 NPM 명령어 이해

vue.js 애플리케이션을 만들 때 CDN 형태를 이용해 vue.js 링크를 사용할 경우 node.js를 설치하지 않아도 된다. 하지만 대부분의 경우 node.js의 NPM^{Node Package Manager}을 이용해 애플리케이션에 필요한 vuex, vuetify, express 같은 패키지를 설치해야 한다.

따라서 node.js 홈페이지(https://nodejs.org/)를 방문해 자신에게 맞는 운영체제의 node.js 설치 파일을 다운로드한다. 내 경우 운영체제가 Windows(x64)이므로 대부분 사용자들이 사용하는 10.15.3 LTS 버전을 클릭해 node-v10.15.3-x64.msi 파일을 다운로드한다. 참고로 저술 시점의 node.js 버전은 10.16.0으로 책이 출판되는 시점에는 버전이 달라질 수 있지만 해당 버전을 다운로드해 설치한다.

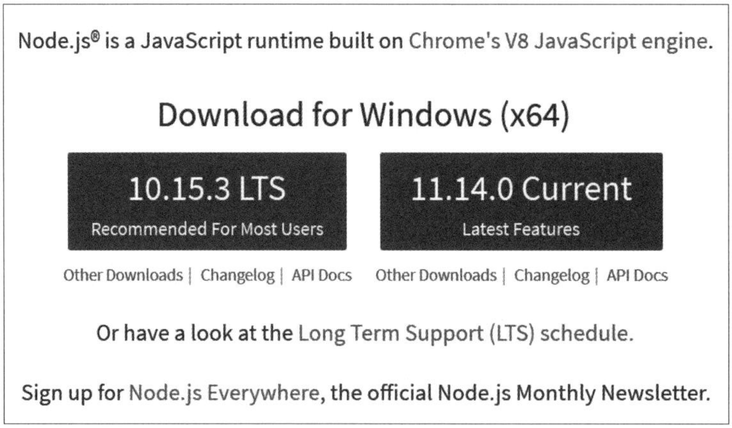

Node.js® is a JavaScript runtime built on Chrome's V8 JavaScript engine.

Download for Windows (x64)

10.15.3 LTS	11.14.0 Current
Recommended For Most Users	Latest Features

Other Downloads | Changelog | API Docs　　Other Downloads | Changelog | API Docs

Or have a look at the Long Term Support (LTS) schedule.

Sign up for Node.js Everywhere, the official Node.js Monthly Newsletter.

그림 1-5 node.js 다운로드

다운로드한 node-v10.15.3-x64.msi 파일을 더블클릭해 설치를 시작하고 **다음**을 계속 클릭해서 설치를 완료한다. 정상적으로 설치를 완료하면 명령 프롬프트창을 띄워 다음과 같이 입력해 설치된 node, npm 버전을 확인한다(참고로 명령 프롬프트는 윈도우 시스템 메뉴 내에 있다).

```
C:\Users\cywon>node --version
v10.14.1
C:\Users\cywon>npm --version
6.4.1
```

설치된 node 버전은 10.14.1, npm은 6.4.1이다. 여러분이 설치한 버전의 node, npm 버전은 내가 설치한 버전과 다르게 나타날 수 있다.

package.json을 만들기 위한 npm init

package.json 파일은 프로젝트 정보와 의존성^{dependencies} 정보를 포함하는 파일로 해당 프로젝트에서 사용하는 패키지를 쉽게 추적할 수 있게 한다. 잘 관리된 package.json 파일만 있으면 해당 프로젝트에 필요한 패키지들을 쉽게 그대로 설치할 수 있다.

package.json 파일을 만들려면 npm init 명령을 사용한다. 실제로 어떻게 만드는지 알아보려면 명령 프롬프트를 실행하고 **mkdir npmtest**를 입력해 npmtest 디렉터리를 만든다.

다음으로 **cd npmtest**를 입력해 이동한 후 **npm init**를 입력한다.

```
C:\Users\cywon>mkdir npmtest
C:\Users\cywon>cd npmtest
C:\Users\cywon\npmtest>npm init
…
package name: (npmtest)
version: (1.0.0)
description: npm test
entry point: (index.js)
test command
git repository:
keywords:
author
license: (ISC)
```

각각에 질문에 대해서 특별히 설명하지 않고 만들려는 패키지의 이름, 버전, 패키지의 시작은 index.js에서 시작한다는 정도로 이해한다. Description 부분에만 npm test를 입력하고 나머지는 **Enter** 키를 누른다. 마지막에 Is this OK?(yes) yes를 입력하면 해당 디렉터리 내에 package.json 파일이 생성된다.

```
{
  "name": "npmtest",
  "version": "1.0.0",
  "description": "npm test",
  "main": "index.js",
  "scripts": {
    "test": "echo \"Error: no test specified\" && exit 1"
  },
  "author": "",
  "license": "ISC"
}
```

패키지 설치 npm install, 패키지 삭제 npm uninstall

패키지 설치 명령으로 다음과 같은 형식을 사용한다.

```
npm install 패키지명 -옵션
npm install 패키지명@버전 -옵션
```

위에서 사용할 수 있는 옵션은 다음과 같다.

- g: 패키지를 글로벌global로 설치한다는 의미로 리눅스에서는 루트root 권한으로 설치한다는 의미가 된다. 윈도우에는 명령 프롬프트에 직접 해당 패키지를 입력해 사용할 수 있고, 다른 프로젝트에서도 할 수 있게 한다는 의미다.

```
--save 또는 -S : package.json의 dependencies에 추가된다.
```

만일 vue.js 애플리케이션에서 중앙 저장소[store] 역할을 하는 vuex 패키지나 node.js 기반의 웹프레임워크인 express 패키지를 설치할 경우 다음과 같이 설치할 수 있다.

```
npm install vuex --save
npm install express --save
```

여기서는 express를 다음과 같이 설치한다.

```
C:\Users\cywon\npmtest>npm i express --save
```

위에서 install의 단축 형태인 i로 express를 설치하고 --save 옵션으로 express를 package.json 파일의 dependencies에 쓰게 된다. npmtest 디렉터리를 윈도우 탐색기로 열어보면 새롭게 생성된 node_modules 폴더와 package-lock.json 파일, package.json 파일을 볼 수 있다.

```
node_modules
package-lock.json
package.json
```

node_modules 폴더 안에는 express, body-parser와 관련된 많은 패키지가 존재한다. package-lock.json 파일은 패키지의 종속성을 관리하는 잠금 파일인데 자세한 사항은 https://docs.npmjs.com/files/package-lock.json을 참고하기 바란다. package.json 파일을 메모장으로 열어보면 다음과 같이 package.json 파일 내에 설치된 express가 나타난다.

```
"dependencies": {
    "express": "^4.16.4"
},
```

이미 설치한 패키지를 삭제해야 하는 경우 다음과 같이 삭제할 수 있다.

```
npm uninstall 패키지명
npm uninstall 패키지명@버전
```

만일 node.js 서버로 전송되는 요청데이터를 편리하게 접근할 수 있게 하는 body-parser 패키지를 설치한 상태에서 제거할 경우는 npm uninstall body-parser과 같이 입력해 삭제할 수 있다.

이제 윈도우 탐색기로 현재 폴더를 열고 node_modules 폴더 전체와 package-lock.json 파일을 삭제해 package.json 파일만 남겨둔다. C:\Users\cywon\npmtest>npm install과 같이 npm install 명령을 실행하면 express 관련 패키지와 함께 node_modules 폴더와 package-lock.json 파일이 다시 생성되는 것을 확인할 수 있다. 이처럼 package.json만 있으면 어디에서든 동일한 프로젝트를 구성할 수 있다.

npm start 명령을 이용한 실행

npm start는 package.json의 scripts에 있는 start 명령어를 실행하는 부분으로 만약 start 명령어를 따로 설정하지 않았다면 기본적으로 npm ERR! missing script: start 에러를 나타내고 node server.js가 실행된다. 따라서 현재 package.json 파일에 main이 index.js로 돼 있으므로 npm start 명령을 이용해 실행하려면 package.json 파일의 scripts 부분을 다음과 같이 수정한다.

```
"scripts": {
    "test": "echo \"Error: no test specified\" && exit 1",
    "start":"node index.js"
  },
```

그리고 index.js 파일을 생성하고 console.log("안녕하세요")를 입력해 저장한 후 명령 프롬프트에서 npm start를 입력하면 index.js가 실행돼 콘솔 화면에 나타난다.

```
C:\Users\cywon\npmtest>npm start
> npmtest@1.0.0 start C:\Users\cywon\npmtest
> node index.js
안녕하세요.
```

이외의 npm 명령어는 https://docs.npmjs.com/cli-documentation/cli를 참고하기 바란다.

1.1.2 VUE/CLI

vue/cli 패키지는 vue.js 프로젝트를 생성하고 관리하는 데 사용하는 가장 일반적인 방법으로 node.js가 설치된 상태에서 명령 프롬프트에 다음과 같이 입력해 설치할 수 있다.

```
C:\Users\cywon>npm install --global @vue/cli
```

정상적으로 패키지를 설치했는지 확인하려면 명령 프롬프트에 다음과 같이 입력한다.

```
C:\Users\cywon>vue -V
3.2.1
```

현재 vue/cli 버전이 3.2.1임을 나타낸다. 물론 node.js와 같이 여러분이 이 책을 학습하면서 설치하는 시점에 vue/cli 버전이 달라졌을 수도 있다는 점을 참고하기 바란다. 다음으로 실제 애플리케이션 프로젝트를 생성하려면 다음과 같이 "vue create 생성할 프로젝트명" 형태로 입력한다.

```
C:\Users\cywon\vueTest>vue create firstapp --default
Vue CLI v3.2.1
    Creating project in C:\Users\cywon\vueTest\firstapp.
    Installing CLI plugins. This might take a while...
...
$ cd firstapp
$ npm run serve
```

위에서 생성할 프로젝트명은 firstapp으로 설정했다. 만일 대문자를 사용할 경우 에러가 발생하므로 소문자를 사용해 프로젝트를 생성해야 한다.

--default 옵션은 생성되는 프로젝트에 babel과 eslint를 적용해 생성한다는 것을 의미한다. babel은 구형 브라우저가 지원하지 않는 자바스크립트 최신 버전을 적용할 수 있도록 해주며 eslint는 구문syntax 에러, Vue.js Diretives의 적절하지 못한 사용을 찾는 데 사용된다.

명령 프롬프트창에 cd firstapp을 입력해 이동한다. 그 다음 npm run serve 명령을 입력해 애플리케이션을 실행시키면 다음과 같은 메시지와 함께 실행된다.

참고로 npm run serve는 package.json의 scripts 부분에 정의된 serve를 실행하라는 의미로 아래의 출력 결과와 같이 scripts 부분에 정의된 serve를 실행한다.

```
C:\Users\cywon\vueTest\firstapp>npm run serve
> firstapp@0.1.0 serve C:\Users\cywon\vueTest\firstapp
> vue-cli-service serve
INFO  Starting development server...
98% after emitting CopyPlugin
DONE Compiled  successfully in 4980ms 00:15:16
App running at:
- Local:   http://localhost:8080/
- Network: http://172.41.1.1:8080/
Note that the development build is not optimized.
To create a production build, run npm run build.
```

이제 브라우저를 실행해 URL창에 http://localhost:8080/을 입력하면 다음과 같은 결과 화면이 나타난다.

그림 1-6 vue cli 실행결과

1.1.3 Visual Studio Code

Visual Studio Code는 최근 가장 활발하게 각광받고 있는 편집기^{Editor} 중 하나다.

　vscode는 https://code.visualstudio.com/에서 다운로드 받아 쉽게 설치할 수

있으며 다운로드 받은 VSCodeUserSetup-x64-1.31.1.exe 파일을 더블 클릭해 설치를 시작한다. **다음(N)**을 클릭해 설치를 완료한 후 실행하면 그림 1-7과 같은 화면이 나타난다.

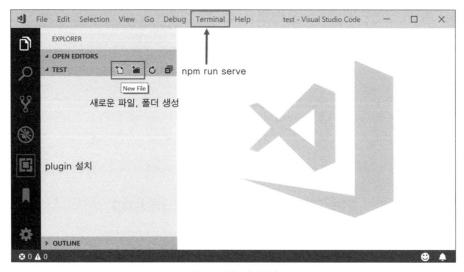

그림 1-7 사용 인터페이스

새로운 폴더 생성과 doc+Tab 키를 이용한 index.html 기본 구조 만들기

새로운 파일을 생성하려면 그림 1-7의 "새로운 파일, 폴더 생성" 부분에서 첫 번째 표시된 아이콘을 클릭하고, 폴더를 생성할 경우는 두 번째 폴더를 클릭한다.

이 책에서 자주 사용하는 index.html 파일을 생성하고 html 기본 구조를 자동 생성해주는 구조를 만들려면 새 파일New File을 클릭해 index.html로 입력한다. 그림 1-8과 같이 doc를 입력하면 Emmet Abbreviation 형태로 나타나는데 이 때 **Tab** 키를 누른다.

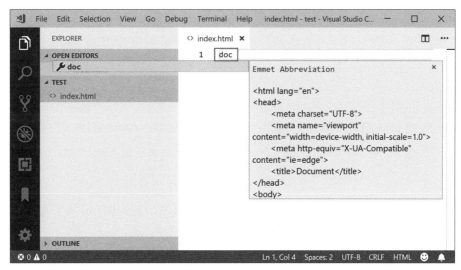

그림 1-8 Emmet 기능을 이용한 html 기본 구조 만들기

그러면 다음과 같이 자동적으로 html 문서의 기본 구조(html, head, body)가 index. html 파일 내에 생성된다.

그림 1-9 생성된 html 기본 구조

프로젝트를 실행하거나 패키지를 설치하는 방법

프로젝트를 실행하거나 새로운 패키지를 설치하는 경우 터미널^{Terminal} 메뉴를 클릭한 후 New Terminal을 선택하면 하단의 npm 명령으로 필요한 패키지를 설치할 수 있다.

먼저 명령 프롬프트창에서 vue create secondapp --default를 입력해 프로젝트를 생성한다. Visual Studio Code로 생성된 프로젝트를 다음의 순서로 실행한다.

File → Open Folder⋯를 클릭해 생성한 프로젝트인 secondapp 폴더를 선택한다.

그림 1-10 폴더 열기

그러면 Visual Studio Code의 해당 폴더에 모든 폴더, 파일이 로드되는데 **터미널**^{Terminal} 메뉴에서 **New Terminal**을 선택해 터미널을 띄운 후 npm run serve를 입력해 프로젝트를 실행한다.

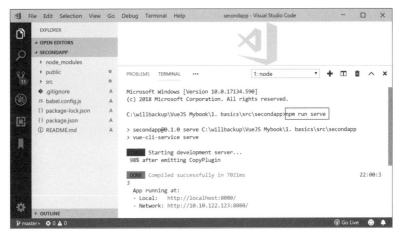

그림 1-11 npm run serve 실행화면

만일 npm run serve로 프로젝트를 실행한 후 다시 실행중인 프로젝트를 종료할 경우에는 **Ctrl + C** 키를 눌러서 종료한다. 이외에도 npm install 명령을 이용해 필요한 패키지를 설치하거나 vue 명령을 이용해 새로운 vue 관련 플러그인을 설치할 수 있다.

scaffolding 기능

일종의 구조를 만드는 기능으로 하나의 컴포넌트를 나타내는 vue 파일의 경우 template, script, style 태그로 구성할 수 있는 태그를 자동으로 작성하는 기능을 제공한다.

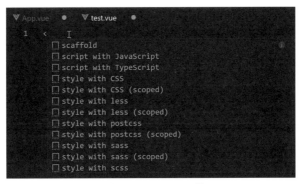

그림 1-12 scaffolding 기능

scaffolding에서 〈template〉을 입력하면 template과 관련된 내용만 나타나는데 〈template with html〉을 선택하면 다음과 같이 〈template〉 태그 블록이 생성된다.

```
<template>

</template>
```

Emmet 기능

이 기능은 HTML/CSS abbreviation engine으로 앞서 작성된 〈template〉 블록 내에 다음과 같이 코드를 입력한다.

```
<template>
  <div>
    ul#fruits>li*5
  </div>
</template>
```

위와 같이 입력한 후 **Tab** 키를 누르면 다음과 같이 id값이 fruits인 ul 엘리먼트 Element 내에 5개의 li 엘리먼트가 자동으로 생성된다.

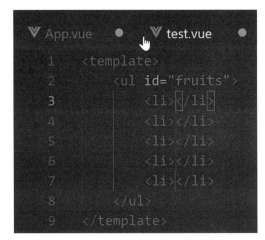

그림 1-13 emmet 기능

Lorem 문자열 입력하기

Lorem 전체 문장을 자동으로 입력하는 경우는 다음과 같이 적용한다.

그림 1-14 Lorem 문장 적용

만일 〈div〉Lorem ipsum dolor sit amet.〈/div〉와 같이 5단어만 자동 입력되게 하려면 lorem5로 입력하면 되며 그 외 기능은 사이트(https://code.visualstudio.com/docs)를 참고하길 바란다.

1.1.4 Live Server

최신 Visual Studio Code에서 제공하는 Live Server를 이용하면 index.html 파일을 실제 웹서버에서 구동하는 것처럼 실행할 수 있다. vscode에서 html 페이지를 실행하는 방법은 간단하다. html, js, css 파일 등 웹페이지에 필요한 파일을 작성한 후 vscode 상에서 마우스 오른쪽 버튼을 클릭하면 나타나는 메뉴에서 **Open with Live Server**를 클릭한다.

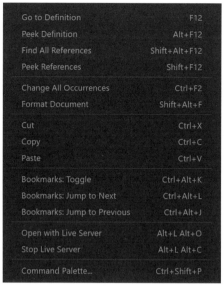

그림 1-15 Open with Live Server

윈도우 탐색기를 열어서 test라는 폴더를 만들고 그 안에 조금 전에 배운 index. html 파일을 추가한다. 그 다음 **doc + Tab** 키를 이용해서 html 기본 구조를 자동 생성하고 〈body〉 태그 아래에 다음의 코드를 작성한다.

```html
<body>
  <div>
    <p>오늘은 산책하기 좋은 날입니다.</p>
  </div>
```

저장한 vscode상에서 마우스 오른쪽 버튼을 클릭하면 나타나는 메뉴에서 **Open with Live Server**를 클릭하면 웹 브라우저가 실행되고 URL에 http://127.0.0.1:5500/ index.html 형태로 나타난다.

그림 1-16 live server 실행결과

여기까지 이 책 학습에 필요한 Visual Studio Code의 간략한 사용방법을 알아봤다. 앞으로는 Visual Studio Code를 vscode로 줄여서 사용한다.

1.1.5 Vue.js devtools 설치하기

Vue.js devtools를 설치하려면 크롬Chrome URL창에 https://chrome.google.com/webstore를 입력해 이동한 후 vue.js devtools를 입력한다. 그림 1-17과 같이 검색되면 **Chrome에 추가** 버튼을 클릭해 추가한다.

그림 1-17 chrome 확장 프로그램

정상적으로 추가되면 다음과 같이 chrome 브라우저에 나타난다.

그림 1-18 devtools 설치 후 chrome

devtools 폴더를 생성하고 vscode를 실행해 해당 폴더를 연다. index.html 파일을 추가한 후 doc를 입력하고 **Tab**을 입력해 html 기본 구조를 생성하고 〈body〉 태그 다음에 아래의 코드를 작성한다.

```
<body>
  <div id="app">
    <ul>
      <li v-for="fruit in fruits">{{fruit}}</li>
    </ul>
  </div>
  <script src="https://cdn.jsdelivr.net/npm/vue/dist/vue.js"></script>
  <script type="text/javascript">
    var vm = new Vue({
      el: '#app',
      data : {
        fruits : ['딸기', '오렌지', '사과', '포도']
      }
    })
  </script>
</body>
```

작성이 끝난 후 크롬으로 실행하면 다음과 같이 설치한 devtools가 나타난다.

그림 1-19 index.html 실행결과

화살표 부분을 클릭해 나타나는 메뉴에서 **도구 더보기 → 개발자 도구(D)**를 클릭한다.

그러면 다음과 같이 Element, Console, … Vue 탭들이 보인다.

그림 1-20 vue 탭

Vue 탭을 클릭하면 〈script〉…〈/script〉 블록 내에 작성한 Vue instance의 data 객체 내에 정의된 데이터를 직접 확인할 수 있다.

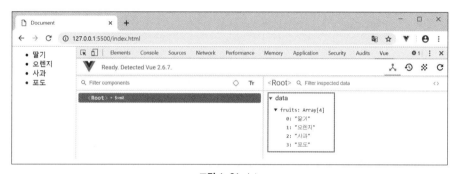

그림 1-21 data

여기까지 Vue.js 애플리케이션 학습에 필요한 준비를 마쳤다. 다음은 Vue.js의 학습을 뷰 인스턴스^{Vue Instance}부터 시작한다.

1.1.6 화살표 함수

이 책을 학습할 때 다양한 자바스크립트 관련 지식들이 필요하지만 그 중에 Javascript ES6에서 새롭게 등장한 화살표 함수를 소개한다. 화살표 함수는 C#에서 Lamda 함수와 비슷하게 => 기호를 사용한다. 일반적으로 함수는 입력값(들)과 리턴값의 유무에 따라 다음의 4가지 형태로 구분해 정의할 수 있다.

```
function function_name() {    }
function function_name(a, b) {   }
function function_name() {   return value; }
function function_name(a, b) { return value; }
```

이를 화살표 함수로 나타내면 다음과 같다.

```
() => {   }
(a, b) => {   }
() => {   return value; }
(a, b) => { return value; }
```

위와 같이 일반적인 함수 정의를 화살표 함수 형태로 만드는 방법은 function function_name을 제거하고 위와 같이 함수의 4가지 형태별로 =>를 이용해 정의할 수 있다. 이해하기 쉽도록 arrowFunc 폴더를 생성하고 vscode를 실행해 해당 폴더를 연 후 index.html 파일을 생성한다. 그 다음 **doc + Tab** 키를 이용해 html의 기본 구조를 작성한 후 〈body〉 태그 안에 입력값이 없고 리턴값이 없는 형태인 다음과 같은 형태의 코드를 작성한다.

```html
<body>
  <script type="text/javascript">
    const sayHello = function greeting() { alert("안녕하세요. 좋은 아침입니다."); }
    sayHello();   // 함수 호출(실행)

    // const sayHello = () => { alert("안녕하세요. 좋은 아침입니다."); }
    // sayHello();
  </script>
</body>
```

Index.html 파일이 열린 상태에서 마우스 오른쪽 버튼을 클릭하면 나타나는 메뉴에서 **Open with Live Server**를 실행하면 다음과 같은 알림창에 "안녕하세요. 좋은 아침입니다."가 나타난다.

그림 1-22 입력값(들)이 없고 리턴값이 없는 경우

위에서 일반적인 함수 정의와 호출 부분을 주석 처리한다. 주석 처리된 화살표 함수를 이용한 부분을 주석 제거하면 위와 동일한 결과를 출력한다.

다음으로 입력값이 있고 리턴값이 없는 형태를 만들려면 화살표 함수 부분을 다시 주석 처리하고 그 다음 라인에 아래와 같이 코드를 추가한다.

```
const sayHello = function greeting(inVal) {
  alert(inVal + "님 "+"안녕하세요. 좋은 아침입니다.");
}
sayHello("체르니");

// const sayHello = (inVal) => { alert( inVal + "님 "+"안녕하세요. 좋은 아침입니다."); }
// sayHello("체르니");
```

위 코드에서 inVal의 값으로 "체르니"를 입력했으므로 알림창에 "체르니님 안녕하세요. 좋은 아침입니다."의 메시지를 나타내며 화살표를 이용한 방법 역시 동일한 결과를 나타낸다.

입력값이 없고 리턴값이 있는 형태는 다음과 같다.

```
const cur_date = function whattimeNow(){     // no input return
  var now = new Date();
  var current_Date = now.toLocaleString();
  return current_Date;
}
alert("현재 날짜는 " + cur_date() + "입니다.");
```

```
const cur_date = () => {
  var now = new Date();
  var current_Date = now.toLocaleString();
  return current_Date;
}
alert("현재 날짜는 " + cur_date() + "입니다.");
```

실행결과는 알림창에 "현재 날짜는 2019. 6. 11. 오후 10:26:31입니다."의 메시지를 나타내며 화살표를 이용한 방법 역시 동일한 결과를 나타낸다.

마지막으로 입력값이 있고 리턴값이 있는 형태는 다음과 같이 함수와 화살표 함수를 정의해 호출할 수 있다.

```
const cur_date = function whattimeNow(inVal){
  var now = new Date();
  var current_Date = now.toLocaleString();
  return inVal+ "님 현재 날짜는" + current_Date;
}
alert(cur_date("체르니") + " 입니다.");

const cur_date = (inVal) => {
  var now = new Date();
  var current_Date = now.toLocaleString();
  return inVal + "님 현재 날짜는" + current_Date;
}
alert(cur_date("체르니") + " 입니다.");
```

inVal의 값이 "체르니"이므로 실행결과는 이를 반영해 알림창에 "체르니님 현재 날짜는 2019. 6. 11. 오후 10:27:28 입니다."의 메시지를 나타내며 화살표를 이용한 방법 역시 동일한 결과를 나타낸다.

이상으로 자바스크립트 코드에서 자주 사용되는 화살표 함수와 일반적인 함수를 비교해 정의하는 방법과 호출하는 방법을 알아봤다. 화살표 함수는 자주 사용되므로 잘 이해해두길 바라며 만약 기본적인 자바스크립트를 알고 싶다면 내가 2013년

공개한 HTML, CSS, 자바스크립트 관련 내용(https://fromyou.tistory.com/581)을 참고하길 바란다. 1장에서는 Vue.js에 대한 학습에 필요한 기본적인 준비 작업인 Node.js 설치 및 npm 명령의 기본적인 사용 방법, 최근 각광받고 있는 개발 툴인 Visual Studio Code의 중요한 기능 및 그 사용방법, devtools, 화살표 함수를 알아봤다.

2장에서는 Vue.js 애플리케이션의 출발점이자 핵심인 뷰 인스턴스$^{Vue\ Instance}$의 개념과 기능 등을 알아본다.

2

Vue.js 애플리케이션의 시작 - 뷰 인스턴스

뷰 인스턴스는 Vue.js를 이용해 웹페이지에 필요한 기능을 만들 때 기본적으로 생성해야 하는 객체^object로 Vue.js 애플리케이션의 시작점이라고 할 수 있다. 이미 C, C# 같은 언어를 알고 있다면 main() 함수와 같은 역할을 한다고 이해하면 된다.

다시 말해 Vue 애플리케이션을 시작하려면 Vue 함수로 Vue 인스턴스^instance를 생성해야 하는데 다음과 같은 형식을 사용한다.

```
var vm = new Vue({
  // 옵션들
})
```

```
new Vue({
  // 옵션들
})
```

첫 번째 형식처럼 변수 vm은 MVVM 패턴에서 ViewModel 약자로 new 키워드를 이용해 Vue Instance를 저장한다. 여기서 반드시 var vm 형태로 사용하지 않아도 되며 var app과 같이 원하는 형태로 정의해 사용할 수 있다. 또한 두 번째 형식처럼 변수에 저장하지 않고 사용할 수도 있다. 위에서 언급한 옵션에 el, data, template, methods, computed, components, props 같은 프로퍼티^{propery}가 올 수 있으며 이 외에도 watch, created 등이 올 수 있다.

옵션^{options}을 차례대로 알아보기 위해 윈도우 탐색기를 이용해 vueinstance 폴더를 생성하고 vscode를 실행해서 해당 폴더를 연다. 그 안에 index.html 파일을 생성하고 생성된 파일 안에서 doc를 입력하면 emmet 기능이 실행된다. 이 때 **Tab** 키를 누르면 자동적으로 기본 HTML 문서 구조를 만들 수 있으며 생성된 index.html 파일에 다음의 코드를 추가한다.

```
...
<body>
  <div id="app">
    <p>{{message}}</p>
  </div>
  <script src="https://cdn.jsdelivr.net/npm/vue/dist/vue.js"></script>
  <script type="text/javascript">
    var vm = new Vue({
      el: '#app',
      data : {
        message : 'Have a nice day!'
      }
    })
  </script>
</body>
```

위에서 뷰 인스턴스^{Vue instance}를 생성하면서 el, data 객체를 포함했다. el 프로퍼티는 HTML 문서에 마운트^{mount}될 HTML 엘리먼트^{Element}를 나타내는데 id가 app인 div 엘리먼트를 가리킨다.

다음으로 data 객체는 일종의 데이터 모델 역할을 하며, data 객체 내에 정의되는 프로퍼티들의 값이 변하면 뷰^{View}에 해당하는 값도 변한다.

만일 data 객체 내의 message 프로퍼티 Have a nice day!가 Have a good

56

day!로 바뀌면 〈p〉{{message}}〈/p〉의 message도 Have a good day!로 나타난다.

data 객체는 위와 같이 사용할 수 있지만 다음과 같은 메서드 형태로도 사용할 수 있다.

```
data : function () {
  return {
    message:'Have a nice day!'
  }
}
```

특히 이러한 메서드 형태의 사용은 컴포넌트Component를 작성할 때 반드시 지켜야 할 형식으로 이를 지키지 않을 경우에는 다음과 같은 에러 메시지를 나타낸다.

```
"error: 'data' property in component must be a function"
```

마지막으로 만일 기존의 다른 코드들이 〈body〉 … 〈/body〉에 존재하고 있더라도 위의 뷰 인스턴스는 단지 id값이 app인 div 엘리먼트만 영향을 준다는 점을 기억하길 바란다.

그 결과는 웹브라우저에 Have a nice day를 출력한다. 만일 코드에는 문제가 없는데 결과가 {{message}} 형태로 나타나고 콘솔에 다음과 같이 에러를 나타내면 인터넷 연결이 안 돼 vue.js 라이브러리를 참조할 수 없기 때문에 나타나는 에러이므로 인터넷 연결을 체크하면 된다.

```
Uncaught ReferenceError: Vue is not defined
Failed to load resource: net::ERR_INTERNET_DISCONNECTED
```

2장에서 학습하는 내용은 다음과 같다.

- 뷰 인스턴스의 정의 및 사용 방법을 이해하고 활용할 수 있도록 학습한다.
- methods 프로퍼티를 이용해 전통적인 이벤트 처리 방법을 학습한다.
- computed, watch 프로퍼티를 이용해 data 객체 내 프로퍼티에 변화가 발생했을 때마다 동적으로 처리하는 방법을 이해한다.
- props 프로퍼티를 이용해 부모 컴포넌트(뷰 인스턴스)에서 자녀 컴포넌트에 데이터를 전달하는 방법을 학습한다.
- 뷰 인스턴스의 생명주기를 학습한다.

2.1 template 프로퍼티

Vue 인스턴스에 template 프로퍼티를 적용할 수 있는데 template 속성을 이용해 Vue 화면에 표시할 div, h3, button 같은 HTML 엘리먼트나 스타일 등을 설정하는 데 사용한다. 위 코드의 Vue 인스턴스 부분을 다음과 같이 작성한다.

```
var vm = new Vue({
  el: '#app' ,
  data () {
    return { message: 'have a nice day!' }
  },
  template: `<div id="newDiv">
    <div> 첫 번째 div </div>
    <div> 두 번째 div </div>
    <div> 세 번째 div </div>
  </div>`
})
```

위와 같이 작성한 후 index.html 코드 위에서 마우스 오른쪽 버튼을 클릭해 Open with Live Server를 선택하면 앞에서 단순히 한 줄의 메시지를 출력하던 결과를 3개의 div 엘리먼트 형태로 출력한다.

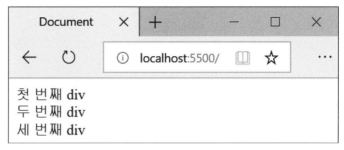

2.2 methods 프로퍼티

methods 프로퍼티는 마우스 클릭이나 버튼 클릭같은 이벤트 처리 등에 해당하는 동적인 작업을 처리하는 데 사용하는 속성이다. methods 프로퍼티를 이해하려면 위 코드에서 Vue 인스턴스 부분을 다음과 같이 작성한다.

```
var vm = new Vue({
  el: '#app' ,
  data () {
    return { message: 'have a nice day!' }
  },
  methods: {
    sayHello: function() {
     alert(this.message);
    }
  }
})
```

다음으로 Vue instance 내에 정의된 sayHello 메서드를 호출하려면 〈div id=
"app"〉 … 〈/div〉 부분을 다음과 같이 작성한다.

```
<div id="app">
```

```
    <button v-on:click="sayHello">확인</button>
</div>
```

위에서 button 엘리먼트 다음에 이어지는 v-on:click="sayHello"는 사용자가 해당 버튼을 클릭^{click}했을 때 sayHello 메서드를 호출(실행)한다는 의미다. v-on 형태는 vue.js 디렉티브^{directive}의 한 종류로 이벤트를 다루는 데 사용되며 디렉티브는 3장, '디렉티브'에서 자세히 다룬다. 저장한 후 Open with Live Server를 선택해 결과를 확인하면 다음과 같다.

그림 2-2 실행결과

2.3 computed 프로퍼티

computed 프로퍼티는 뷰 인스턴스에 존재하는 데이터를 조작하는 데 유용한 프로퍼티다. 앞서 언급한 methods 프로퍼티 역시 데이터를 조작할 수 있지만 methods 프로퍼티는 버튼^{button}을 클릭하거나 마우스를 특정 위치로 이동하는 등의 명시적인 호출로 실행된다. 하지만 computed 프로퍼티는 data 객체 내 프로퍼티에 변화가 발생할 때마다 반응하도록 설정할 때 유용하다.

예를 들어, 영화관에 가서 〈캡틴 마블〉을 관람하려고 10,000원을 결제한다고 가정해보자. 결제금액에 얼만큼의 부가가치세가 포함돼 있는지 알고 싶다면 다음과 같은 공식으로 계산할 수 있다.

공급대가(부가가치세 포함) = 공급가액 + 부가가치세

공급가액 = (공급대가/11)*10

부가가치세 = 공급가액/10

부가가치세를 포함한 결제 금액이 10,000원이므로 공급가액은 (10000/11)*10 = 9091이 되고 부가가치세는 909가 돼 공급가액 + 부가가치세의 결과는 공급대가가 된다. 부가가치세 관련한 간단한 예제로 computed 프로퍼티를 이해하려면 〈div id="app"〉 다음에 아래의 코드를 작성한다.

```html
<div id="app">
  <div>
    <h4>{{ reversedTitle }}</h4>
    <h4>공급대가 : {{ price }}</h4>
    <input type="number" v-model="price">
    <h4>공급가액 : {{ supplyAmount.toFixed() }}</h4>
    <h4>부가가치세 : {{ valueAddedTax.toFixed() }}</h4>
  </div>
</div>
```

input 엘리먼트에 사용된 v-model은 양방향 데이터 바인딩에 사용되는 디렉티브로 HTML의 form과 관련된 엘리먼트에서 주로 사용된다. 다음으로 toFixed()는 소수점 부분을 반올림하며 만약 소수점 2자리에서 반올림한다면 toFixed(2) 형태로 사용한다. 뷰 인스턴스Vue Instance 부분을 다음과 같이 작성한다.

```javascript
var vm = new Vue({
    el: '#app',
    data : {
      title:'캡틴 마블',
      price:10000
    },
    computed: {
      reversedTitle: function () {
        return this.title.split('').reverse().join('')
```

```
      },
      supplyAmount: function() {
        return (this.price / 11)*10
      },
      valueAddedTax: function () {
        return (this.price / 11)
      }
    }
  }
})
```

함수 형태의 reversedTitle(), supplyAmount(), valueAddedTax()에서 사용된
this는 뷰 인스턴스인 vm을 가리킨다. reversedTitle()은 title을 역순으로 표시하며
supplyAmount는 가격^price에 대한 공급가액을 계산하고 마지막 valueAddedTax()
는 부가가치세를 계산한다. 저장한 후 **Open with Live Server**를 선택해 결과를 확인
하면 그림 2-3과 같다.

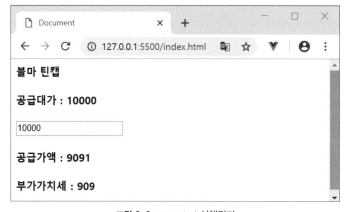

그림 2-3 computed 실행결과

크롬 브라우저의 **개발자 도구(D)**를 실행한 후 Vue 탭을 클릭하면 다음과 같이 뷰
인스턴스의 data 객체와 computed 프로퍼티 정보가 나타난다.

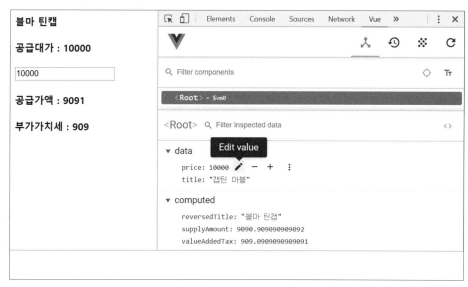

그림 2-4 dev-tools를 이용한 데이터 체크

Edit value 부분을 클릭해 price를 10000에서 15000으로 바꾸면 input 엘리먼트의 원래의 값인 10000에서 15000으로 같이 바뀌며 supplyAmount, valueAddedTax 역시 값이 바뀐다.

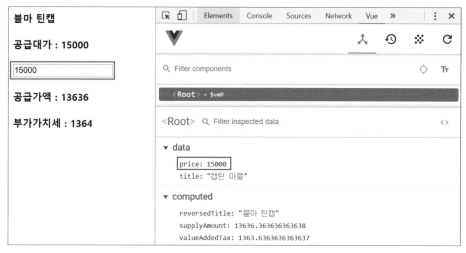

그림 2-5 데이터 수정 후 결과

마지막으로 input 엘리먼트에서 입력값을 15000에서 18000으로 수정한다. 그러면 뷰 인스턴스 data 프로퍼티 내의 price도 18000으로 바뀌고 supplyAmount, valueAddedTax 역시 해당 값이 적용된다. 이 예제처럼 computed 프로퍼티에 정의된 함수들은 methods 프로퍼티에 정의된 함수들과 달리 price 값에 변화가 생길 때마다 변화된 값을 계산해 결과를 반영한다.

2.3.1 computed 프로퍼티를 이용한 필터링

다음과 같이 입력하는 문자와 연관된 도시명이 검색되도록 할 경우 v-model과 computed 프로퍼티를 이용하면 편리하다.

그림 2-6 computedfiltering 실행화면

그림 2-7 computedfiltering 필터링

〈div id="app"〉 다음에 아래의 코드를 작성한다.

```
<label>여행하고 싶은 도시:</label>
<input v-model="searchCity"  type="text" />
<ul>
  <li v-for="city in filteredCities">{{ city }}</li>
</ul>
```

위에서 v-for 디렉티브는 다른 언어에서 for 구문처럼 집합 형태의 데이터를 반복 처리할 때 사용하는 것으로 구체적인 사용 방법은 디렉티브 부분에서 설명한다. 뷰 인스턴스[Vue Instance] 부분을 다음과 같이 작성한다.

```
var vm = new Vue({
  el: '#app',
  data : {
      searchCity:'',
      cities: ['Seoul','Paris', 'Seattle', 'Chicago', 'New York', 'Rome', 'Praha',
        'Venezia', 'Budapest']
  },
  computed: {
    filteredCities() {
      return this.cities.filter(item => item.match(this.searchCity.toUpperCase()))
    }
  }
})
```

computed 프로퍼티에서 다룬 예제들의 데이터 바인딩을 Vue.js에서 양방향 데이터 바인딩이라고 한다. 양방향 데이터 바인딩은 v-model 디렉티브를 이용해 사용자 입력[UI]과 데이터 소스(뷰 인스턴스) 사이에 한 쪽의 데이터 변화가 생기면 반응하는 형태이다. 자세한 설명은 디렉티브 부분을 참고하기 바란다.

2.4 props 프로퍼티

props 프로퍼티는 다른 컴포넌트와 데이터를 직접적으로 전달하는 데 사용하는 프로퍼티로 구체적으로 얘기하면 부모 컴포넌트에서 자식 컴포넌트로 데이터를 전달할 때 사용한다.

데이터를 전달하는 쪽을 부모 컴포넌트, 데이터를 전달받는 컴포넌트를 자식 컴포넌트라고 한다. 뷰 인스턴스도 컴포넌트의 일종이며, 컴포넌트[component]는 Vue.js에서 가장 강력한 기능으로 크게 template, script, style 부분으로 구성될 수 있다. 이에 대해서는 컴포넌트 부분에서 자세히 설명하며 여기서는 props 프로퍼티를 사용해 어떻게 데이터를 전달하는지 간단히 알아본다. 먼저 뷰 인스턴스 부분을 다음과 같이 변경한다.

```
Vue.component('child', {
  props:['text'],
  template: `<div style="background-color:yellow;">{{ text }}</div>`
});

var vm = new Vue({
  el: '#app',
  data() {
    return {
      message:'have a nice day!'
    }
  }
})
```

위의 Vue.component({ }); 형태의 구문은 새로운 컴포넌트를 등록할 때 사용하는 구문이다.

이제 〈div id="app"〉 … 〈/div〉 부분을 다음과 같이 작성한다.

```
<div id="app">
  <child :text="message"></child>
```

66

```
</div>
```

위에서 child 태그^{Tag} 부분은 등록된 child 컴포넌트를 HTML 태그 형태로 추가한 것이다. Live Server를 이용해 확인하면 다음과 같다.

그림 2-8 props

위 결과에서 보는 것처럼 부모 컴포넌트인 뷰 인스턴스의 message가 정의된 child 컴포넌트에 전달돼 나타나는 것을 알 수 있다.

여기서는 뷰 인스턴스의 props 프로퍼티가 어떻게 사용될 수 있는지를 알아보는 수준에서 이해한다. 자세한 내용은 컴포넌트 부분에서 다루니 지금은 이해가 가지 않더라도 너무 걱정하지 않아도 된다.

2.5 watch 프로퍼티

watch 프로퍼티는 data 객체 내의 데이터를 모니터링할 수 있으며, 특정 데이터에 변화가 발생하면 후속 처리를 한다.

예를 들어 사용자가 10진수 형태로 입력하는 숫자를 2진수로 자동 변환해 나타내고자 한다고 하자. 먼저 data 객체 내에 입력되는 10진수값을 저장할 dec 프로퍼티를 정의하고 2진수를 저장할 binary를 정의한 후 10진수 형태를 입력 받는 input에

10진수를 입력한다. 그 다음 watch 프로퍼티에 이에 대한 함수를 정의하고 그 안에서 10진수를 2진수로 변환하는 코드를 작성한다. 사용 형식을 나타내면 다음과 같다.

```
data : {
    dec : 0,
    binary: 0
},
watch : {
    dec: function(val){
     //코드
    },
    binary: function(val) {
     //코드
    }
}
```

위에서 data 객체 내의 dec나 binary에 변화가 발생하면 watch 프로퍼티는 function(val) { //코드 }에 정의된 대로 처리가 이뤄진다.

watchEx 폴더를 생성하고 vscode로 해당 폴더를 연 후 index.html 파일을 추가한다. **doc + Tab** 키를 눌러서 html 기본 구조를 생성한다. watch 프로퍼티를 이용해 10진수를 2진수로, 2진수를 10진수로 입력되는 값에 따라 자동적으로 값이 변하는 예제를 만들어본다. 〈body〉 시작 태그 안에 다음과 같이 작성한다.

```
<div id="app">
    10진수 : <input type = "number" v-model.number = "dec">
    2진수 : <input type = "number" v-model.number = "binary">
</div>
<script src="https://cdn.jsdelivr.net/npm/vue/dist/vue.js"></script>
<script>
  var vm = new Vue({
    el:'#app',
    data: {
```

```
        dec:0,
        binary:0,
      },
    watch: {
      dec:function(val) {
        this.dec = val;
        this.binary = parseInt(val.toString(2));
      },
      binary : function (val) {
        this.binary = val
        this.dec = parseInt(val, 2);
      }
    }
  }
</script>
```

위에서 input 태그에 사용된 v-model.number="dec" 형태는 사용자가 입력하는 값을 data 객체 내의 dec와 바인딩하는 것이고 해당 데이터는 숫자[number]임을 나타낸다.

val.toString(2)는 val에 2진수 형태로 나타내므로 10진수 input에 10진수를 입력한다. 그러면 watch에 설정된 메서드에 의해 입력된 값이 data 객체 내의 binary에 설정된 값에 2진수로 저장되고 화면에 바뀐 데이터를 나타낸다. 데이터 타입이 문자열 형태로 저장되므로 parseInt() 메서드를 이용해 숫자 형태로 저장되도록 한다. 다음으로 2진수 input에 2진수 형태로 데이터를 입력하면 watch에 설정된 함수 parseInt(val, 2)에 의해 10진수로 변환돼 data 객체 내의 dec에 저장되고 input에 해당 데이터가 나타난다. 위의 watch 구문은 다음과 같이 watch, methods 구문으로 나눠서 작성할 수도 있다.

```
  watch: {
    'dec':'convert_bin',
    'binary' : 'convert_dec'
  },
```

```
methods: {
  convert_bin(val){
    this.dec = val;
    this.binary = parseInt(val.toString(2));
  },
  convert_dec(val){
    this.binary = val;
    this.dec = parseInt(val, 2);
  }
}
```

브라우저를 실행한 화면에서 10진수를 입력하면 다음과 같이 나타나며, 반대로 2진수를 입력하면 10진수 형태로 변환돼 나타나는 것을 확인할 수 있다.

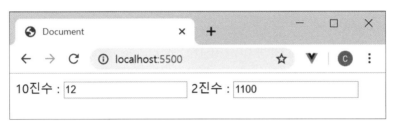

그림 2-9 10진수 입력 시 실행결과

2.6 한 페이지 내에서 다수의 뷰 인스턴스

한 페이지에는 하나의 뷰 인스턴스를 사용한다. 하지만 부득이하게 한 페이지 내에서 하나 이상의 뷰 인스턴스를 사용해야 할 경우에는 각 뷰 인스턴스에 data 객체에 정의된 프로퍼티를 사용해 직접 접근할 수 있다.

```
<body>
  <div id="app1"></div>
  <div id="app2"></div>
  <script src="https://cdn.jsdelivr.net/npm/vue/dist/vue.js"></script>
```

```
  <script>
    var vm1 = new Vue({ el:"#app1", data: … })
    var vm2 = new Vue({ el:"#app2", data: … })
  </script>
</body>
```

multivue 폴더를 생성하고 vscode로 해당 폴더를 연 후 index.html 파일을 추가
한다. **doc + Tab** 키를 눌러서 기본적인 html 구조를 생성한다.

〈script〉 블록 내에 두 개의 뷰 인스턴스 vm1, vm2를 정의하고 〈body〉 블록 내
에 2개의 div 엘리먼트의 id값을 각각 app1, app2로 작성한다.

```
<div id="app1">
  <div>
    <p>{{ message }}</p>
  </div>
  <button @click="changeMessage">메시지 바꾸기</button>
</div>
<div id="app2">
  <div>
    <p>{{ message }}</p>
  </div>
</div>
<script src="https://cdn.jsdelivr.net/npm/vue/dist/vue.js"></script>
<script>
  var vm1 = new Vue({
    el: '#app1',
    data : {
      message:'첫 번째 뷰 인스턴스(Vue Instance)'
    },
    methods: {
      changeMessage() {
        vm2.message = '모두가 행복했으면 좋겠어요.'
      }
    }
  })
```

```
  var vm2 = new Vue({
    el: '#app2',
    data : {
      message:'두 번째 뷰 인스턴스(Vue Instance)'
    },
  })
</script>
```

〈button @click="changeMessage"〉메시지 바꾸기〈/button〉에서 @click은
v-on:click의 축약 형태로 해당 버튼을 클릭했을 때 changeMessage 함수를 호출
한다. 두 뷰 인스턴스 사이의 접근은 vm2.message와 같이 정의된 뷰 인스턴스 data
프로퍼티에 정의된 객체를 사용해 직접 접근할 수 있다. 마지막으로 스타일을 적용
하려면 〈/head〉 태그 위에 스타일 코드를 작성한다.

```
  <style>
    #app1 {
      background: blue;
      color: white;
      padding: 4px;
      margin-bottom: 4px;
    }
    #app2 {
      background: teal;
      color: white;
      padding: 4px;
    }
  </style>
</head>
```

브라우저를 실행해 첫 번째 뷰 인스턴스^{Vue Instance} 밑에 있는 메시지 바꾸기 버튼을
클릭하면 두 번째 뷰 인스턴스의 data 프로퍼티에 정의된 message의 값이 첫 번째
뷰 인스턴스의 changeMessage() 메서드에 의해 변경된다.

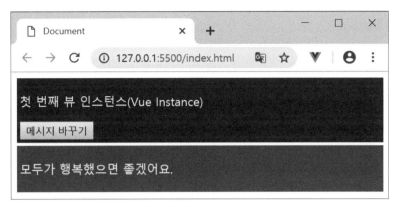

그림 2-10 다수의 vue 예제 결과

이러한 접근 방법은 특별한 상황이 아니면 사용을 자제하는 것이 좋다. 소규모일 때는 상황에 따라 괜찮을지 모르지만 규모가 커지면 코드를 유지보수하기 어려울 수 있다. 뷰 인스턴스가 서로 격리돼 있지 않기 때문에 뷰 인스턴스 사이의 의존성을 파악하기 어렵고 하나의 뷰 인스턴스에 변화를 주면 다른 뷰 인스턴스에 영향을 줄 수 있기 때문이다. 따라서 하나의 뷰 인스턴스에 다수의 컴포넌트로 구성하는 형태가 적합하다.

2.7 뷰 인스턴스 생명주기

뷰 인스턴스의 생명주기^{Vue Instance Life cycle}는 뷰 인스턴스가 new 키워드를 이용해 초기화되면서부터 시작된다. 초기화가 이뤄진 후 beforeCreate hook이 발생하고 이 과정이 끝나면 created hook이 발생하며 이 단계에서 뷰 인스턴스의 data, event, computed, methods 같은 옵션이 설정된다.

그런 다음 Vue는 인라인 템플릿^{template}이나 el 프로퍼티^{property}로 참조된 템플릿을 컴파일하고 Virtual DOM을 업데이트한다. 만약 뷰 인스턴스에 el 프로퍼티가 없으면 $mount 메서드가 실행된 후에 이 과정이 진행된다.

다음 단계는 템플릿을 마운트mount하는 것이다. 렌더링된 HTML 태그로 $el 프로퍼티를 생성하고 이 HTML 태그를 실제 DOM에 삽입한다. 다시 말해 이 과정에서 virtual DOM이 렌더링되고 그 결과가 실제 DOM에 적용된다. 이 단계를 수행하기 전에 beforeMount hook이 발생한다.

템플릿 마운트가 정상적으로 끝나면 뷰 인스턴스는 mounted 상태가 되는데 mounted 상태가 되기 전에 mounted hook을 이용할 수 있다.

뷰 인스턴스가 mounted 상태가 되면 실제 DOM의 일부는 뷰 인스턴스에 정의된 템플릿과 데이터를 포함한다. 뷰 인스턴스에 정의된 데이터들에 변화가 발생하면 DOM에 변경 사항이 반영된다. 이 과정이 진행되기 전에 beforeUpdate hook이 발생하고 DOM에 변경 사항이 반영된 후에 updated hook이 발생한다.

뷰 인스턴스는 mounted 상태에서 뷰 인스턴스에 정의된 데이터들에 변화가 발생하면 그때마다 beforeUpdate hook－DOM 변경사항 반영－updated hook이 이뤄진다.

마지막은 생명주기의 마지막 단계인 destroy로 vm.$destroy()가 호출되면 먼저 beforeDestroy hook이 발생하고 그 다음 watchers, 연결된 자녀 컴포넌트, 이벤트 등을 제거한다. 그리고 뷰 인스턴스는 destroyed 상태가 되고 destroyed hook이 발생한다. 이를 그림으로 나타내면 그림 2-11과 같다.

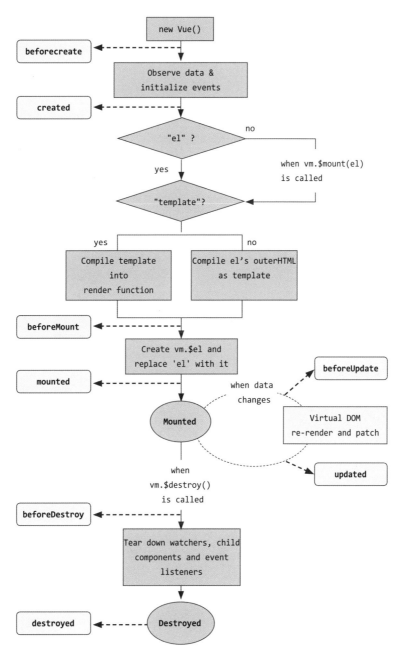

그림 2-11 뷰 인스턴스 생명주기(Vue Instance Life Cycle)

다수의 뷰 인스턴스에서 사용한 예제를 조금 수정해 뷰 인스턴스가 어떻게 생성되고 업데이트되고 사라지는지 알아본다.

```html
<div id="app">
  <div>
    <p>{{ message }}</p>
  </div>
  <button @click="changeMessage">메시지 바꾸기</button>
  <button @click="destroyInstance">뷰 인스턴스(Vue Instance) Destroy </button>
</div>
<script src="https://cdn.jsdelivr.net/npm/vue/dist/vue.js"></script>
<script>
  var vm = new Vue({
    el: '#app',
    data : {
      message:'첫 번째 뷰 인스턴스(Vue Instance)'
    },
    methods: {
      changeMessage() {
        this.message = '모두가 행복했으면 좋겠어요.'
      },
      destroyInstance() {
        this.$destory()
      }
    },
    beforeCreate() { console.log('beforeCreate'); },
    created() { console.log('created'); },
    beforeMount() { console.log('beforeMount'); },
    mounted() { console.log('mounted'); },
    beforeUpdate() { console.log('beforeUpdate'); },
    updated() { console.log('updated'); },
    destroyed() { console.log('destroyed'); }
  })
</script>
```

스타일 코드 부분도 다음과 같이 수정한다.

```
<style>
  #app {
    background: blue;
    color: white;
    padding: 4px;
    margin-bottom: 4px;
  }
  button {
    margin-bottom: 4px;
  }
</style>
</head>
```

브라우저를 실행해 확인하면 초기에 다음과 같이 나타난다.

그림 2-12 vue instance lifecycle 실행결과

메시지 바꾸기 버튼을 클릭하면 기존의 message에 저장돼 있던 값이 변경되며 이 때 beforeUpdate, updated hook이 차례로 발생한다.

그림 2-13 vue instance lifecycle의 beforeUpdate, updated 실행결과

뷰 인스턴스를 제거하려면 **뷰 인스턴스(Vue Instance) Destroy** 버튼을 클릭한다. 그러면 정의된대로 "this.$destory();"가 실행돼 destroyed hook이 발생하며, 그림 2-14와 같은 결과를 콘솔에 나타낸다.

그림 2-14 vue instance lifecycle의 destoryed

지금까지 Vue.js 애플리케이션의 시작점과도 같은 뷰 인스턴스를 어떻게 정의하는지 알아봤다. 또한 생성된 뷰 인스턴스 내에서 methods 프로퍼티를 이용한 전통적인 이벤트 처리 방법과 computed, watch 프로퍼티를 이용해 data 객체 내 데이터를 저장하는 프로퍼티에 변화가 발생했을 때 어떻게 동적으로 처리할 수 있는지 알아봤다.

props 프로퍼티를 이용해 부모 컴포넌트로부터 자녀 컴포넌트에 데이터를 전달하는 방법도 알아봤는데, 혹시 이해가 안 되더라도 너무 걱정하지 말기 바란다. 이후 내용에서 설명하므로 자연스럽게 이해될 것이다. 3장에서는 디렉티브를 이용해 기존의 HTML 엘리먼트에 조건, 반복 등과 같은 기능을 덧붙이는 방법을 알아본다.

3

엘리먼트에 기능을
덧붙이는 디렉티브

Vue.js에서 디렉티브^{Directive}는 HTML 엘리먼트의 특별한 속성^{Attribute} 형태로 v-show, v-if, v-else, v-bind 등과 같이 v-접두사 형태로 사용한다. HTML 엘리먼트 태그 내에서 조건에 맞으면 디렉티브로 페이지 내 특정 콘텐츠 보이기/감추기 같은 조건적 처리, 다른 프로그래밍 언어에서의 for, while 같은 반복적인 처리, 데이터 바인딩, 이벤트 처리가 가능하다. 물론 이외에도 사용자 정의 디렉티브를 만들어 사용할 수도 있지만 이 책에서는 위에 언급된 부분만 다루며 다음과 같은 내용을 학습한다.

- v-if, v-for 디렉티브를 이용해 다른 프로그램 언어에서와 같은 흐름 제어를 학습한다.
- v-bind 디렉티브를 이용한 이미지, 링크, 스타일, 키에 대한 데이터 바인딩 방법을 학습한다.
- v-model 디렉티브와 forms 엘리먼트(input, checkbox, …) 간의 양방향 데이터 바인딩을 이해한다.

- v-on 디렉티브를 이용한 이벤트 처리 방법을 학습한다.
- 이벤트 수식어^{Event Modifiers}를 이용한 event bubbling, event capturing, event prevent를 이해한다.

3.1 v-if, v-for를 이용한 흐름제어

다른 프로그래밍 언어를 공부한 적이 있다면 아마도 흐름 제어 혹은 if를 이용한 조건문, for, while, do… while을 이용한 반복문을 들어봤을 것이다. 이러한 흐름 제어는 〈script〉 태그 블록 내에서 자바스크립트가 지원하는 if, for, for..in, foreach 등 다양한 형태를 사용할 수 있다. 여기서는 Vue.js가 지원하는 HTML 엘리먼트 시작 태그에 적용되는 v-if를 포함한 조건문 계열 디렉티브와 반복 처리를 위한 v-for 디렉티브를 알아본다.

3.1.1 v-if, v-if … v-else, v-if … v-else-if … v-else 구문

다른 프로그래밍 언어의 if문처럼 vue.js에서 지원하는 v-if도 기능이 동일하며, 다음과 같은 형식을 따른다.

```
<html_element v-if="표현식">
  // 나타낼 내용
</html_element>
```

위에서 표현식이 true면 나타낼 내용을 처리하고 false면 HTML DOM에 추가되지 않고 삭제된다. 윈도우 탐색기를 실행해 vif 폴더를 생성한다. 그 다음 vscode를 실행해 생성한 vif 폴더로 이동한 후 index.html 파일을 생성한다.

doc를 입력하고 **Tab** 키를 눌러서 기본 html 구조를 자동으로 생성하고 〈body〉 태그 다음에 코드를 작성한다.

```
<div id="app">
  <h3>v-if directive를 이용한 조건 처리</h3>
  <p v-if="error">에러 발생 : 이미지를 로드하지 못했습니다. </p>
  <button v-on:click="error = !error">에러 ON-OFF</button>
</div>
<script src="https://cdn.jsdelivr.net/npm/vue@2.6.6/dist/vue.js"></script>
<script>
  new Vue({
    el:'#app',
    data: {
      error: false
    }
  })
</script>
```

button 엘리먼트의 v-on 디렉티브 부분에서 error =!error는 button이 클릭될 때마다 표시한대로 error 값이 true면 false로, false면 true로 바꾸는 기능을 한다. 그 다음 </head> 태그 위에 다음의 스타일 코드 블록을 추가한다.

```
<style>
  p{
    border: 4px solid teal;
    background: yellow;
  }
</style>
</head>
```

현재 뷰 인스턴스^{Vue Instance} data 객체의 error 프로퍼티에 설정된 값이 false이므로 v-if = "false"가 되지 않고 다음 결과와 같이 HTML DOM 트리에도 나타나지 않는다.

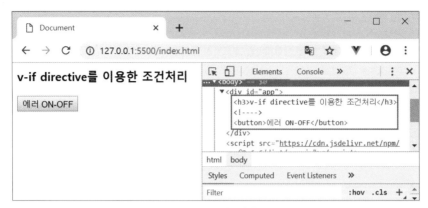

그림 3-1 vif 실행결과1

하지만 위에서 에러 ON-OFF 버튼을 클릭하면 data 객체의 error 프로퍼티에 설정된 값이 true로 바뀌어 다음과 같이 페이지에 나타나고 HTML DOM 트리에도 나타난다.

그림 3-2 vif 실행결과2

v-if … v-else 구문은 다음과 같은 형식으로 사용한다.

```
<html_element v-if="표현식">
```

```
   // 나타낼 내용1
</html_element>
<html_element v-else>
   // 나타낼 내용2
</html_element>
```

v-if의 표현식이 true면 "나타낼 내용1"을 포함한 해당 html_element가 HTML DOM에 추가돼 페이지에 나타나고 false면 "나타낼 내용2"를 포함하는 html_element가 나타난다.

```
<p v-if="error">에러 발생 : 이미지를 로드하지 못했습니다. </p>
<p v-else>에러가 발생하지 않았습니다.</p>
```

위와 같이 한 줄을 기존의 ⟨p v-if="error"⟩ 태그 밑에 추가한 후 브라우저를 실행해 확인하면 에러가 현재 false 상태이므로 ⟨p v-else⟩ 태그 부분을 HTML DOM에 추가하고 페이지에 나타낸다.

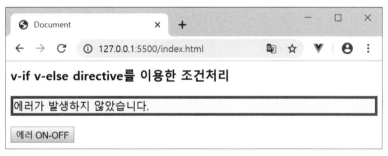

그림 3-3 vifvelse 실행결과

마지막으로 v-if ⋯ v-else-if ⋯ v-else 구문은 다음과 같은 형식으로 사용한다.

```
<html_element v-if="표현식1">
   // 나타낼 내용1
</html_element>
<html_element v-else-if="표현식2">
```

```
  // 나타낼 내용2
</html_element>
<html_element v-else>
  // 나타낼 내용3
</html_element>
```

v-if의 표현식1이 true면 "나타낼 내용1"을 포함한 해당 html_element가 HTML DOM에 추가돼 페이지에 나타난다. false면 다음의 v-if의 표현식2에서 비교해 true면 "나타낼 내용2"를 포함한 해당 HTML_ELMENT가 HTML DOM에 추가해 페이지에 나타내고 false면 v-else 디렉티브를 포함하는 html_element를 화면에 나타낸다. 물론 다른 언어와 마찬가지로 중간의 v-else-if 디렉티브는 여러 개 사용할 수 있다.

```
<p v-if="error">에러 발생 : 이미지를 로드하지 못했습니다. </p>
<p v-else-if="appear"><img src="venezia.jpg" /> </p>
<p v-else>에러가 발생하지 않았습니다.</p>
```

위와 같이 새로운 p 태그를 추가하고 그 안에 img 엘리먼트를 이용해 venezia.jpg라는 파일이 나타나도록 하는 코드를 추가한다. 그 다음 뷰 인스턴스의 data 객체의 appear 프로퍼티를 다음과 같이 추가한다.

```
data: {
  error: false,
  appear:false
}
```

브라우저를 실행해 확인하면 표현식1인 error, 표현식2인 appear 모두 false이므로 3개의 p 태그 중에 마지막 p 태그가 HTML DOM에 추가돼 앞의 예제와 동일한 결과가 웹페이지에 나타난다. appear의 값을 true 바꾸고 확인해보면 venezia.jpg 이미지가 포함된 형태로 웹페이지에 나타난다. 물론 에러 ON-OFF 버튼을 클릭하면 당연히 첫 번째 p 태그가 HTML DOM에 추가돼 웹페이지에 나타난다.

만약 위 3개의 p 태그 중에서 다음과 같이 중간에 v-if 디렉티브와 관계없는 p 태그가 추가된다면 v-if ⋯ v-else-if ⋯ v-else 구문은 정상적으로 동작하지 않는다. 다음과 같이 코드를 한 줄 추가해 확인한다.

```
<p v-if="error">에러 발생 : 이미지를 로드하지 못했습니다. </p>
<p>오늘은 산책하기 좋은 날입니다.</p>
<p v-if-else="appear"><img src="venezia.jpg" /> </p>
<p v-else>에러가 발생하지 않았습니다.</p>
```

appear는 true로 설정돼 있으므로 에러가 false면 venezia.jpg 이미지가 포함된 형태로 나타나야 하는데 다음과 같이 나타난다.

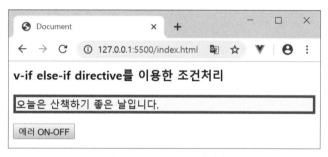

그림 3-4 v-if v-else-if 실행결과

이제 에러 ON-OFF 버튼을 클릭해보자. 에러가 true로 바뀌고 첫 번째 p 태그가 HTML DOM에 추가돼 웹페이지에 나타난 다음 "오늘은 산책하기 좋은 날입니다."가 표시된다. 그리고 **개발자 도구 → Console**에 다음과 같은 에러 메시지가 표시된다.

"v-else-if="appear" used on element <p> without corresponding v-if."

즉, v-if ⋯ v-else-if ⋯ v-else 구문은 연속해서 같이 사용해야 한다.

3.1.2 v-if와 v-show의 비교

v-if 디렉티브와 유사한 기능을 하는 v-show 디렉티브가 있다. 가장 큰 차이점은 앞에서 봤듯이 v-if의 표현식이 false면 해당 HTML 엘리먼트는 DOM에 존재하지 않지만 v-show는 DOM에 존재하지만 페이지에 나타나지 않는다. 즉 CSS의 display:none의 상태로 존재한다. 앞서 예제에 사용한 코드들을 다음과 같이 수정한다.

```
<div id="app">
  <div v-if="error">에러 발생 : 이미지를 로드하지 못했습니다.</div>
  <div v-show="appear">
    <img src="venezia.jpg">
  </div>
  <button v-on:click="errorToggle">에러 ON-OFF</button>
</div>
<script>
  new Vue({
    el:'#app',
    data: {
      error: true,
      appear:false
    },
    methods: {
      errorToggle() {
        this.error = !this.error
        if(this.error == false) {
          this.appear = true;
        } else {
          this.appear = false;
        }
      }
    }
  })
</script>
```

스타일 코드를 다음과 같이 수정한다.

```
<style>
  #app > div{
    border: 4px solid teal;
    background: yellow;
    padding: 4px;
    margin-bottom: 10px;
  }
</style>
</head>
```

작성이 완료된 후 실행하면 현재 에러가 true이므로 첫 번째 〈div v-if="error"〉 태그 부분이 페이지에 표시된다. 이 때 크롬 **개발자도구 → Element** 탭 부분을 클릭하면 다음과 같이 img 태그를 포함한 div 태그의 style 속성은 display:none이 된다. 이는 DOM에 존재하지만 페이지는 나타나지 않는다는 것을 의미한다.

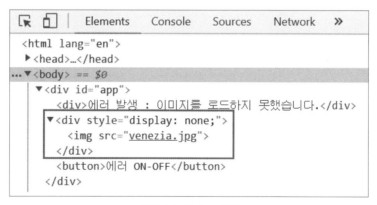

그림 3-5 vifvshow 비교

에러 ON-OFF 버튼을 클릭하면 〈div style="display:none;"〉 부분이 〈div style〉로 바뀌면서 페이지에 Venezia.jpg 파일을 나타낸다. 정리하면 v-if 디렉티브는 DOM에서 삭제되거나 추가되는 동작을 반복하고 v-show는 DOM에서는 사라지지 않고 페이지에 보이기, 감추기 형태로 동작한다는 것을 기억하길 바란다.

3.1.3 v-for를 이용한 반복 처리

v-for 디렉티브를 사용해 다수의 아이템(item)을 포함하는 집합 형태의 리스트(list)를 나타낼 수 있으며 사용 형식은 다음과 같다.

```
<htm_element v-for="item in items" v-bind:key="item의 한 속성">
<html_element v-for="item in items" :key="item의 한 속성">
```

items는 데이터 집합collection을 나타내고 item은 데이터 집합 내 하나의 데이터를 나타내는 별칭을 의미한다.

v-bind 역시 디렉티브의 하나로 v-for 디렉티브를 이용해 리스트를 나타낼 때 사용하는데 key 속성을 설정함으로 vue가 각 아이템을 검색하고 정렬할 수 있도록 한다.

명령 프롬프트창을 실행하고 vue create vfor --default를 입력해 vfor 프로젝트를 생성한다. vscode를 실행한 후 src 폴더 내의 App.vue 파일의 다른 코드를 지우고 다음과 같이 작성한다.

```
<template>
  <div id="app">
    <h1>체르니 책방의 도서목록</h1>
    <ul>
      <li v-for="item in books" v-bind:key="item.id">{{item.title}}</li>
    </ul>
  </div>
</template>
<script>
export default {
  name: 'app',
  data () {
    return {
      books: [
        {id:1, title:'어떻게 배울 것인가',publisher:'비즈니스북스',author:'존 맥스웰', stock: 2 },
```

```
        {id:2, title:'신경끄기의 기술', publisher:'갤리온',author:'마크 맨슨', stock: 0},
        {id:3, title:'부의 미래', publisher:'청림출판', author:'앨빈 토플러', stock: 5 },
        {id:4, title:'기획자의 습관', publisher:'홍익출판사',author:'최장순', stock: 4 }
      ]
    }
  }}
</script>
<style>
</style>
```

v-for 디렉티브를 이용해 집합 형태의 데이터인 books를 li 엘리먼트 내에서 각 레코드(데이터행)의 title을 나타내는 코드로 결과는 다음과 같다.

그림 3-6 v-for 결과1

이제 books 객체의 모든 데이터가 나타나도록 테이블 형태로 출력하기 위해서 기존의 〈!-- 〈ul〉…〈/ul〉 --〉을 주석 처리한 후 다음과 같이 코드를 추가한다.

```
<h1>체르니 책방의 도서목록</h1>
<table>
  <thead>
    <tr><th>도서번호</th><th>도서이름</th><th>출판사</th><th>저자</th>
        <th>재고량</th>
```

```
        </tr>
      </thead>
      <tbody>
        <tr v-for="item in books" v-bind:key="item.id">
          <td>{{item.id}}</td>
          <td>{{item.title}}</td>
          <td>{{item.publisher}}</td>
          <td>{{item.author}}</td>
          <td>{{item.stock}}</td>
        </tr>
      </tbody>
    </table>
```

table, thead, tbody와 같은 HTML 엘리먼트로 테이블의 구조를 만들고 tbody 내에서 v-for 디렉티브로 각 레코드에 속한 컬럼값을 표시한다. 마지막으로 여기에 스타일을 적용하려면 App.vue 파일의 〈/script〉 다음 라인에 〈style〉…〈/style〉 코드를 추가한다.

```
<style>
  table {
    width: 100%;
    border-collapse: collapse;
  }
  tr:nth-of-type(odd) {
    background: #eee;
  }
  th {
    background: #333;
    color: white;
    font-weight: bold;
  }
  td, th {
    padding: 6px;
    border: 1px solid #ccc;
    text-align: left;
```

```
    }
</style>
```

스타일을 적용한 결과는 다음과 같다.

그림 3-7 v-for 결과2

3.2 v-bind를 이용한 데이터 바인딩

v-bind 디렉티브는 HTML 엘리먼트에 하나 또는 둘 이상의 속성을 연결하는 데 사용된다. 표 3-1처럼 상황에 따라 v-bind:argument와 같은 일반 형식 혹은 축약 형식인 :argument 형태로 사용한다.

표 3-1 v-bind 디렉티브의 일반 형식과 축약 형식

	일반 형식	축약 형식
이미지를 연결할 경우	v-bind:src	:src
링크를 연결할 경우	v-bind:href	:href
스타일 관련 연결의 경우	v-bind:class, v-bind:style	:class, :style
키(key)를 연결할 경우	v-bind:key	:key

v-for 디렉티브에서 v-bind:key 관련 내용을 설명했었다. 대표적으로 다음과 같이 반복 처리를 할 때 데이터가 변경된다면 렌더링^{rendering}된 각 컴포넌트^{component}를 구분해야 하므로 Vue.js에서 기본적으로 사용할 것을 권한다.

```
<li v-for="item in books" v-bind:key="item.id">{{item.title}}</li>
```

3.2.1 스타일을 적용하기 위한 v-bind:class, v-bind:style

directive를 이용한 스타일과 관련된 데이터 바인딩은 HTML 엘리먼트의 class, style 속성을 변경하는 것이다.

명령 프롬프트를 실행해 mkdir vbindclass 디렉터리를 생성하고 vscode로 해당 디렉터리를 연 후 index.html 파일을 생성한다. doc를 입력하고 **Tab** 키를 눌러서 html 기본 구조를 자동으로 만든 후 〈body〉 태그 다음 라인에 아래와 같이 코드를 작성한다.

```
<div id="app">
  <h1 v-bind:class="{'applycolor': applycolor}">동적으로 class 속성 적용 </h1>
  <input type="checkbox" v-model="applycolor">
  <span>h1 엘리먼트(Element) 색바꾸기</span>
</div>
<script src="https://cdn.jsdelivr.net/npm/vue@2.6.6/dist/vue.js"></script>
<script>
  new Vue({
    el:'#app',
    data: {
      applycolor:false
    }
  })
</script>
```

〈/head〉 태그 위에 다음의 스타일 코드를 작성한다.

```
<style>
  .applycolor{ color:blue; }
</style>
```

index.html 안에서 마우스 오른쪽 버튼을 클릭해 Open with Live Server를 선택한 다음 크롬의 **개발자도구** → Element 부분을 열어본다.

그림 3-8 vbindclass 결과1

현재 h1 태그의 class 속성에는 설정된 값이 없다.

```
▼<div id="app">
    <h1 class>동적으로 class 속성 적용 </h1>
    <input type="checkbox">
    <span>h1 엘리먼트(Element) 색바꾸기</span>
</div>
```

그림 3-9 vbindclass 결과1 html 태그

이제 **h1 엘리먼트**[Element] **색바꾸기** 체크박스[checkbox]를 클릭하면 h1의 색상이 〈style〉 태그에서 정의한 색으로 바뀐다.

그림 3-10 vbindclass 스타일 적용 결과

크롬의 **개발자도구** → Element를 보면 동적으로 h1 태그의 class 속성에 applycolor가 추가된 것을 알 수 있다.

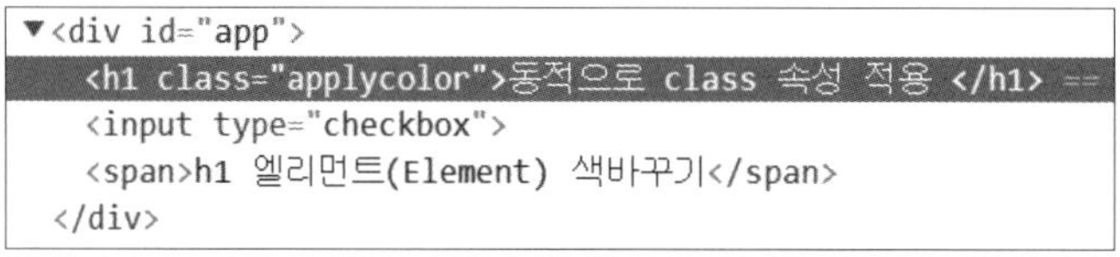

```
▼<div id="app">
    <h1 class="applycolor">동적으로 class 속성 적용 </h1> ==
    <input type="checkbox">
    <span>h1 엘리먼트(Element) 색바꾸기</span>
  </div>
```

그림 3-11 vbindclass 스타일 적용 결과. HTML 태그 적용

위의 예는 간단하게 하나의 스타일 속성을 적용했는데 다수의 스타일을 할 때 v-bind:style을 이용하면 편리하다. 앞서 예제에서 사용된 h1에 색상은 파란색, 폰트 크기는 48px, 가운데 정렬을 한다면 뷰 인스턴스 내의 data 프로퍼티를 다음과 같이 수정한다.

```
data: { headingStyles { color:'blue', fontSize:'48px', textAlign:'center' } }
```

그리고 〈div〉 부분을 다음과 같이 수정한다.

```
<div id="app">
  <h1 v-bind:style="headingStyles">다수의 스타일 적용 </h1>
</div>
```

실행결과는 다음과 같다.

그림 3-12 vbindstyle 다수의 스타일 적용 결과

3.2.3 이미지 연결을 위한 v-bind:src와 링크 연결을 위한 v:bind:href

이미지와 링크를 연결하려면 다음과 같이 일반 형식과 축약 형식을 사용할 수 있다.

```
<img v-bind:src = " image.png "> 또는 <img :src=" image.png ">
<a v-bind:href = " http://www.cnn.com "></a> 또는 <a :href = " http://www.cnn.com "></a>
```

명령 프롬프트에서 mkdir vbindsrcandhref를 입력하고 실행해 디렉터리를 만든다. vscode로 해당 디렉터리를 열고 doc를 입력한 후 **Tab** 키를 눌러 html 기본 구조를 생성한다. 그리고 〈body〉 태그 아래에 다음과 같이 코드를 작성한다.

```
<div id="app">
  <div class="imgdiv" v-for="img in images" :key="img.text">
    <a :href="img.url">{{img.text}}</a>
    <img v-bind:src="img.src" />
  </div>
</div>
<script src="https://cdn.jsdelivr.net/npm/vue@2.6.6/dist/vue.js"></script>
<script>
  new Vue({
    el:'#app',
    data:{
      images: [
```

```
            {text:'암스테르담', src:'./imgs/amsterdam.jpg',
                          url:'https://www.raileurope.co.kr/place/amsterdam-centraal'},
            {text:'파리', src:'./imgs/paris.jpg', url:'https://www.louvre.fr/en/homepage'},
            {text:'프라하', src:'./imgs/praha.jpg', url:'https://www.prague.eu/en'},
            {text:'비엔나', src:'./imgs/vienna.jpg',url:'https://www.belvedere.at/en'},
        ]
    }
  })
</script>
```

스타일을 적용하려면 〈/head〉 태그 위에 다음의 코드를 추가한다.

```
<style>
  .imgdiv { margin:4px; border: 4px solid blue; display:inline-block; }
  img{ width:240px; height:180px; padding: 3px; }
  a{ text-align: center; display:block; }
</style>
```

그림 3-13 vbindsrcandhref 실행결과

3.3 v-model을 이용한 양방향 데이터 바인딩

v-model은 양방향 데이터 바인딩을 가능하게 하는 디렉티브로 주로 HTML form 엘리먼트와 관련된 input, checkbox, textarea, select 같은 엘리먼트의 속성[attribute]

형태로 사용된다. 사용자의 입력에 따라 뷰 인스턴스 내에 바인딩된 데이터를 변경하거나 반대로 뷰 인스턴스 내에 바인딩된 데이터가 변경되면 사용자의 입력 부분도 변경되므로 이를 양방향 데이터 바인딩이라고 부른다. 사용 방법은 다음과 같다.

```
<input v-model="name">
```

양방향 데이터 바인딩을 그림으로 나타내면 그림 3-14와 같다.

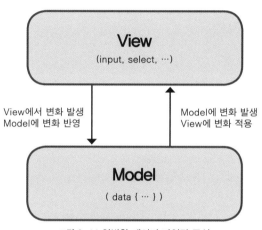

그림 3-14 양방향 데이터 바인딩 구성

View는 form 엘리먼트에 속하는 input, select 엘리먼트로 구성되며 사용자 가 볼 수 있는 부분을 의미한다. Model은 뷰 인스턴스의 data 프로퍼티나 컴포넌트에 정의되는 함수 형태의 data 프로퍼티에 정의된 데이터를 의미한다.

먼저 View에서 변화가 발생해 Model에 변화가 반영되는 경우를 생각해 보자. 예를 들어 이메일을 확인하려고 로그인하는 경우 로그인 화면은 View가 되고 2개의 input 엘리먼트로 아이디, 패스워드를 입력 받게 된다. 이 상태에서 뷰 인스턴스의 data 프로퍼티에 이미 정의돼 있는 id, password에 입력된 데이터가 저장되도록 View에서의 변화가 Model에 반영된다.

다음으로 Model에 변화가 발생했을 때 View에 변화가 적용되는 경우를 생각해 보자. 특정 웹페이지가 로딩되기 전 외부 서버에서 가져온 JSON 데이터를 Model인 data 프로퍼티에 저장해 놓고 해당 데이터를 그대로 View에 반영하거나 특정 조건에 맞는 데이터만 웹페이지에 나타내 Model의 변화를 자동으로 View에 반영한다.

이제 간단한 예제로 양방향 바인딩의 의미를 이해해보자. 명령 프롬프트를 실행하고 mkdir vmodelwithCDN을 입력해 디렉터리를 생성한 후 vscode로 해당 디렉터리를 연다. 그 다음 index.html 파일을 추가한 후 doc를 입력하고 **Tab** 키를 눌러 기본 HTML 코드를 생성한다.

```html
<body>
  <div id="app">
    <label>이름 :</label>
    <input type="text" v-model="name">
    <p>{{name}}</p>
    <input type="checkbox" v-model="checked">
    <span>영화보러 같이 갈래요? {{checked ? '예': '아니오'}} </span>
  </div>
  <script src="https://cdn.jsdelivr.net/npm/vue@2.6.6/dist/vue.js"></script>
  <script>
    new Vue({
      el:'#app',
      data: {
        name:'',
        checked:false
      }
    })
  </script>
</body>
```

텍스트 박스 형태의 input 엘리먼트와 체크박스 형태의 input 엘리먼트에 v-model 디렉티브를 이용해 뷰 인스턴스^{Vue Instance} data 프로퍼티의 name, checked

에 바인딩했다. 다음의 실행 결과에서 이 책을 시작할 때 설치한 Dev tools를 이용해 data 프로퍼티 내의 데이터 변화를 확인한다.

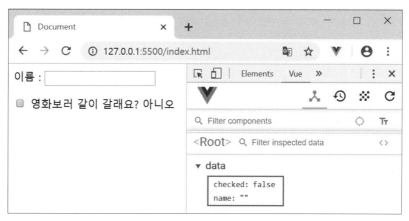

그림 3–15 vmodelwithCDN 실행결과1

이제 **영화보러 같이 갈래요?** 앞의 체크박스를 클릭하면 뷰 인스턴스 내의 checked의 값이 true로 변경되고 웹페이지에서도 그 결과가 반영되는 것을 알 수 있다.

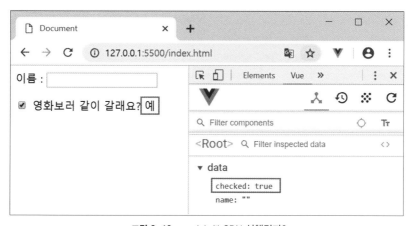

그림 3–16 vmodelwithCDN 실행결과2

이와 같이 vue.js에서 v-model 디렉티브는 양방향 데이터 바인딩이 가능하기 때문에 특히 HTML form 관련 부분에서 자주 사용된다.

3.4 v-on을 이용한 이벤트 처리

다른 애플리케이션들과 마찬가지로 모바일, 웹 응용프로그램에서도 이벤트[Event]는 중요한 개념이다. 만일 이미 다른 프로그래밍 언어로 이벤트를 학습한 상태라면 Vue.js의 이벤트도 비슷하게 이해하면 된다.

예를 들어 페이스북, 인스타그램에 사진을 올리거나 이메일을 확인하기 위해 네이버에 로그인할 경우 아이디와 패스워드를 입력하고 로그인 버튼을 클릭하면 된다. 이과정에서 로그인 버튼을 클릭 했을 때 click 이벤트가 발생하고 발생한 클릭 이벤트에입력한 정보(아이디, 패스워드)를 페이스북, 인스타그램, 네이버에 저장돼 있는 아이디,패스워드와 비교하는 작업을 수행하게 된다.

이와 같이 특정 이벤트가 발생하면 이벤트 처리가 필요하며 Vue.js에서는 v-on디렉티브를 이용해 다음과 같은 형식으로 이벤트를 처리한다.

```
<html_element v-on:eventName = "expression">
<html_element v-on:eventName = "methodName">
<html_element v-on:eventName = "methodName(parameter)">
<html_element @eventName = "methodName">
```

button, div, input 등과 같은 HTML 엘리먼트[html_element]에 이벤트[eventName]가 발생하면 methodName에 정의된대로 처리한다.

첫 번째 형식의 표현식[expression]은 이벤트가 발생하면 다른 형식과 같이 메서드를실행하지 않고 직접 data 프로퍼티에 정의된 값에 접근할 수 있다. 예를 들면 해당이벤트가 발생하면 data 프로퍼티에 정의된 값을 증감시키거나 그 값을 수정할 수 있다.

세 번째 형식은 이벤트^{eventName} 발생 시 입력된 parameter를 이용해 발생하는 이벤트를 처리한다. 네 번째의 @은 v-on:의 단축 형태로 사용되며 실제 Vue.js 프로그래밍 시 자주 보이므로 기억해두면 좋다.

von 폴더를 생성하고 vscode로 해당 폴더를 열고 index.html 파일을 생성한 후 doc + **Tab** 키를 이용해 index.html 기본 구조를 작성한다.

```html
  <link rel="stylesheet"
  href="https://cdnjs.cloudflare.com/ajax/libs/materialize/1.0.0/css/materialize.min.css">
</head>
<body>
  <div id="app">
    <div class="container">
      <div class="card-panel teal lighten-2">
        <h5 v-on:click="name= '미세먼지없음'">{{ name }}</h3>
      </div>
    </div>
  </div>
  <script src="https://cdn.jsdelivr.net/npm/vue/dist/vue.js"></script>
  <script>
    var vm = new Vue({
      el:'#app',
      data: function () {
        return {
          name:"미세먼지있음",
        }
      }
    })
  </script>
</body>
</html>
```

요즘 각광받고 있는 Materialize CSS 프레임워크 링크를 추가한 것으로 Materialize CSS의 공식 사이트(https://materializecss.com/getting-started.html)에서 CDN을 복사한다.

다음 실행 결과는 **미세먼지있음** 부분을 클릭하면 click 이벤트가 발생해 data 프로퍼티에 이미 정의된 name의 값을 **미세먼지없음**으로 변경한다.

그림 3-17 미세먼지없음

표현식^{expression} 형태의 바인딩은 특이한 형태로 이벤트 발생 시 메서드 이용하지 않고 data 프로퍼티에 직접 접근할 수 있다.

다음으로 주로 사용되는 이벤트에 메서드를 바인드하는 형태를 살펴본다. 이 형식은 기존의 자바스크립트나 기타 언어에서도 동일하게 사용하는 이벤트 바인딩 방법이다. 다만 Vue.js에서는 적용 방법에 차이가 있을 뿐이다. 위의 코드에서 해당 부분의 코드를 추가한다.

```
<div class="container">
  <div class="card-panel teal lighten-2">
    <h5 v-on:click="name= '미세먼지없음'">{{ name }}</h3>
  </div>
  <div class="card-panel teal lighten-2">
    <h5 v-on:click="handleEvent">{{ info }}</h3>
  </div>
```

```
      </div>
```

위에서 handleEvent는 click 이벤트가 발생했을 때 처리할 일들을 정의한 메서드다. Vue 인스턴스 코드 부분도 다음과 같이 수정하면 정상적으로 동작한다.

```
data: function () {
  return {
    name: "미세먼지있음",
    info: "이벤트정보"
  }
},
methods : {
  handleEvent($e) {
    this.info = $e.type;
  }
}
```

완료한 후 **이벤트정보**를 클릭하면 발생한 이벤트가 click 이벤트라는 것을 나타낸다.

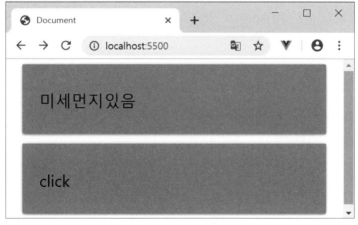

그림 3-18 click 이벤트

여기까지 기본적인 vue.js 이벤트 처리를 알아봤는데 생각보다 쉽다는 것을 알수 있다. **이벤트정보**를 클릭해 **미세먼지있음**이 **미세먼지 걱정 끝!**으로 바뀌게 하려면 handleEvent() 메서드 내에 this.name = "미세먼지 끝!" 한 줄만 추가한다.

3.4.1 v-for를 이용해 컬렉션 이벤트 처리하기

v-on 디렉티브를 v-for 디렉티브와 함께 사용하면 이벤트 발생 시 배열과 같은 컬렉션 아이템을 해당 이벤트를 처리하는 메서드의 파라미터로 처리할 수 있다. 기존 예제에서 〈div class="container"〉 …〈/div〉와 같이 수정한다.

```
<div class="container">
  <table class="highlight">
    <tr class="blue white-text text-darken-4"><th>번호</th><th>도시</th><th>동작
      </th></tr>
    <tr v-for="(city, idx) in cities" v-bind:key="city">
      <td> {{ idx }} </td>
      <td> {{ city }} </td>
      <td><button class="btn" v-on:click="handleEvent(city)">선택</button></td>
    </tr>
  </table>
  <h4 class="blue-text text-darken-4 left-align">{{ message }} </h4>
</div>
```

위에서 click 이벤트가 발생하면 handleEvent(city) 메서드를 실행하는데 이 때 city를 파라미터로 사용할 수 있다. 위에서 사용한 배열인 cities, handleEvent() 부분을 뷰 인스턴스 내에서 다음과 같이 반영한다.

```
data: function () {
  return {
    message : '',
    cities : ['파리', '잘쯔부르크', '베네치아', '드라스덴', '프라하']
  }
```

```
  },
methods : {
  handleEvent(inVal) {
    this.message = `선택된 도시 : ${inVal}`;
  }
}
```

선택 버튼을 클릭하면 해당하는 도시(city) 정보가 handleEvent(city) 메서드에 전
달돼 테이블 하단에 "선택된 도시 : city" 형태로 나타난다.

그림 3-19 v-for를 이용해 컬렉션 이벤트 처리하기 결과

3.4.2 하나의 HTML 엘리먼트에 여러 개의 이벤트 적용하기

하나의 HTML 엘리먼트에 다수의 이벤트를 적용하려면 v-on 디렉티브로 각각의 이
벤트를 분리해 적용한다.

```
<button v-on:click="methoName1" v-on:mouseover="methodName2">
```

조금 전 예제에서 〈button class="btn" v-on:click="handleEvent(city)"〉 코드를
다음과 같이 수정한다.

```
<td><button class="btn"
  v-on:click="handleEvent(city)" v-on:mouseover="handleMultiEvent(city, $event)"
  v-on:mouseleave="handleMultiEvent(city, $event)">선택</button>
</td>
```

버튼을 클릭하면 click 이벤트가 발생해 handleEvent(city)가 실행된다. 마우스를
해당 버튼 위에 올려 놓으면 mouseover 이벤트가 발생해 handleMultiEvent(city,
$event) 메서드가 실행되도록 한다. 이어서 다음과 같이 handleMultiEvent(city,
$event) 메서드를 작성한다.

```
methods : {
  handleEvent(inVal) {
    this.message = `선택된 도시 : ${inVal}`;
  },
  handleMultiEvent(inCity, $event) {
    if($event.type == "mouseover") {
      this.message = `mouseover 이벤트 발생 : ${inCity}`;
    } else {
      this.message = ";
    }
  }
}
```

브라우저를 실행한 뒤 마우스를 프라하 옆의 선택 버튼에 올려 놓으면 mouseover
이벤트가 발생하고 handleMultiEvent() 메서드가 동작해 정의된 메시지를 나타낸다.
마우스를 프라하의 선택 버튼에서 다른 곳으로 옮기면 정의된 대로 아무것도 표시하
지 않는다. 물론 선택 버튼을 클릭하면 click 이벤트가 발생해 handleEvent() 메서드

가 실행된다.

그림 3-20 여러 개의 이벤트 처리하기

3.4.3 이벤트 수식어

이벤트가 발생하면 크롬이나 파이어폭스 같은 HTML 브라우저는 bubble, capture, target이라는 3가지 방법을 이용해 어디에서 이벤트가 발생했는지 찾는다.

bubble은 이벤트가 발생한 대상 엘리먼트에서 시작해 부모, 조상 엘리먼트 형태로 진행되며 이를 이벤트 버블링^{bubbling}이라고 한다. 그림으로 나타내면 그림 3-21과 같다.

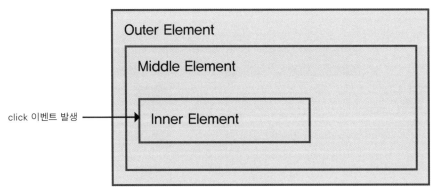

click 이벤트 발생 →

그림 3-21 이벤트 버블링

capture는 브라우저가 body 엘리먼트에 시작해 이벤트가 발생한 대상 엘리먼트로 진행되는 것으로 이벤트 버블링과 반대로 동작한다. 마지막으로 target은 이벤트가 발생하는 대상만 이벤트에 반응한다.

vonmodifiers 폴더를 생성하고 vscode를 실행해 해당 폴더를 열고 index.html 파일을 추가한다. 그리고 doc + **Tab** 키를 이용해 index.html 파일 구조를 자동으로 생성한 후 materialize 링크와 〈style〉〈/style〉 블록을 추가한다.

```html
<link rel="stylesheet"
href="https://cdnjs.cloudflare.com/ajax/libs/materialize/1.0.0/css/materialize.min.css">
<title>Document</title>
<style>
  #outer { width: 320px; margin: 5px; height: 120px; }
  #middle { margin: 5px; padding: 5px; width: 250px; }
  #inner { margin: 5px; padding: 5px; }
</style>
```

〈body〉 다음 라인에 3개의 div 태그를 이용해 해당 div 영역을 클릭하면 click 이벤트가 발생하고 handleClickEvent() 메서드가 작동하는 다음의 코드를 작성한다.

```
<div id="app">
  <div id="outer" class="blue white-text text-darken-4" v-on:click="handleClickEvent">
    Outer
    <div id="middle" class="teal darken-2"  v-on:click="handleClickEvent">
      Middle
      <div id="inner" class="cyan" v-on:click="handleClickEvent">Inner</div>
    </div>
  </div>
</div>
```

마지막으로 〈script〉 블록에서 handleClickEvent() 메서드를 이용해 이벤트가 발생한 대상^{target}과 이벤트가 현재 바인딩된 대상^{currentTarget}에 대한 id값을 나타내는 코드를 작성한다.

```
<script src="https://cdn.jsdelivr.net/npm/vue/dist/vue.js"></script>
<script>
  var vm = new Vue({
    el:'#app',
    methods: {
      handleClickEvent($event){
        console.log(`handleClickEvent target : ${$event.target.id}` +
                    `currentTarget: ${$event.currentTarget.id}`);
      }
    }
  })
</script>
```

실행결과는 그림 3-22와 같다.

그림 3-22 이벤트 수식어(Event Modifiers) 첫 화면

결과 화면에서 Inner, Middle, Outer를 각각 클릭하고 다음과 같이 console 가장 안쪽의 Inner를 클릭하면 발생한 대상 엘리먼트에서 시작해 부모, 조상 엘리먼트 형태로 버블링이 발생한다.

```
handleClickEvent target : inner currentTarget: inner
handleClickEvent target : inner currentTarget: middle
handleClickEvent target : inner currentTarget: outer

handleClickEvent target : middle currentTarget: middle
handleClickEvent target : middle currentTarget: outer

handleClickEvent target : outer currentTarget: outer
```

이벤트 버블링을 중지하려면 event.stopPropagation() 메서드를 이용하며, 이 코드를 handleClickEvent() 메서드 내에 "$event.stopPropagation();" 형태로 console.log() 추가한다.

다시 Inner, Middle, Outer를 각각 클릭하면 조금 전과는 다르게 클릭하는 대상에만 이벤트가 발생하고 버블링이 발생하지 않는다.

```
handleClickEvent target : inner currentTarget: inner
handleClickEvent target : middle currentTarget: middle
handleClickEvent target : outer currentTarget: outer
```

결과적으로 event.stopPropagation() 메서드로 이벤트가 발생하는 대상만 이벤트에 반응하도록 할 수 있다.

이벤트 캡처링^{event capturing}은 이벤트 버블링과 반대로 body 엘리먼트에서 시작해 이벤트가 발생한 대상 엘리먼트로 진행된다. 자바스크립트에서 이벤트 캡처링을 하려면 엘리먼트에 이벤트, 이벤트 핸들러를 등록할 때 다음과 같은 형식을 이용해 기본적으로 버블링되는 capture 옵션을 true로 설정해야 한다.

```
element.addEventListener('eventName', eventhandler, capture)
```

위에서 element는 div, p, input 같은 HTML 엘리먼트를 나타낸다. addEventListener() 메서드는 element에 이벤트, 이벤트 핸들러를 등록하는 데 사용하는 메서드다. 등록할 이벤트는 eventName, 이벤트가 발생하면 실행할 메서드는 eventhandler, 마지막으로 capture를 설정할 때 true로 설정하면 이벤트 캡처링이 가능하다.

확인하려면 뷰 인스턴스가 포함된 〈!-- 〈script〉…〈/script〉 --〉 블록을 주석 처리하고 다음과 같이 코드를 작성한다.

```
<script src="https://cdn.jsdelivr.net/npm/vue/dist/vue.js"></script>
<script>
  for(let elem of document.querySelectorAll('div')) {
    elem.addEventListener("click", e => console.log(`Capturing: ${elem.id}`), true)
  }
</script>
```

모든 div HTML 엘리먼트에 click 이벤트, click 이벤트가 발생하면 콘솔에 엘리먼트의 id 속성^{attribute}값을 나타내도록 하고 이벤트 캡처링을 하도록 설정^{true}한다.

브라우저를 실행한 화면에서 Inner, Middle, Outer를 각각 클릭하면 console에 다음과 같이 가장 바깥쪽의 id가 app인 것부터 캡처링된다.

```
Capturing: app
Capturing: outer
Capturing: middle
Capturing: inner

Capturing: app
Capturing: outer
Capturing: middle

Capturing: app
Capturing: outer
```

결과와 같이 이벤트 캡처링은 버블링과 달리 body 엘리먼트에서 시작해 이벤트
가 발생한 대상 엘리먼트로 진행된다.

vue.js에서는 위와 같은 동작을 표 3-2와 같이 v-on 디렉티브와 함께 6가지의 수
식어^{modifier}에 포함된 수식어를 이용해 적용할 수 있다.

표 3-2 6가지의 수식어를 포함한 수식어

수식어	기능
stop	이벤트 버블링을 중지. event. stopPropagation( )이 동일
prevent	브라우저가 이벤트 발생 시 기본적으로 하는 동작을 중지하는 데 사용. 대표적인 경우가 form 의 submit 버튼이나 링크 클릭 시 자동적으로 진행되는 후속 진행을 중지하는 것으로 event. preventDefault( )와 동일
capture	이벤트 버블링과 반대되는 동작을 수행
self	이벤트가 전파되지 않고 자신에서만 이벤트가 발생
once	이벤트가 한 번만 발생
passive	휴대폰 같은 터치 이벤트 기반의 수동적인(passive) 이벤트 리스닝 성능 향상에 활용

stop 수식어를 알아보려면 조금 전 〈script〉 for …〈/script〉 블록을 주석 처리하
고 다시 다음과 같이 〈script〉〈/script〉 블록으로 수정한다.

```
<script>
    var vm = new Vue({
      el:'#app',
      methods: {
        handleClickEvent($event){
          console.log(`handleClickEvent target : ${$event.target.id}` +
                      `currentTarget: ${$event.currentTarget.id}`);
        }
      }
    })
  </script>
```

이제 id값이 middle인 div의 click 이벤트에 다음과 같이 stop 수식어를 추가한다.

```
<div id="middle" class="teal darken-2" v-on:click.stop="handleClickEvent">
```

브라우저를 실행한 화면에서 Inner, Middle을 각각 클릭하면 id값이 middle인 div의 click 이벤트에 stop 수식어가 추가됐으므로 이벤트 버블링이 발생하는 순서 대로 그 상위 div인 id값이 outer에 이벤트를 전달하지 않는다.

```
handleClickEvent target : inner currentTarget: inner
handleClickEvent target : inner currentTarget: middle
handleClickEvent target : inner currentTarget: middle
```

capture 수식어 기능을 확인하려면 3개의 div의 click 이벤트에 capture 수식어 를 추가한다.

```
<div id="outer" class="blue white-text text-darken-4"  v-on:click.capture=
"handleClickEvent">
<div id="middle" class="teal darken-2"  v-on:click.capture="handleClickEvent">
<div id="inner" class="cyan" v-on:click.capture="handleClickEvent">
```

브라우저를 실행한 화면에서 Inner를 클릭하면 이벤트 캡처링이 되는 것을 알 수 있다.

```
handleClickEvent target : inner currentTarget: outer
handleClickEvent target : inner currentTarget: middle
handleClickEvent target : inner currentTarget: inner
```

만일 이벤트가 한 번만 발생하게 하려면 once 수식어를 추가한다. 확인하려면 기존 3개 div에 click 이벤트에 붙어 있던 capture 수식어를 모두 제거하고 id="inner"인 div의 click 이벤트에 다음과 같이 once 수식어를 추가한다.

```
<div id="inner" class="cyan" v-on:click.once="handleClickEvent">
```

브라우저를 실행한 화면에서 새로 고침을 한 후 id값이 inner인 div를 클릭하면 다음과 같이 inner div부터 이벤트 버블링이 발생해 콘솔에 나타낸다.

```
handleClickEvent target : inner currentTarget: inner
handleClickEvent target : inner currentTarget: middle
handleClickEvent target : inner currentTarget: outer
```

그런데 다시 inner인 div를 클릭하면 inner인 div는 동작하지 않고 middle, outer 순으로 이벤트가 전파돼 동작한다.

```
handleClickEvent target : middle currentTarget: middle
handleClickEvent target : middle currentTarget: outer
```

자신만 동작하도록 하려면 self 수식어를 이용하면 되고 다음과 같이 추가해 확인할 수 있다.

```
<div id="outer" class="blue white-text text-darken-4"  v-on:click.
self="handleClickEvent">
```

```
<div id="middle" class="teal darken-2"  v-on:click.self="handleClickEvent">
<div id="inner" class="cyan" v-on:click.self="handleClickEvent">
```

Inner, Middle, Outer를 각각 클릭하면 해당 div를 클릭할 때에만 각각 콘솔에 다음과 같이 나타낸다.

```
handleClickEvent target : middle currentTarget: middle
handleClickEvent target : outer currentTarget: outer
handleClickEvent target : inner currentTarget: inner
```

이러한 수식어는 여러 개를 같이 사용할 수 있는데 예를 들어 id값이 inner를 클릭했을 때 위 3개의 div 중에서 id값이 middle인 div를 생략하고 outer에서 동작하게 하려면 다음과 같이 self, capture를 같이 사용한다.

```
<div id="middle" class="teal darken-2" v-on:click.self.capture="handleClickEvent">
```

다음으로 prevent 수식어를 알아본다. 자바스크립트에서 event 객체의 preventDefault() 메서드를 이용해 브라우저가 이벤트 발생 시 기본적으로 하는 동작을 중지시킬 수 있다. event.preventDefault()와 같은 기능을 하는 것이 바로 prevent 수식어로 다음 두 가지 경우가 대표적이다.

- form 태그 안에서 submit 버튼을 클릭 시 서버로 데이터가 전송됨
- a 태그를 이용한 링크 클릭 시 href 속성에 정의된 URL로 이동

첫 번째 경우는 Form 관련 내용을 참고하기 바라며 여기서는 두 번째 경우를 알아본다. 기존 코드에서 다음과 같이 id가 app인 div 안의 기존 코드들을 주석 처리한 후 다음과 같이 anchor 태그를 이용해 **다음(Daum)으로 이동**을 클릭하면 target="_blank"에 새 탭을 추가하고 새로운 윈도우에 다음^{Daum} 페이지를 나타낸다.

```
<div id="app">
  <a href = "http://www.daum.net" v-on:click = "goDaum" target="_blank">
```

```
다음(Daum)으로 이동</a>
</div>
```

click 이벤트가 발생하면 할 일을 정의하는 goDaum() 메서드를 추가한다.

```
goDaum(){ console.log("Anchor 태그 click됨. Daum페이지로 이동한다."); }
```

브라우저를 실행해 확인하면 다음과 같이 **다음(Daum)으로 이동**이 나타나며 이를 클릭하면 goDaum() 메서드에 정의한 메시지를 콘솔에 출력한 후 브라우저에 새로운 탭을 생성해 Daum 페이지를 로딩한다.

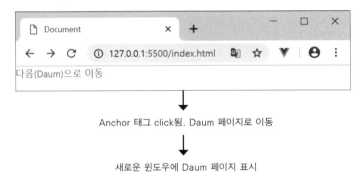

그림 3-23 v-on.click.prevent 실행결과1

만일 브라우저에 새로운 탭을 생성해 Daum 페이지로 이동하기 전 추가해야 할 일들이 있다면 Daum 페이지를 로딩하는 작업을 중단시켜야 하는데, 이 때 다음과 같이 prevent 수식어를 사용한다.

```
<a href = "http://www.daum.net" v-on:click.prevent = "goDaum" target="_blank">
```

prevent 수식어를 추가한 후 브라우저에서 **다음(Daum)으로 이동**을 클릭하면 콘솔에 **Anchor 태그 click됨. Daum페이지로 이동한다.** 까지만 처리되고 Daum 페이지 로딩 작업은 일어나지 않는다.

3장에서는 HTML 엘리먼트의 시작 태그에 속성^{attribute} 형태로 v-if, v-for 디렉티브를 추가해 일반적인 프로그래밍 언어와 같이 선택적, 반복적 처리 방법을 알아봤다. 또한 v-model 디렉티브와 forms 엘리먼트들 사이의 양방향 데이터 바인딩의 처리 방법과 v-on 디렉티브를 이용한 이벤트 처리 방법을 학습했다. 처음 디렉티브를 접하는 독자라면 조금은 색다른 경험이지 않을까 생각한다. 4장에서는 뷰 인스턴스와 같은 컴포넌트^{Component}를 학습한다.

4

재사용할 수 있는 컴포넌트

컴포넌트는 Vue.js의 많은 기능 중 가장 중요한 기능이다. 앞서 배운 뷰 인스턴스는 vue.js 전체 애플리케이션을 효율적으로 관리하는 데 사용한다면 컴포넌트는 애플리케이션에 필요한 기능 각각을 의미한다.

컴포넌트를 이용하면 기본적인 HTML 엘리먼트를 재사용할 수 있는 형태로 만들 수 있다. 이렇게 만들어진 컴포넌트는 뷰 인스턴스에 서로 유기적으로 동작할 수 있도록 등록해 사용할 수 있다.

그림 4-1 컴포넌트 사용 예시

그림 4-1의 v-toolbar는 5장에서 배울 vuetify에서 제공하는 컴포넌트로 HTML
의 nav 엘리먼트를 포함해 사이트 탐색 기능을 구현할 수 있게 한다.

이미지와 타이틀, 설명, 링크를 포함한 v-card 역시 vuetify에서 제공하는 컴포
넌트로 모바일 웹페이지나 앱에서 유사한 형태를 많이 볼 수 있을 것이다. 그림
4-1에서 ?로 표시한 부분에 원하는 콘텐츠를 추가하고 싶다면 컴포넌트를 만들어
서 해당 위치에 추가해주면 동작한다. 컴포넌트를 이용한 웹페이지 만들기는 마치
레고Lego로 사람, 자동차, 성을 만드는 것과 비슷하다.

자동차에 필요한 블록을 맞추면 자동차가 되고 성에 필요한 블록을 맞추면 성
이 되는 것처럼 웹페이지 역시 원하는 기능이 있다면 기능별로 컴포넌트를 만들
고 원하는 위치에 배치하면 되기 때문이다.

웹페이지를 빠르고 쉽게 디자인할 수 있는 방법인 vuetify는 5장에서 자세히 다루
며 여기서는 컴포넌트를 웹페이지에 어떻게 적용하는지를 간략하게 소개한다. 하나
의 컴포넌트Component는 다음과 같이 3가지 엘리먼트로 구성된다.

```
<template>
    html 코드, directive, … binding 코드
</template>

<script>
    데이터(data) 모델, 동적인 처리
</script>

<style>
    fontsize, background 등과 같은 디자인
</style>
```

그림 4-2 3가지 엘리먼트

template 엘리먼트는 기본적으로 HTML 코드를 포함하며 vue.js의 디렉티브나
{{ name }} 같은 데이터 바인딩 코드로 구성될 수 있다. script 엘리먼트는 데이터

모델을 정의하고 동적인 처리를 담당하는 부분으로 구성될 수 있다. 마지막으로 style 엘리먼트는 CSS 스타일과 관련된 부분을 정의해 원하는 스타일을 적용할 수도 있고 경우에 따라 다른 컴포넌트에 영향을 줄 수도 있다. 만일 인기 있는 bootstrap, materialize 같은 CSS 프레임워크를 이용할 경우 컴포넌트에서 style 엘리먼트가 필요하지 않을 수도 있다.

정리하면 위의 구성에서 알 수 있듯이 하나의 컴포넌트만으로도 웹페이지를 만들 수 있다는 것이다. 다만 실제 동작하도록 하려면 뷰 인스턴스와 함께 사용해야 한다.

4장에서 학습할 내용은 다음과 같다.

- 컴포넌트Component는 무엇이고 어떻게 뷰 인스턴스와 함께 사용할 수 있는지 학습한다.
- 컴포넌트의 사용 범위를 설정하는 방법을 학습한다.
- 독립적으로 동작하는 컴포넌트 간의 데이터를 전달하는 방법을 학습한다.
- 슬롯slot의 개념을 이해하고 복잡한 코드를 포함한 데이터를 전달하는 방법과 vue.js 2.6에 새롭게 등장한 v-slot을 학습한다.

4.1 컴포넌트의 정의 및 등록

컴포넌트Component는 Vue instance와 비슷하지만 Vue instance에 있는 el 속성property이 없으며 new Vue({ …})와 같이 Vue Instance 형태로 정의해 사용할 수 없다. 따라서 컴포넌트를 사용하려면 컴포넌트를 정의, 등록해야 한다.

Vue.js 프로젝트를 생성하는 방법으로 CDN를 이용해 vue.js 파일을 index.html 내 <script>에 포함하는 방법과 vue/cli를 이용한 방법을 나눠서 설명한다.

4.1.1 CDN을 이용한 방법

앞서 언급했듯이 하나의 컴포넌트 구성은 template, script, style로 구성될 수 있다. 쉽게 기억하려면 각각 HTML, 자바스크립트, css로 대응되는 개념으로 이해해도 된다. 컴포넌트는 최소한 한 개의 〈template〉 엘리먼트를 제공해야 하므로 다음과 같이 정의할 수 있다.

```
Vue.component('컴포넌트이름', {
    template: 'HTML 코드들',
    ...
});
```

CDN을 이용한 방법은 자동화된 VUE/CLI를 이용하지 않고 Vue.js 공식 홈페이지에 언급된 vue.js 스크립트를 다운로드 받거나 index.html 파일에 CDN 링크를 직접 추가해 Vue.js를 사용할 수 있도록 하는 형태다.

먼저 usingCDN 폴더를 생성한 후 index.html 파일을 추가한다. index.html 파일 내에 doc를 입력하고 **Tab** 키를 눌러서 html 페이지의 기본 구조를 자동 생성한 후 다음과 같이 코드를 작성한다.

```
<html lang="en">
<head>
  ...
  <title>Document</title>
</head>
<body>
  <div id="app">
    <our-header></our-header>
    <our-body></our-body>
    <our-footer></our-footer>
  </div>
  <script src="https://cdn.jsdelivr.net/npm/vue/dist/vue.js"></script>
  <script>
    // 컴포넌트 정의
```

```
      Vue.component('our-header', {
        template: '<div>Header</div>'
      });
      Vue.component('our-body', {
        template: '<div>Body</div>'
      });
      Vue.component('our-footer', {
        template: '<div>Footer</div>'
      });

      // vue Instance
      var vm = new Vue({
        el:'#app'
      })
    </script>
  </body>
</html>
```

그림 4-3 CDN을 이용한 컴포넌트의 등록 및 사용

만약 위에서 3개의 컴포넌트 정의 부분이 Vue Instance보다 뒤에 올 경우 화면에는 아무것도 나타나지 않는다. 즉 Vue Instance에서 컴포넌트를 사용할 경우 먼저 정의돼야 한다는 점을 유념하기 바란다.

4.1.2 VUE/CLI를 이용한 방법

명령 프롬프트 상에서 vue create 명령을 이용해 다음과 같이 입력하고 프로젝트를 생성한다.

```
>vue create withcli --default
```

정상적으로 프로젝트가 생성되면 명령 프롬프트 상에서 cd withcli를 입력하고 해당 디렉터리로 이동해 withcli 디렉터리에서 npm run serve 명령을 실행한다.

정상적으로 생성한 Vue 프로젝트가 동작하는 것을 확인한 후 vscode를 실행해 withcli 디렉터리를 연다. vue/cli로 생성한 프로젝트에서는 컴포넌트를 생성하고 등록한 후 사용하는 방법이 CDN 방법과는 다르며 다음과 같은 절차를 따른다.

- **컴포넌트 생성**: 파일명 확장자가 vue인 파일을 추가한다.
- **컴포넌트 구성**: 추가된 파일에 template, script, style로 구성한다.
- **컴포넌트 등록**: App.vue에 등록하거나 main.js 파일에 등록한다.

vscode 익스플로러에서 **components** 폴더를 선택하고 마우스 오른쪽 버튼을 클릭해 **New File**을 선택한 후 OurHeader.vue와 같이 입력한다. 같은 방법으로 OurBody.vue, OurFooter.vue 파일을 추가한다. 그러면 익스플로러에 다음과 같이 나타난다.

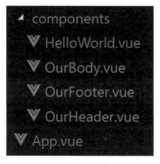

그림 4-4 withcli에 생성한 vue 파일들

이제 OurHeader.vue 파일을 클릭해서 연 후 다음과 같이 입력한다.

```
<template>
  <div>Header</div>
</template>
```

같은 방법으로 OurHeader.vue, OurFooter.vue 파일을 열어서 동일하게 작성하고 〈div〉 부분만 바꿔준다. 이제 마지막으로 App.vue를 열어서 다음과 같이 작성한다.

```
<template>
  <div id="app">
    <our-header />  <!-- 3 -->
    <our-body />
    <our-footer />
  </div>
</template>
<script>
import OurHeader from './components/OurHeader.vue'    // --1
import OurBody from './components/OurBody.vue'
import OurFooter from './components/OurFooter.vue'

export default {
  name: 'app',
  components: { OurHeader, OurBody, OurFooter }        // --2
}
</script>
```

위에서 정의한 컴포넌트를 사용하려면 import 키워드를 이용해 각각의 컴포넌트를 App.vue에서 사용할 수 있도록 한다. 그 다음 2와 같이 components 프로퍼티에 컴포넌트를 등록한다. 마지막으로 3처럼 태그 형태로 컴포넌트를 추가한다.

명령 프롬프트나 vscode 터미널에서 npm run serve 명령을 실행한 후 브라우저에서 보면 다음과 같이 CDN을 이용한 방법과 동일한 결과를 나타낸다.

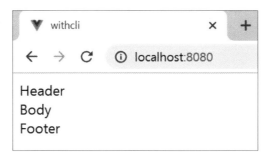

그림 4-5 withcli를 생성해 실행한 결과

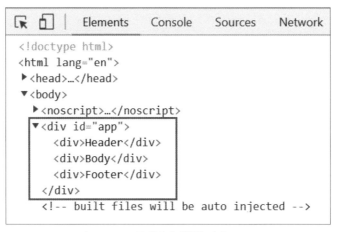

그림 4-6 withcli를 생성해 실행한 결과 html 코드

4.2 컴포넌트 적용 범위 이해하기

컴포넌트를 사용할 때 고려해야 할 것이 여러 가지 있는데 그 중에 하나가 여러분이
정의한 컴포넌트를 누구나 사용할 수 있도록 할 것인지 아니면 컴포넌트 내로 국한
해 사용할 것인지를 정하는 것이다.

4.2.1 CDN을 이용한 전역(global), 지역(local) 적용 이해하기

전역으로 사용할 경우 뷰 인스턴스^{Vue Instance}를 정의하기 전에 Vue.component() 메서드를 이용해 다음과 같이 컴포넌트를 정의해야 한다.

```
Vue.component('child-component', {
  template:`
  <div class="container">
    <p>ChildComponent입니다.</p>
  </div>`
});

Vue.component('comp-article', {
  template:`
    <div class="article">Lorem ipsum dolor sit amet consectetur adipisicing elit.
    Deserunt cum mollitia ab earum nam alias repellendus asperiores! Vel, dolorum dolorem.
      <child-component></child-component>
    </div>`
});

new Vue({
  el:'#app'
})
```

Vue.compont() 메서드 내에 template 속성을 이용해 나타낼 HTML 엘리먼트를 정의할 수 있으며 comp-article 컴포넌트의 template 속성에 정의된 것처럼 먼저 정의된 컴포넌트를 사용할 수 있다. localandglobalwithCDN 폴더를 생성하고 그 안에 index.html 파일을 vscode로 생성한 후 doc + **Tab** 키를 눌러서 html 기본 구조를 자동으로 만들고 다음과 같이 vue.js를 추가한다.

```
<html lang="en">
…
<body>
  <div id="app">
```

```
  </div>
  <script src="https://cdn.jsdelivr.net/npm/vue/dist/vue.js"></script>
  <script src="app.js"></script>
</body>
</html>
```

위의 코드 중 app.js 파일을 새롭게 생성한 후 위에 정의한 2개의 Vue.component() 메서드를 이용해 뷰 인스턴스를 작성한다. 다음으로 index.html 안의 〈div="app"〉 … 〈/app〉 내에서 다음과 같이 사용한다.

```
<div id="app">
  <child-component></child-component>
  <comp-article></comp-article>
</div>
```

마지막으로 스타일을 적용하려면 index.html 내에 다음의 코드를 추가한다.

```
<title>Document</title>
<style>
  .container {
      background: #01579b;
      color:white;
      padding: 10px 20px;
      margin-bottom: 5px;
  }
  .article{
    background: #00897b;
    color:white;
    padding: 10px 20px;
  }
</style>
```

결과는 다음과 같다.

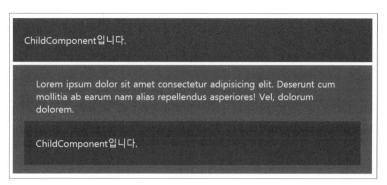

그림 4-7 localandglobalwithCDN global 실행결과

지역^{local}으로 적용 범위를 제한할 경우는 뷰 인스턴스$^{Vue Instance}$ 안의 components 속성에 컴포넌트들을 등록해주면 된다. 뷰 인스턴스보다 먼저 정의된 두 개의 Vue. component() 부분은 주석 처리를 하고 뷰 인스턴스에 다음과 같이 코드를 추가 한다.

```
new Vue({
  el:'#app',
  components: {
    'child-component' : {
        template:`
          <div class="container">
            <p>ChildComponent입니다.</p>
          </div>`
    },
    'comp-article' : {
        template:`
            <div>
              <div class="article">Lorem ipsum dolor sit amet consectetur adipisicing
              elit. Deserunt cum mollitia ab earum nam alias repellendus asperiores!
              Vel, dolorum dolorem.
                <child-component></child-component>
              </div>
            </div>`
    }
  }
}
```

```
})
```

전역 때의 결과와는 다르게 comp-article 컴포넌트 내에 정의된 child-component 컴포넌트는 나타나지 않는다. 두 개의 컴포넌트 모두 지역 컴포넌트로 정의됐기 때문에 comp-article 컴포넌트 내에서 child-component가 나타나지 않는다.

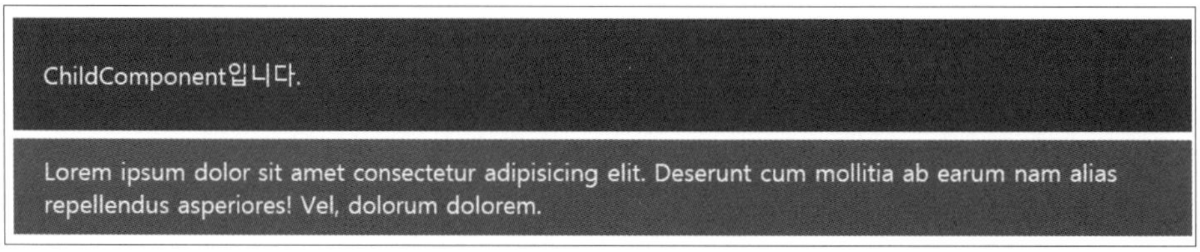

ChildComponent입니다.

Lorem ipsum dolor sit amet consectetur adipisicing elit. Deserunt cum mollitia ab earum nam alias repellendus asperiores! Vel, dolorum dolorem.

그림 4-8 localandglobalwithCDN local 실행결과

4.2.2 VUE/CLI를 이용한 전역(global), 지역(local) 적용 이해하기

전역으로 child 컴포넌트를 사용할 경우 main.js에 등록하면 된다. vue/cli를 이용해 생성한 프로젝트 내의 main.js에 다음과 같이 추가해 사용할 수 있다.

```
import Vue from 'vue'
import App from './App.vue'
import ChildComponent from './components/ChildComponent.vue'
import CompArticle from './components/CompArticle.vue'

Vue.config.productionTip = false

Vue.component('child-component', ChildComponent);
Vue.component('comp-article', CompArticle);

new Vue({
  render: h => h(App),
}).$mount('#app')
```

import를 이용해 ChildComponent, CompArticle 컴포넌트를 import한 후 Vue.component() 메서드를 이용해 ChildComponent, CompArticle 컴포넌트를 등록한다. 여기서 중요한 것은 이 메서드가 뷰 인스턴스^{Vue Instance}보다 먼저 와야 한다는 점을 기억하길 바란다.

명령 프롬프트창을 연 후에 vue create localandglobalwithcli --default로 프로젝트를 생성한다. 정상적으로 생성이 완료되면 생성한 프로젝트를 vscode로 열고 main.js 파일에 위의 코드를 추가한다. 그 다음 components 폴더에 ChildComponent.vue, CompArticle.vue 파일을 생성하고 다음과 같이 코드를 각각 작성한다.

```
// ChildComponent.vue
<template>
  <div class="container">
    <p>ChildComponent입니다.</p>
  </div>
</template>
<style scoped>
  .container {
    background: #01579b;
    color:white;
    padding: 10px 20px;
    margin-bottom: 5px;
  }
</style>


// CompArticle.vue
<template>
  <div class="container">
    <div>Lorem ipsum dolor sit amet consectetur adipisicing elit. Deserunt cum
    mollitia ab earum nam alias repellendus asperiores! Vel, dolorum
    dolorem.</div>
    <child-component />
  </div>
```

```
</template>
<style scoped>
  div{
    background: #00897b;
    color:white;
    padding: 10px 20px;
  }
</style>
```

CompArticle.vue 파일 코드를 보면 ChildComponent 컴포넌트를 추가적인 작업 없이 사용할 수 있는 것을 알 수 있다. 마지막으로 App.vue를 열어 다음과 같이 코드를 작성한다.

```
<template>
  <div id="app">
    <child-component />
    <comp-article />
  </div>
</template>
```

결과를 확인하면 다음과 같다.

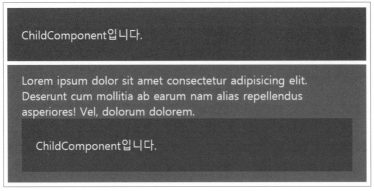

그림 4-9 localandglobalwihcli global 실행결과

지역으로 사용할 경우는 main.js에 정의된 기존의 코드 부분을 주석 처리한다.

```
//import ChildComponent from './components/ChildComponent.vue'
//import CompArticle from './components/CompArticle.vue'
..
//Vue.component('child-component', ChildComponent);
//Vue.component('comp-article', CompArticle);
```

그리고 app.vue를 열어서 다음과 같이 코드를 수정한다.

```
</template>
<script>
import ChildComponent from './components/ChildComponent'
import CompArticle from './components/CompArticle.vue'

export default {
  components: {
    'child-component': ChildComponent,
    'comp-article': CompArticle
  }
}
</script>
```

마지막으로 CompArticle.vue 파일을 열어서 다음과 같이 코드를 추가한다.

```
</template>
<script>
import ChildComponent from './ChildComponent.vue'
export default {
  components: {
    'child-component' : ChildComponent
  }
}
</script>
<style scoped>
```

브라우저를 실행해 결과를 확인하면 전역으로 했을 때와 동일한 결과를 나타낸다.

4.3 컴포넌트 간 데이터 전달하기

기본적으로 컴포넌트는 다른 컴포넌트와 독립적으로 동작하기 때문에 같은 이름의 속성이 각각의 컴포넌트에 있더라도 서로 영향을 받지 않는다. 이러한 점이 컴포넌트들 간에 기대하지 않은 상호작용을 통한 에러나 예외상황 발생을 막는 데 도움이 된다.

그러나 때때로 하나의 컴포넌트에서 다른 컴포넌트로 데이터를 전달해야 하는 경우가 있는데 이럴 경우 props 속성, 이벤트, 이벤트버스Eventbus를 이용한다. 그림 4-10은 컴포넌트 사이의 데이터 전달에 사용하는 방법을 나타낸 것으로 가장 먼저 props 속성을 이용해 부모 컴포넌트에서 자녀Child 컴포넌트로 데이터를 전달할 때 사용한다. 다음으로 자녀 컴포넌트에서 부모 컴포넌트로 데이터를 전달할 때는 $emit, $on을 이용해 자녀, 부모 컴포넌트 간 상호작용을 할 수 있다. 마지막으로 부모, 자녀 관계가 성립하지 않는 컴포넌트들 간에는 이벤트 버스eventbus를 이용해 데이터 전달이 가능하다.

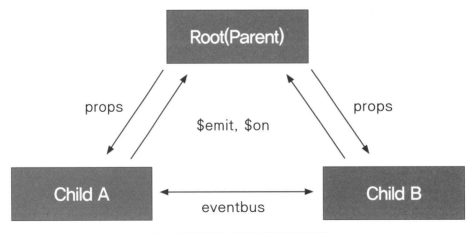

그림 4-10 컴포넌트 사이의 데이터 전달 방법

4.3.1 props 프로퍼티를 이용해 부모 컴포넌트에서 자녀 컴포넌트로 데이터 전달

자녀 컴포넌트에서 props 프로퍼티를 이용하면 그림 4-11과 같이 부모 컴포넌트에서 데이터를 전달받을 수 있다.

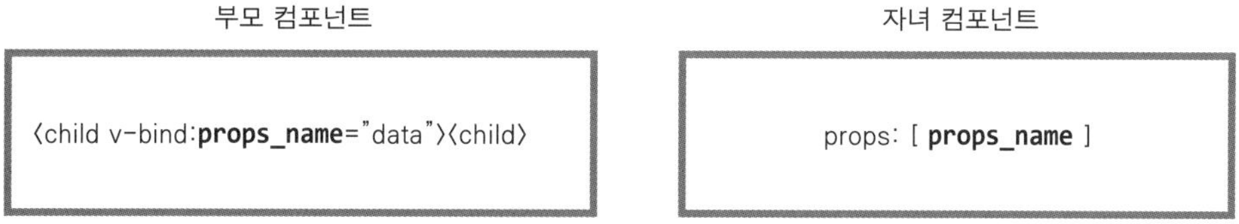

부모 컴포넌트

```
<child v-bind:props_name="data"><child>
```

자녀 컴포넌트

```
props: [ props_name ]
```

그림 4-11 부모 컴포넌트에서 자녀 컴포넌트로 데이터 전달

자녀 컴포넌트를 사용하려면 Vue 인스턴스를 생성하기 전에 다음과 같은 형식으로 자녀 컴포넌트를 먼저 등록해야 한다.

```
Vue.component('ChildComponent', {
  props: ['message'],
  template: '<div> {{ message }} </div>'
});
```

다음과 같은 형식을 사용해 부모 컴포넌트에서 자녀 컴포넌트child component를 추가한다.

```
<child-component v-bind:props_name="부모가 전달할 데이터"></child-component>
```

지금까지 CDN을 이용한 전달 방법을 설명했는데, vue/cli를 이용한 방법도 비슷하다. 먼저 CDN을 이용한 전달 방법을 이해하려면 usingCDNprops 폴더를 생성하고 vscode를 실행해 해당 폴더를 연 후 index.html 파일을 추가한다. doc를 입력한 후 **Tab** 키를 눌러서 기본 html 문서를 자동으로 생성한다.

```
<div id="app">
  {{name}}
  <child-component v-bind:childmessage="message"></child-component>
</div>
<script src="https://cdn.jsdelivr.net/npm/vue/dist/vue.js"></script>
<script>
  Vue.component("child-component", {
    props:['childmessage'],
    template: `<div class="box"> {{ childmessage }} </div>`
  });
  new Vue({
    el:'#app',
    data : {
      name: 'props를 이용한 데이터 전달',
      message: '부모 컴포넌트로부터 전달'
    }
  })
</script>
```

위에서 뷰 인스턴스가 포함된 부모 컴포넌트가 전달할 데이터는 data 객체 내의 message이며 스타일을 정의하려면 다음과 같이 〈/head〉 태그 위에 관련 코드를 작성한다.

```
<style>
  #app{
    background: blue;
    padding: 6px;
    color:white;
  }
  .box{
    background: teal;
    margin-top:10px;
  }
</style>
```

결과를 보면 부모 컴포넌트 data 객체의 message가 자녀 컴포넌트인 child-component에 전달된 것을 알 수 있다.

그림 4-12 usingCDNwithprops 결과

브라우저의 개발자 도구의 Vue 탭을 통해 확인하면 루트에서 data 객체에 정의된 message 속성이 props를 이용해 자녀 컴포넌트인 ChildComponent에 전달되는 것을 알 수 있다.

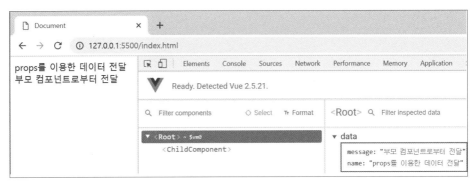

그림 4-13 withprops 루트

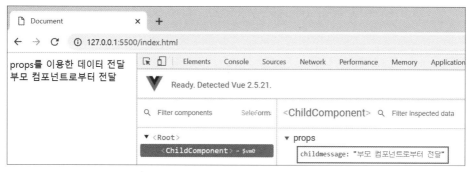

그림 4-14 withprops child 컴포넌트

다음으로 vue/cli를 이용해 생성한 프로젝트에서 props 속성을 이용한 데이터 전달을 알아본다.

명령 프롬프트[Windows]나 터미널[Terminal]을 실행하고 적당한 디렉터리로 이동한 후 다음과 같이 명령을 입력한다.

```
>vue create usingcliprops --default
```

정상적으로 프로젝트가 생성되면 생성한 프로젝트 디렉터리로 이동한다. 그 다음 components 폴더에 ChildComponent.vue 파일을 생성하고 다음과 같이 코드를 작성한다.

```
<template>
  <div class="box">
    {{ childmessage }}
  </div>
</template>
<script>
export default {
  props: ["childmessage"]
}
</script>
```

App.vue 파일을 열어서 다음과 같이 코드를 수정한다.

```
<template>
  <div id="app">
    {{ name }}
    <child-component v-bind:childmessage="message"></child-component>
  </div>
</template>
<script>
import ChildComponent from './components/ChildComponent.vue'
export default {
  name: 'app',
  components: {  ChildComponent  },
  data(){
    return {
        name: 'props를 이용한 데이터 전달',
        message: '부모 컴포넌트로부터 전달'
    }
  }
}
</script>
<style>
  #app{
    background: blue;
    padding: 6px;
    color:white;
  }
  .box{
    background: teal;
    margin-top:10px;
  }
</style>
```

결과는 CDN을 이용한 전달 방법에서의 결과와 동일하다.

4.3.2 $emit() 메서드로 자녀 컴포넌트에서 부모 컴포넌트로 데이터 전달

$emit을 이용해 자식 컴포넌트에서 부모 컴포넌트로 데이터를 전달하는 방법을 알아본다.

CDN을 이용한 방법

$emit을 이용해 자식 컴포넌트에서 부모 컴포넌트로 데이터를 전달하는 방법은 다음의 순서로 처리한다. 먼저 자녀 컴포넌트에서 $emit을 이용해 사용자 정의 이벤트를 작성한다.

```
this.$emit('myevent', ['parameter'])
```

위에서 'myevent'는 특정 이벤트가 발생했을 때 동작하는 메서드(함수)를 의미하며 'parameter'는 전달할 데이터를 의미한다. 다음으로 부모 컴포넌트에서는 v-on 디렉티브를 이용해 자녀 컴포넌트에서 정의한 이벤트와 해당 이벤트 발생 시 처리할 메서드를 작성한다.

```
<child-component v-on:myevent="receivemessage">
```

myevent는 자녀 컴포넌트에서 정의한 것이고 receivemessage는 부모 컴포넌트에 정의해야 하는 메서드를 나타내며 이를 그림으로 나타내면 그림 4-15와 같다.

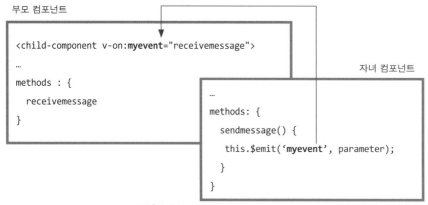

그림 4-15 myevent, receivemessage

vscode를 실행해 usingCDNemit 폴더를 생성하고 그 안에 index.html 파일을 생성하고 doc + Tab 키를 이용해 기본적인 구조를 만들고 다음과 같이 작성한다.

```
<div id="app">
  {{name}}
  <child-component v-on:sendmessage="receivemessage"></child-component>
</div>
<script src="https://cdn.jsdelivr.net/npm/vue/dist/vue.js"></script>
<script>
  Vue.component("child-component", {
    template: `<div class="box">
                <button @click="sendmessage()">부모 컴포넌트로 데이터 전달</button>
              </div>`,
    data(){
      return {
        message:'ChildComponent에서 보낸 메시지'
      }
    },
    methods: {
      sendmessage: function() {
        this.$emit('sendmessage', this.message);
      }
    }
  });
  new Vue({
    el:'#app',
    data : {
      name: '$emit을 이용한 데이터 전달'
    },
    methods: {
      receivemessage(msg) {
        this.name = msg;
      }
    }
  })
</script>
```

스타일을 적용하려면 다음과 같이 〈/head〉 태그 위에 관련 코드를 작성한다.

```
<style>
 #app {
    background: blue;
    padding: 6px;
    color: white;
}
.box {
    background: teal;
    margin-top: 10px;
}
.box button {
    margin: 4px;
}
</style>
```

브라우저를 통해 처음 실행화면에서 **부모 컴포넌트로 데이터 전달**을 클릭하면 sendmessage() 메서드에 정의한 대로 child-copment에 정의돼 있는 message가 부모 컴포넌트에 전달돼 다음과 같이 나타난다.

그림 4-16 usingCDNemit 실행결과

Vue CLI를 이용한 방법

$emit을 이용해 자식 컴포넌트로부터 부모 컴포넌트로 데이터를 전달하는 방법은 앞서 설명한 부분과 비슷하고 코드 상의 차이만 조금 있으므로 바로 코드를 작성한다. 명령 프롬프트를 실행히고 적당한 디렉터리로 이동힌 후 다음과 같이 명령을 입력한다.

```
vue create usingcliemit --default
```

정상적으로 프로젝트가 생성되면 생성한 프로젝트 디렉터리로 이동한 후 서버를 구동한다.

```
cd usingcliemit && npm run serve
```

ChildComponent.vue를 components 폴더에 추가한 후 다음과 같이 코드를 작성한다.

```html
<template>
  <div class="box">
    <button @click="sendmessage()">부모 컴포넌트로 데이터 전달</button>
  </div>
</template>
<script>
export default {
  data(){
    return {
      message:'ChildComponent에서 보낸 메시지'
    }
  },
  methods: {
    sendmessage: function() {
      this.$emit('sendmessage', this.message);
    }
  }
}
</script>
```

위에서 button을 클릭하면 sendmessage() 메서드가 호출되고 앞서 설명한대로 이 sendmessage를 통해 message가 저장된 데이터가 부모 컴포넌트로 전달된다. 다음으로 부모 컴포넌트인 App.vue를 작성한다.

```html
<template>
  <div id="app">
    {{ name }}
```

```
    <child-component v-on:sendmessage="receivemessage"></child-component>
  </div>
</template>
<script>
import ChildComponent from './components/ChildComponent.vue'
export default {
  name: 'app',
  components: {
    ChildComponent   },
  data(){
    return { name: 'emit을 이용한 데이터 전달' }
  },
  methods: {
    receivemessage(msg) { this.name = msg; }
  }
}
</script>
```

마지막으로 ⟨style⟩ 부분을 추가하는데 앞서 예제 코드를 그대로 복사해서 작성하면 된다.

자녀 컴포넌트인 ChildComponent의 button을 클릭해 sendmessage 이벤트가 발생하면 부모 컴포넌트인 receivemessage 메서드를 실행해 전달받은 데이터를 CDN을 이용한 결과와 동일하게 나타낸다. 물론 쉬운 방법으로 $parent를 이용해 자녀 컴포넌트에서 직접 부모 컴포넌트에 데이터를 전달할 수도 있다.

```
methods: {
    sendmessage: function() {
      //this.$emit('sendmessage', this.message);
      this.$parent.name = this.message;
    }
  }
```

4.3.3 이벤트 버스를 이용한 데이터 전달

이벤트 버스Event bus는 발행자Publisher – 구독자Subscriber 패턴이라고 할 수 있다. 한 컴포넌트가 이벤트를 발행publish하면 다른 이벤트가 그 이벤트를 구독하는 구조다. 쉽게 말해 신문사는 매일 신문을 발행하고 신문을 보고 싶은 사람은 구독하면 되는 것이라고 이해하면 된다.

이러한 이해를 바탕으로 코드를 작성하면 하나의 컴포넌트에서 다른 컴포넌트로 데이터를 전달해야 할 필요가 생긴다. 하지만 이 두 컴포넌트 간에 부모-자녀 관계가 성립되지 않아서 props 속성을 쓸 수 없고 emit() 메서드를 이용한 자녀 컴포넌트에서 부모 컴포넌트로 데이터 전달도 쉽지 않다. 이럴 경우 컴포넌트 간 데이터 전달이 가능한 이벤트 버스를 이용한다.

이벤트 버스의 초기화

이벤트 버스의 초기화는 다음과 같이 뷰 인스턴스Vue Instance를 이용해 정의하고 상황에 따라 다른 컴포넌트, 모듈들이 정의한 이벤트 버스를 사용할 수 있도록 export한다.

- CDN을 이용할 경우

```
const EventBus = new Vue()
```

- Vue/CLI를 이용할 경우

```
import Vue from 'vue'
const EventBus = new Vue()
export default EventBus
```

이벤트 버스의 사용

정의된 이벤트 버스는 이벤트를 발행publish 부분과 발행된 이벤트를 구독하는 부분으로 나눌 수 있다. 이벤트를 발행하는 부분에서 emit() 메서드를 이용해서 이벤트를 발행한다.

```
EventBus.$emit('event_name', ['payload'])
```

첫 번째 'event_name'은 발행할 이벤트 이름을 나타내고 두 번째 'payload'는 전달할 데이터를 의미하며 전달할 데이터가 없을 경우 생략 가능하다. 다음으로 이벤트를 구독하는 부분은 on() 메서드를 이용해 이벤트 버스에서 발행된 이벤트를 구독subscribe한다.

```
Eventbus.$on('event_name', (payload) => {
 // do something
})
```

첫 번째 'event_name'은 발행된 이벤트 이름을 나타내며 두 번째 받은 데이터로 필요한 작업을 수행한다.

만일 발행된 이벤트를 삭제하거나 한 번만 구독하고 싶은 경우는 다음의 형식을 따른다.

```
Eventbus.$off(event_name')
Eventbus.$once('event_name', (payload) => {
 // do something
})
```

다음으로 CDN을 이용한 방법과 Vue CLI를 이용해 어떻게 이벤트 버스를 초기화하고 사용할 수 있는지 알아본다.

CDN을 이용한 방법

은행에서 서비스를 이용하려면 대기표를 뽑고 기다려서 자신의 순서가 왔을 때 서비스를 받는다. 이와 관련해 대기표를 뽑으면 대기자 수가 1 증가하고 서비스 처리가 완료되면 대기자 수가 -1 감소하는 로직을 3개의 동일한 수준의 컴포넌트를 이용해 만들어본다.

146

그림 4-17 usingCDNeventbus 실행결과

그림 4-17은 **대기표 뽑기** 버튼을 클릭하면 대기자 수가 1 증가하고 **서비스 처리 완료** 버튼을 클릭하면 대기자 수가 1 감소하는 간단한 예다.

현재 대기자 수 : 5 입니다.는 result-component, **대기표 뽑기** 버튼은 cust-component, **서비스 처리완료** 버튼은 teller-component로 구성한다.

cust-component, teller-component는 대기자 수에 영향을 주므로 발행자publisher이고 result-component는 이 두 컴포넌트를 구독해서 현재 대기자 수를 반영하므로 구독자subscriber가 된다.

명령 프롬프트를 실행한 후 usingCDNeventbus 디렉터리를 생성한다. vscode를 실행해 index.html 파일을 생성하고 **doc + Tab** 키를 눌러서 기본 html 구조를 작성한 후 〈body〉 태그 다음에 아래의 코드를 추가한다.

```
<div id="app">
  <result-component></result-component>
  <cust-component></cust-component>
  <teller-component></teller-component>
</div>
<script src="https://cdn.jsdelivr.net/npm/vue/dist/vue.js"></script>
<script src="app.js"></script>
```

다음으로 app.js 파일을 추가하고 그 안에 3개의 컴포넌트와 뷰 인스턴스를 추가한다.

```
const EventBus = new Vue();                          // Eventbus 생성

Vue.component('result-component',{                    // result-component 컴포넌트 정의
  template: `<div>
            <h2>저희 은행을 방문해주셔서 감사합니다.</h2>
            <p>현재 대기자 수 : {{ count }} 입니다.</p>
            </div>`,
  data(){
    return {
      count: 0,                                       // 대기자 수
    }
  },
  created(){
    EventBus.$on('subtract',()=>{                     // 대기자 수 빼기 구독
      if(this.count >= 1){
        this.count -= 1 ;
      }
    }),
    EventBus.$on('add',()=>{                          // 대기자 수 더하기 구독
      this.count += 1 ;
    })
  }
});

Vue.component('cust-component',{
  template: `<button @click="add">대기표 뽑기</button>`,
  methods:{
    add(){
      EventBus.$emit('add');                          // 대기자 수 더하기 발행
    }
  }
});

Vue.component('teller-component',{
  template: `<button @click="subtract">서비스 처리완료</button>`,
  methods:{
    subtract(){
      EventBus.$emit('subtract');                     // 대기자 수 빼기 발행
    }
  }
```

148

```
});
new Vue({
  el : '#app',
});
```

마지막으로 index.html 내의 〈/head〉 위에 스타일을 적용하려면 다음과 같이 작성한다.

```
<style>
  div{
    background-color: #18fff;
    padding: 4px;
  }
  p{ font-weight:bolder; color:red}
  button{background-color: teal; color:white; margin:4px;}
</style>
```

Vue CLI를 이용한 방법

그림 4-18과 같이 Products 컴포넌트에 제품 리스트가 있는데 해당 제품을 선택하면(아래의 결과는 선글라스를 선택) 선택된 제품의 간략한 설명이 나오는 결과다. 이런 결과를 얻으려면 앞서 배운 props 속성을 이용할 수도 있지만 여기서는 EventBus를 생성해 처리하는 방법을 알아본다.

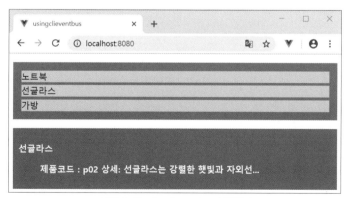

그림 4-18 singclieventbus 실행결과

명령 프롬프트를 실행한 후 vue create usingclievenbus --default를 입력해 프로젝트를 생성한다. src 폴더에 eventBus.js 파일을 생성하고 다음과 같이 뷰 인스턴스^{Vue Instance}를 이용해 EventBus를 정의하고 원하는 곳에 사용할 수 있도록 export 한다.

```
import Vue from 'vue'
const EventBus = new Vue()
export default EventBus
```

다음과 같이 App.vue 파일에서 Products, ProductDetail 컴포넌트를 자녀 컴포넌트로 소유하는 구조로 작성한다.

```
<template>
  <div id="app">
    <products></products>
    <product-detail></product-detail>
  </div>
</template>
<script>
  import Products from './components/Products.vue'
  import ProductDetail from './components/ProductDetail.vue'
  export default {
    name: 'app',
    components: { Products, ProductDetail }
  }
</script>
```

Products.vue 컴포넌트를 components 폴더에 추가하고 import를 이용해 eventbus를 사용할 수 있도록 정의한다. 그 다음 이벤트를 발행하는 부분인 Products.vue에서 li 태그 안의 제품 이름을 클릭하면 sendCode() 메서드가 실행되고 이를 통해 이벤트를 구독하는 부분에 보낼 정보를 payload로 만들어 발행하도록 한다.

```
<template>
  <ul>
    <li v-for="product in products" :key="product.pcode"
        v-on:click="sendCode(product.pcode, $event)">{{product.pname}}</li>
  </ul>
</template>
<script>
import EventBus from '../eventBus.js'
export default {
  data() {
    return {
      products: [ { pcode:'p01', pname:'노트북' },
                  { pcode:'p02', pname:'선글라스' },
                  { pcode:'p03', pname:'가방' } ]
    }
  },
  methods: {
    sendCode(incode, $event){
      const payload = [ incode,$event.target.innerHTML];
      EventBus.$emit('sendcode', payload)
    }
  }
}
</script>
<style scoped>
  ul { list-style-type: none; background: #3399ff; padding: 10px; }
  ul li { background: #cce5ff; margin: 5px; }
</style>
```

다음으로 components 폴더에 ProductDetail.vue를 추가한 후 이벤트를 구독하는 부분인 ProductDetail.vue에서 EvenBus를 사용할 수 있도록 한다. 그 다음 Vue.js가 ProductDetail 컴포넌트를 생성할 때 호출되는 create() 메서드를 이용해 이벤트 구독 부분 코드를 처리한다.

```
<template>
  <div>
```

```
    <p>{{products[1]}}</p>
    <ul v-for="pd in products_details" :key="pd.pcode">
      <li v-if="pd.pcode == products[0]">제품코드 : {{pd.pcode}} 상세:
          {{pd.text}}</li>
    </ul>
  </div>
</template>
<script>
import EventBus from '../eventBus.js'
export default {
  data(){
    return{
      products_details:[{pcode:"p01", text:"Samsung, LG 노트북은..." },
        {pcode:"p02", text:"선글라스는 강렬한 햇빛과 자외선..."},
        {pcode:"p03", text:"가방은..."} ],
      products:[]
    }
  },
  created(){
    EventBus.$on('sendcode', (payload) => {
      this.products = payload;
    })
  }
}
</script>
<style scoped>
  div { background: #ff4081; color:white; padding: 10px; font-weight: bold; }
  ul{ list-style: none;}
</style>
```

　　실행결과를 확인한 후 위 코드에서 EventBus.$on을 EventBus.$once로 바꾼 후 다시 결과를 확인하면 한 번만 발행된 이벤트를 구독하고 그 다음부터는 구독하지 않는다. 다시 말해서 선글라스를 클릭하면 선글라스의 세부사항을 출력하지만 두 번째로 노트북이나 가방을 클릭하면 아무런 반응이 없다.

마지막으로 EventBus.$off로 바꾼 후 실행해보면 아예 구독을 하지 않으므로 반응이 없다.

정리하면 이벤트 버스는 한 개의 뷰 인스턴스Vue Instance에 의존하는 단순한 형태의 상태 관리State Management다. 작은 프로젝트에서는 Vuex에 비해 이로울 수도 있지만 프로젝트의 크기가 커지면 일반적으로 Vuex를 이용해 상태 관리를 한다.

4.4 슬롯 사용하기

슬롯slot은 Vue.js에서 제공하는 강력한 기능 중에 하나로 슬롯을 사용해 컴포넌트를 재사용할 수 있게 만들 수 있다. Vue.js에서 props를 이용해서 부모 컴포넌트로에서 자녀 컴포넌트로 데이터를 전달할 수 있다는 것을 배웠다. 그러나 props를 이용해 복잡한 코드가 포함된 데이터를 전달하는 것은 쉬운 일이 아니다. 이 경우 슬롯을 이용하면 상대적으로 쉽게 처리할 수 있다.

슬롯을 이용해 부모 컴포넌트에서 자녀 컴포넌트에 나타나야 할 콘텐츠를 제공할 수 있고 부모 컴포넌트는 자녀 컴포넌트로부터 데이터를 전달받을 수도 있다. Vuetify의 경우 슬롯은 Dialog, Data table, Menu 등과 같은 UI 컴포넌트에서 사용된다. 여기서는 Vue.js 초기에 등장한 Unnamed slot, named slot, scoped slot, Vue.js 2.6에서 새롭게 등장한 모든 슬롯을 단일화한 v-slot을 알아본다.

4.4.1 Unnamed slot

Unnamed slot은 default slot이라고도 하며 가장 기본적인 슬롯으로 부모 컴포넌트의 일부를 자녀 컴포넌트에 주입inject할 수 있으며 사용형식은 다음과 같다.

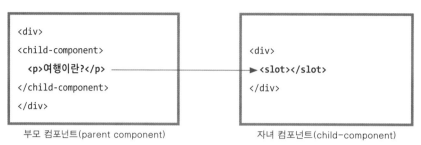

```
<div>                                      <div>
<child-component>                            <slot></slot>
    <p>여행이란?</p>  ────────────────►       </div>
</child-component>
</div>
```

부모 컴포넌트(parent component)   자녀 컴포넌트(child-component)

그림 4-19 Unnamed slot

부모 컴포넌트의 p, div, img 같은 DOM^{Document Object Model} 엘리먼트들을 자녀 컴포
넌트에 정의된 〈slot〉〈/slot〉 태그 위치에 대체할 수 있다. 그러나 만일 자녀 컴포넌
트에 〈slot〉〈/slot〉 태그가 없으면 부모 컴포넌트에서 HTML 엘리먼트를 전달해도
자녀 컴포넌트에는 나타나지 않는다.

명령 프롬프트를 실행한 후 vue create unnameslotwithcli --default를 입력해
프로젝트를 생성하고 해당 폴더를 vscode를 실행해 열고 App.vue에 Child 컴포넌
트에 주입^{inject}할 내용을 포함한 다음과 같은 코드를 작성한다.

```
<template>
  <div id="app">
    <child-com>
        <p>파리(Paris)에 가면 이른 저녁에 에펠탑 구경을 추천한다.</p>
    </child-com>
  </div>
</template>
<script>
import ChildCom from './components/Child'
export default {
  name: 'app',
  components: { 'child-com' : ChildCom }
}
</script>
```

components 폴더 안에 사녀 컴쑈넌트인 Child.vue을 추가하고 다음과 같이 코드를 작성한다.

```
<template>
  <div>
    <p>Child 컴포넌트</p>
    <!-- 아래에 slot을 통해 App.vue에서 정의한 <p>…</p>데이터가 표시됨 -->
    <slot></slot>
    <slot></slot>
  </div>
</template>
<style scoped>
  p{ border: 3px solid teal; padding: 4px; }
</style>
```

위와 같이 작성한 후 npm run serve 명령을 실행해 결과를 확인하면 그림 4-20과
같다.

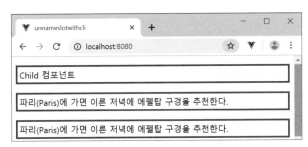

그림 4-20 unnamedslotwithcli 실행결과

자녀 컴포넌트 코드 내의 slot 태그 부분들을 주석 처리(⟨!--⟨slot⟩…⟨/slot⟩ --⟩)
하면 그림 4-21과 같이 부모 컴포넌트에서 전달한 ⟨p⟩…⟨/p⟩는 나타나지 않는다.

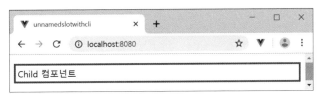

그림 4-21 unnamedslotwithcli 실행결과(slot 주석 처리)

4.4.2 Named slot

Named slot은 앞서 본 슬롯에 name 속성^{attribute}이 포함된 형태로 하나의 슬롯만을 이용한다면 unnamed slot을 이용해도 되지만 원하는 위치에 다양한 유형의 다수의 콘텐츠를 삽입해야 할 경우에는 다음과 같은 named slot을 사용한다.

```
<slot name="slot_name"></slot>
```

명령 프롬프트를 실행하고 vue create namedslot --default를 입력해 프로젝트를 생성하고 생성된 프로젝트에서 assets 폴더 안에 imgs 디렉터리를 생성한 후 여러 개의 jpg 파일을 복사한다.

먼저 ChildComp.vue를 components 폴더에 추가한 후 다음과 같이 코드를 작성한다.

```
<template>
  <div class="main">
    <div class="best">
      <h3>추천하는 관광지</h3>
      <slot name="best"></slot>
    </div>
    <div class="city">
      <h3>{{ran_city.cityname}}</h3>
      <img :src="ran_city.pic"/>
    </div>
    <div class="footer">
      <slot name="footer"></slot>
    </div>
  </div>
</template>
<script>
export default {
  props: ['ran_city']
}
```

```
</script>
<style>
    .main { border: 4px Solid blue; }
    .best { border: 4px solid teal; margin : 4px; }
    .city { border: 4px solid lime; margin : 4px; }
    figcaption, h3 { font-family: sans-serif; text-align: center; padding: 2px 0; width:
      100%; }
    img { display: block; margin-left: auto; margin-right: auto; width: 60%; }
    .footer { bottom: 0px; color: white; background-color: teal; width: 100%; text-align:
      center; }
</style>
```

위에서 best, footer라는 이름의 named slot을 사용해 이 부분에 부모 컴포넌트
인 App.uve에서 정의되는 내용을 주입^{inject}한다. 중간에 class 속성이 city인 div 내
에 이미지를 배치하는데 props를 이용해 부모 컴포넌트인 App.vue에서 이에 대한
데이터를 전달받도록 한다. 이제 App.vue 파일을 열어서 다음과 같이 코드를 작성
한다.

```
<template>
  <div id="app">
    <child-comp :ran_city="randomCity" >
      <div slot="best">
        <figure>
          <img src="@/assets/imgs/vienna.jpg"/>
          <figcaption>비엔나(Vienna)</figcaption>
        </figure>
      </div>
      <div slot="footer">
        <footer>
          <p>&copy; All right reserved</p>
        </footer>
      </div>
    </child-comp>
  </div>
</template>
```

```
<script>
import ChildComp from './components/ChildComp'
export default {
  name: 'app',
  components: {
    'child-comp':ChildComp
  },
  data() {
    return{
      cities: [
        {cityname:'paris', pic:require('@/assets/imgs/paris.jpg')},
        {cityname:'amsterdam', pic:require('@/assets/imgs/amsterdam.jpg')},
        {cityname:'dresden', pic:require('@/assets/imgs/dresden.jpg')}
      ]
    }
  },
  computed: {
    randomCity() {
      return this.cities[Math.floor(Math.random() * this.cities.length)]
    }
  }
}
</script>
```

자녀 컴포넌트인 ChildComp에 넘겨줄 이미지 정보는 randomCity()에서 cities에 정의된 이미지 정보를 랜덤하게 선택해서 전달한다. 결과를 확인하면 그림 4-22와 같다.

그림 4-22 named slot 실행결과

4.4.3 Scoped slot

Scoped slot은 Vue.js 2.1 버전 이후에 추가된 기능으로 기존의 슬롯이 p, div 같이 이미 렌더링된 HTML 태그[tag]를 전달했던 것과 달리 템플릿[template]을 이용하는 재사용이 가능한 특별한 슬롯[slot]이다. 필요할 경우 자녀 컴포넌트에서 부모 컴포넌트로 데이터 전달이 가능하며 사용 방법은 다음과 같다.

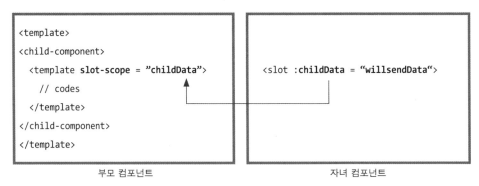

부모 컴포넌트   자녀 컴포넌트

그림 4-23 Scoped slot 사용 방법

명령 프롬프트를 실행하고 vue create scopedslotwithcli --default와 같이 입력해 프로젝트를 생성한다. App.vue에서 기존 코드들을 삭제하고 다음과 같이 App.vue 파일을 작성한다.

```
<template>
  <div id="app">
    <travel-list>
      <template slot-scope="{ childitems }">
        <p v-for="item in childitems" :key="item"> {{item}}</p>
      </template>
    </travel-list>
  </div>
</template>
<script>
import TravelList from './components/TravelList'
export default {
  name: 'app',
```

```
  components: { TravelList },
  data() {
    //return { cities: ['Paris', 'Budapest', 'Seattle', 'Vancouver', 'Prague'] }
  }
}
</script>
```

부모 컴포넌트인 App.vue의 template 시작 태그 안에서 slot-scope로 자녀 컴포넌트인 TravelList.vue로부터 전달받을 데이터로 childitems를 정의한 다음 받은 데이터를 v-for 디렉티브를 이용해 나타낸다. 그 다음 components 폴더에 TravelList.vue 파일을 추가하고 코드를 작성한다.

```
<template>
  <div>
    <p><input v-model="inputFilter" /></p>
    <slot :childitems ="childitems" />
    <!-- <slot :items="filteredList" /> -->
  </div>
</template>
<script>
export default {
  //props:["items"],
  data(){
    return {
      inputFilter:"",
      childitems:['one', 'two', 'three']
    }
  },
  //computed: {
  //  filteredList() {
  //    return this.items.filter(item => item.includes(this.inputFilter))
  //  }
  }
}
</script>
```

위에서 slot 태그 안에서 부모 컴포넌트에 전달할 데이터로 childitems로 정의하고 그 데이터들은 data 객체 내에 정의한다. 그 다음 npm run serve를 실행하면 다음과 같이 자녀 컴포넌트인 TravelList.vue로부터 전달받을 데이터가 부모 컴포넌트인 App.vue에 나타난다.

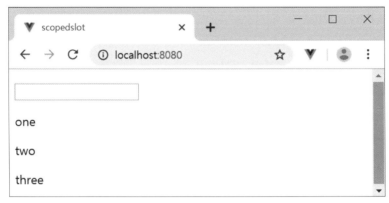

그림 4-24 TravelList로부터 App.vue로 데이터 전달

간단하지만 scoped slot을 이용하면 $emit() 메서드를 이용하지 않아도 자녀 컴포넌트에서 부모 컴포넌트로의 데이터를 전달할 수 있음을 알 수 있다. 이제 이 예제에 부모 컴포넌트에서 데이터를 전달하면 전달된 데이터를 이용해서 동적으로 필터링해서 그 데이터를 나타내는 형태로 바꿔본다. 이를 위해서 App.vue의 코드를 다음과 같이 수정한다.

```
<travel-list :items="cities">
  <template slot-scope="{items}">
    <p v-for="item in items" :key="item"> {{item}}</p>
  </template>
</travel-list>
…
return { cities: ['Paris', 'Budapest', 'Seattle', 'Vancouver', 'Prague'] }
```

위와 같이 자녀 컴포넌트인 TravelList에 cities를 전달하도록 하고 TravelList에서 전달받을 데이터를 items로 설정하고 이 데이터를 v-for를 이용해 나타낸다.

TravelList.vue 코드를 다음과 같이 수정한다.

```
<!-- <slot :childitems="childitems" /> -->
<slot :items="filteredList" />

props:["items"],
data(){
  return {
  inputFilter:""
  // childitems:['one', 'two', 'three']
  }
},
computed: {
  filteredList() {
    return this.items.filter(item => item.includes(this.inputFilter))
  }
}
```

위와 같이 슬롯에 App.vue로 전달할 데이터를 items로 설정하고 이 데이터는 computed()에 정의된 filteredList()의 리턴값을 전달하되 이 값은 사용자가 input에 입력하는 데이터와 양방향 바인딩된 inputFilter에 의해 필터링된 값이 된다. 실행 결과는 그림 4-25와 같다.

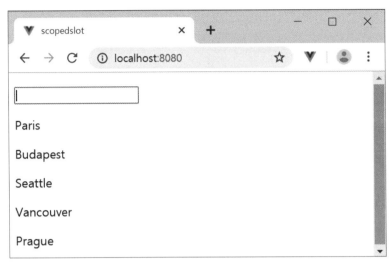

그림 4-25 변경 후 입력 전 상태

input에 입력되는 값에 따라서 결과가 다르게 나타난다.

그림 4-26 변경 후 V 입력결과

4.4.4 v-slot

v-slot은 vue.js 2.6에 새롭게 등장한 기능으로 scoped slot을 쓸 때 항상 〈template slot-scope〉 형태를 사용했다. Vue.js 2.5에서 직접 컴포넌트나 HTML 태그에 적용하기도 했으나 slot-scope에 정의된 변수의 적용이 제대로 반영되지 않는 문제가 있어서 모든 슬롯을 v-slot로 단일화 해 사용상의 혼란을 줄였다. 아울러 unnamed slot, named slot에서와 같이 div, p 같은 HTML 태그에서 직접 이용할 수 없고 컴포넌트와 template 태그에서만 다음과 같은 형식으로 사용할 수 있다.

```
<ComponentA>
  <template v-slot:header="{message}">
    <div>
      header slot으로부터 메시지 : {{ message }}
    </div>
  </template>
</ComponentA>
```

위와 같이 template 태그 내에서 사용하며 v-slot의 단축 형태로 다음과 같이 사용할 수도 있다.

```
<template #header="{message}">
```

그리고 다음과 같이 컴포넌트에 직접 적용할 수도 있다.

```
<ComponentA v-slot = "{ message }">
  {{message}}
</ComponentA>
```

이 또한 v-slot의 단축 형태로 다음과 같이 사용할 수도 있다.

```
<ComponentA #default = "{ message }">
```

앞서 scoped slot에서 다뤘던 예제와 동일한 결과를 나타내도록 v-slot을 이용해 작성한다면 App.vue를 다음과 같이 수정해주면 된다.

```
<div id="app">
  <travel-list v-slot="{ items }" :items="cities">
    <p v-for="item in items" :key="item"> {{ item }} </p>
```

```
  </travel-list>
</div>
```

위 코드를 v-slot의 단축 형태로 적용한다면 다음과 같다.

```
<travel-list #default=”{ items }” :items=”cities”
```

이상으로 v-slot에 대해서 알아봤다. 자세한 사항은 다음의 링크를 참고하기 바란다.

https://github.com/vuejs/rfcs/blob/master/active-rfcs/0001-new-slot-syntax.md

https://github.com/vuejs/rfcs/blob/master/active-rfcs/0002-slot-syntax-shorthand.md

4장에서는 Vue.js의 핵심 기능 중 하나인 컴포넌트를 어떻게 정의하고 등록해 사용할 수 있는지 알게 됐고 컴포넌트 간의 데이터 전달이 필요할 때 props, emit, eventbus를 이용해 데이터를 전달할 수 있게 됐다. 또한 부모 컴포넌트에서 자녀 컴포넌트로 복잡한 코드가 포함된 데이터를 전달할 때의 대안인 슬롯을 학습했다.

이와 더불어 vue.js 2.6에서 새롭게 등장한 v-slot을 이용해 기존의 슬롯을 어떻게 대체 가능한지 알았다. 이제 여러분은 컴포넌트를 더 효율적으로 할 수 있다. 5장에서는 결과물을 아름답게 나타낼 수 있는 디자인 영역을 알아본다.

5

다양한 장치 디자인에
적합한 Materialize, Vuetify

얼마 전까지 반응형 웹$^{Responsive\ Web}$이라는 용어가 유행하면서 관련 서적이나 교육도 많이 진행됐다. 요즘은 그에 비하면 많이 시들해진 느낌이 들 정도다. 사실 비슷한 크기의 모니터를 사용하는 PC로만 웹페이지를 보던 시절에는 비슷한 화면 크기에 맞게 웹페이지가 보이면 됐으므로 반응형이 필요하지 않았다. 하지만 지금처럼 스마트폰, 태블릿, PC 등 다양한 장치가 생기면서 각각의 화면 크기에 맞춰 적절한 페이지를 보여줄 필요성이 대두된 것이고 그 중심에 반응형^{responsive}이 있다. 반응형을 구현하려면 viewport나 media query 등을 이용하는데 생각보다 쉽지는 않다. 5장에서 학습할 내용은 다음과 같다.

- Materialize 설치와 사용 방법을 학습한다.
- Materialize에서 제공하는 Grid 시스템을 이해하고 활용할 수 있다.
- 이미지, 텍스트가 포함된 card 형태의 콘텐츠를 추가하는 방법을 학습한다.
- slider 컴포넌트를 이용한 이미지 슬라이더를 만들고 Navbar 컴포넌트를 이용해 사이트를 탐색하는 방법을 학습한다.
- Vuetify 설치 방법과 v-dialog, v-toolbar, v-navigation-drawer 같은 기본 컴포넌트를 이용해 모달 형태의 대화상자를 실행하거나 사이트 탐색을 위한

링크를 PC, 모바일 버전으로 적용하는 방법을 학습한다.

- vue.js와 구글 클라우드^{Google Cloud} 데이터베이스인 Firestore를 이용해 프론트 엔드는 vue.js로, 백엔드는 Firestore로 구성되는 실시간 채팅 프로그램을 만들 수 있다.

5.1 Materialize를 이용한 스타일링

Materialize는 CSS, 자바스크립트, HTML로 작성된 UI^{User Interface} 라이브러리다. Materialize를 이용하면 짧은 시간 내에 세련되고 일관되며 기능적인 웹페이지와 웹 앱을 만들 수 있다. materialize를 이용하면 장치(스마트폰, PC, …)에 따라 특정 콘텐츠는 감추고 다른 콘텐츠가 보이도록 할 수 있으며 짧은 시간 내에 반응형 애플리케이션을 만들 수 있다.

Materialize 다운로드와 설치

Materialize(https://materializecss.com/getting-started.html)에서 CDN, npm, bower를 이용해 설치할 수 있다.

CDN의 경우 다음과 같이 설치한다.

```
<!-- Compiled and minified CSS -->
<link rel="stylesheet"
href="https://cdnjs.cloudflare.com/ajax/libs/materialize/1.0.0/css/materialize.min.css">

<!-- Compiled and minified JavaScript -->
<script src="https://cdnjs.cloudflare.com/ajax/libs/materialize/1.0.0/js/materialize.min.
js"></script>
```

단순히 CSS만을 적용할 경우는 materialize.min.css만 index.html 파일에 추가하면 되며 동저인 처리도 적용할 경우 materialize.min.js를 indcx.html 파일에 추기히면 된다.

NPM을 이용할 경우는 npm install 명령을 이용해 다음과 같이 설치할 수 있다.

```
npm install materialize-css@next
```

여기서는 CDN을 이용한 materialize 사용법을 알아본다.

5.1.1 색, 정렬

배경색을 설정할 때는 color lighten or darken 형식을 사용하며 lighten, darken 은 1~5까지 적용 가능하다. 숫자가 클수록 배경색이 더 옅어지거나 짙어진다. 텍스트의 색은 color-text 형식을 사용하며 이러한 설정은 class 속성[attribute]에 정의해 다음과 같이 사용할 수 있다.

```
class = "teal", class = "teal darken-3", class = "white-text teal darken-5"
class = "white-text teal darken-5"
```

텍스트의 정렬은 좌측 정렬은 .left-align, 우측 정렬 .right-align, 중앙 정렬은 .center-align을 class 속성에 추가하면 적용된다.

basic 폴더를 생성하고 index.html 파일을 추가한 후 **doc +Tab** 키를 이용해 기본 html 구조를 만들고 CDN을 이용해 materialize.css를 추가해 index.html 문서를 다음과 같이 구성한다.

```
<link rel="stylesheet"
href="https://cdnjs.cloudflare.com/ajax/libs/materialize/1.0.0/css/materialize.
min.css">
</head>
<body>
    <div class="teal lighten-1 center-align">
      Lorem ipsum dolor sit amet.
```

```
    </div>
    <div class="white-text teal darken-5">
      Lorem ipsum dolor sit amet.
    </div>
  </div>
</div>
```

브라우저 화면에서 나타나는 결과는 다음과 같다.

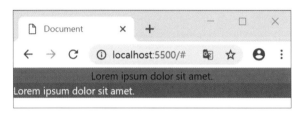

그림 5-1 색, 정렬의 실행결과

5.1.2 Image, Icon, Video

스마트폰, 태블릿, PC 등과 같이 다양한 화면 크기의 장치에 Image를 나타내려면
class 속성값으로 responsive-img를 설정해 사용할 수 있다.

```
<img class="responsive-img" src="vienna.jpg">
```

웹페이지를 디자인하는데 SNS, 이메일 등과 같이 필요한 아이콘[Icon]들은 구글에서
다음의 링크에서 제공하므로 이를 이용하면 편리하다.

```
<link href="https://fonts.googleapis.com/icon?family=Material+Icons" rel="stylesheet">
```

그래서 위 링크를 materialize.min.css 다음 라인에 추가한 후 class 속성에
material-icons를 추가해 사용한다.

170

```
<i class="material-icons">call</i>
```

앞서 예제에서 사용한 〈body〉 블록 내의 코드를 주석 처리(Ctrl + /)한 후 다음과 같이 작성한다. 참고로 주석 처리는 주석 처리할 코드 블록을 마우스로 선택한 후 **Ctrl + /**를 누르거나 **Edit** 메뉴에서 **Toggle Line Comment**를 선택한다.

```
<div class="row">
    <img class="responsive-img" src="./img/vienna.jpg">
</div>
<div class="row">
    <i class="material-icons small teal-text">call</i>
    <i class="material-icons small teal-text">mail</i>
</div>
```

브라우저를 실행하고 윈도우를 줄이면 그에 따라 이미지도 작아지고 윈도우를 키우면 그에 따라 이미지도 원래의 이미지 크기까지 커진다.

이는 class="responsive-img" 때문에 가능한 것으로 만일 이를 생략하면 이미지 크기는 변하지 않는다. 참고로 class="circle responsive-img" 형태로 설정하면 이미지가 원래 이미지의 상태에 따라 원형, 타원형으로 나타난다. 결과 하단에 작성한 call에 해당하는 전화기 모양의 아이콘과 mail에 해당하는 아이콘이 나타난다.

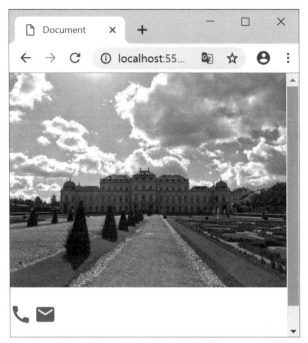

그림 5-2 image, icon 실행결과

다음으로 video를 반응형^{responsive}으로 나타나게 하려면 class 속성에 video-container로 설정하고 iframe을 이용해 재생할 동영상을 설정한다. 앞의 예제에서 사용한 〈body〉 블록 내의 코드를 주석 처리한 후 다음의 코드를 작성한다.

```
<div class="video-container">
  <iframe width="1280" height="720" src="https://www.youtube.com/embed/BA4c3n1-
  xO4"
  frameborder="0" allow="accelerometer; autoplay; encrypted-media; gyroscope;
  picture-in-picture" allowfullscreen></iframe>
</div>
```

위에서 〈iframe〉 부분은 https://www.youtube.com/watch?v=BA4c3n1-xO4 동영상을 임베딩한 것으로 해당 동영상 위에서 마우스 오른쪽 버튼을 클릭해 Copy embed code를 신택한 후 복사/붙여넣기 한나. 이 방법을 이용해 여러분이 좋아하는 동영상을 임베딩하고 간단한 유튜브 동영상 플레이어 기능을 만들어 보자. 브라우저를 실행하면 임베딩된 유튜브 동영상을 감상할 수 있다.

5.1.3 장치의 화면 크기에 따른 Hide/Show Content 기능

장치에 따라 특정 콘텐츠는 감추고 다른 컨텐트^{Content}가 보이게 할 수 있는데 class 속성값으로 class='hide-on-small-only'와 같이 설정하면 휴대폰에서만 특정 콘텐츠를 감추게 된다.

class='show-on-medium-and-up'와 같이 설정하면 태블릿 이상에서만 보이게 한다는 의미이며 추가적인 속성값은 https://materializecss.com/helpers.html 을 참고하기 바란다. 사용 방법은 다음과 같다.

```
<div class="hide-on-small-only"></div>
```

앞서 예제에서 사용한 코드 중에서 다음의 코드를 수정한 후 브라우저를 통해 확인해본다.

```
<img class="circle responsive-img hide-on-small-only" src="./img/vienna.jpg">
<div class="row video-container hide-on-small-only show-on-medium-and-up">
```

브라우저의 윈도우 크기가 최대인 상태에서 최소로 줄이면 vienna.jpg는 화면에서 사라진다. 브라우저의 윈도우 크기를 키우면 다시 나타난다.

5.1.4 Grid

그리드^{Grid}는 그림 5-3과 같이 동일한 크기의 12컬럼^{Column}으로 한 행^{row}이 구성되며 그리드를 이용하면 웹페이지의 레이아웃이 수월해진다.

1	2	3	4	5	6	7	8	9	10	11	12
1	2	3	4	5	6	7	8	9	10	11	12

그림 5-3 반응형 그리드

container class를 이용해 컨텐트를 페이지의 중앙center에 윈도우 너비width의 약 70% 정도를 차지하도록 배치된다. ⟨body⟩ 태그 안의 코드를 모두 주석 처리한 후 다음과 같이 코드를 작성한다.

```
<div class="container">
  <div class="row">
    <div class="col s1 blue">1</div>
    <div class="col s1 cyan">2</div>
    <div class="col s1 blue">3</div>
    <div class="col s1 cyan">4</div>
    <div class="col s1 blue">5</div>
    <div class="col s1 cyan">6</div>
    <div class="col s1 blue">7</div>
    <div class="col s1 cyan">8</div>
    <div class="col s1 blue">9</div>
    <div class="col s1 cyan">10</div>
    <div class="col s1 blue">11</div>
    <div class="col s1 cyan">12</div>
  </div>
</div>
```

브라우저를 확인하면 class 속성에 container를 설정해서 조금 전 설명한대로 윈도우 너비width의 약 70% 정도를 차지하며 중앙center에 배치된다.

두 번째 행row은 ⟨div class="container"⟩⟨/div⟩를 제거하고 ⟨div class="row"⟩⟨/div⟩ 형태로 작성하고 색을 모두 cyan으로 설정한 결과로 class 속성이 container일 때와는 다르게 윈도우 너비width의 100%를 차지하는 것을 알 수 있다.

174

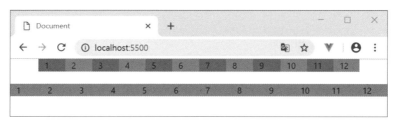

그림 5-4 첫 번째 그리드 실행결과

반응형 레이아웃

그리드를 이용해 스마트폰, PC 같은 장치에 따라 레이아웃할 수 있는데 표 5-1과 같이 미리 정의된 class 속성값을 추가하면 가능하다.

표 5-1 class 속성값

	Phone ⟨= 600px	Table ⟩ 600px	PC ⟩ 992px	Large PC ⟩ 1200px
class 속성	s	m	l	xl
container 너비	90%	85%	70%	70%
column 수	12	12	12	12

기존의 ⟨body⟩ 태그 내의 코드를 모두 주석 처리한 후 다음과 같이 코드를 작성한다.

```
<div class="container">
  <div class="row">
    <div class="col s12 teal"><p>Lorem ipsum dolor sit amet.</p></div>
    <div class="col s12 m4 l2 xl3 blue"><p>Lorem ipsum dolor sit amet.</p></div>
    <div class="col s12 m4 l8 xl6 blue"><p>Lorem ipsum dolor sit amet.</p></div>
    <div class="col s12 m4 l2 xl3 blue"><p>Lorem ipsum dolor sit amet.</p></div>
  </div>
</div>
```

위에서 s12는 화면 크기가 600px과 같거나 작을 때 한 행^{row}을 차지한다. m4

는 화면 크기가 600px보다 크고 992px보다 작을 때를 나타내며 l2는 992px부터 1200px보다 작을 때, 마지막으로 xl3은 1200px과 같거나 큰 화면 크기일 경우를 의미한다.

스마트폰과 연관되는 s는 모두 sl2로 화면 크기가 600px보다 작거나 같을 경우 한 행씩 나타난다. Table과 연관된 m은 m4로 그리드가 12개이므로 한 행이 3개로 나눠서 나타내며 PC와 관련되는 l2, l8, l2는 한 행을, l2는 2개의 컬럼을, l8은 8개의 컬럼, l2는 다시 2개의 컬럼을 차지하며 이들의 합은 12가 된다.

.xl3, xl6, xl3 역시 동일한 원리로 이해하면 된다. 참고로 Lorem 문장은 Lorem5 를 입력한 후 **Tab** 키를 누르면 자동 입력된다. 스마트폰, 태블릿의 결과는 다음과 같다.

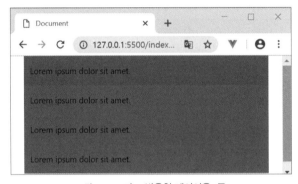

그림 5-5 그리드 반응형 레이아웃-폰

그림 5-6 그리드 반응형 레이아웃-태블릿

Offset

기본적으로 레이아웃^{Layout}은 좌측에서 우측으로 배치하며 대부분의 경우 이 원리를 그대로 적용하면 된다. 좌측을 비운 상태로 우측에 배치하고 싶을 때는 offset 옵션을 이용하면 되는데 이 옵션을 이용할 경우 실제로는 좌측 외부 여백^{margin}을 증가시켜 우측에 배치하게 되며 형식은 다음과 같다.

```
class = "col offset-s|m|l|xl-number"
```

위에서 s, m, l, xl은 장치를 나타내고 number는 1~11 사이의 값을 설정할 수 있다. 기존의 〈body〉 태그 내의 코드를 모두 주석 처리한 후 다음의 코드를 추가한다.

```
<div class="row">
  <div class="col s12 blue white-text"><span class="flow-text">12</span></div>
  <div class="col s6 blue white-text"><span class="flow-text">6</span></div>
  <div class="col s3 m4 offset-m4 blue white-text">
    <span class="flow-text">offset-4</span></div>
  <div class="col s3 m4 offset-m8 blue white-text">
    <span class="flow-text">offset-8</span></div>
</div>
```

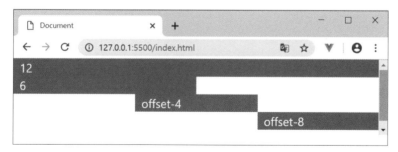

그림 5-7 그리드-offset

위의 결과는 Tablet, PC에 대한 결과를 나타낸다.

컬럼의 순서 바꾸기 push, pull

다음 형식의 push, pull을 이용하면 컬럼의 순서를 쉽게 바꿀 수 있다.

```
class="col m4 push-m4"
class="col m4 pull-m4"
```

push-m4는 해당 컬럼을 좌측에서 4컬럼만큼 이동하라는 의미이며 pull-m4는 우측에서 4컬럼만큼 이동하라는 의미다.

```
<div class="row">
  <div class="col s12 m4 push-m4 blue"><span class="flow-text">1</span></div>
  <div class="col s12 m4 pull-m4 blue"><span class="flow-text">2</span></div>
  <div class="col s12 m4 blue"><span class="flow-text">3</span></div>
</div>
```

위에서 Phone의 경우 s12로 설정됐기에 한 행[row]에 div 엘리먼트가 하나씩 나타나지만 Table 이상의 장치에서는 다음 결과와 같이 push, pull에 의해서 1, 2가 바뀌어 나타난다.

그림 5-8 push, pull 실행결과1

그림 5-9 push, pull 실행결과2

5.1.5 Button

Materialize에서 사용할 수 있는 버튼^{Button} 컴포넌트^{Component}는 크게 Raised Button, Floating Button, Flat Button 3가지로 나눌 수 있다. Raised Button은 기본 버튼으로 버튼을 클릭했을 때 물결 효과^{wave-effect}를 주며 버튼의 색은 waves-color 형태로 정의해 사용할 수 있다.

```
<a class="btn waves-effect waves-light">button</a>
```

Floating Button은 원형 모양의 버튼을 나타내며, 다음과 같이 사용한다.

```
<a class="btn-floating waves-effect waves-light red">
<i class="material-icons">add</i></a>
```

Flat Button은 뒤에 설명할 card나 modal 내에서 사용하는 버튼으로 다음과 같이 사용한다.

```
<a class="btn-flat waves-effect waves-teal">Button</a>
```

components 폴더를 생성하고 index.html 파일을 추가한 후 **doc + Tab** 키를 이용해 기본 html 구조를 만든다. 그 다음 CDN을 이용해 materialize.css를 추가하고 아이콘을 사용하기에 앞서 아이콘에서 추가한 Material Icons 링크를 materialize.css의 다음 라인에 추가한다. 마지막으로 〈body〉 태그 다음 라인에 〈div id="app"〉〈/div〉와 vue.js 관련 코드를 다음과 같이 추가한다.

```
<link rel="stylesheet"
href="https://cdnjs.cloudflare.com/ajax/libs/materialize/1.0.0/css/materialize.min.css">
<link href="https://fonts.googleapis.com/icon?family=Material+Icons" rel="stylesheet">
...
<div id="app">
</div>
```

```
<script src="https://cdn.jsdelivr.net/npm/vue/dist/vue.js"></script>
<script src="https://cdnjs.cloudflare.com/ajax/libs/materialize/1.0.0/js/materialize.min.
js"></script>
<script src="app.js"></script>
```

위에서 app.js 파일에는 뷰 인스턴스$^{Vue Instance}$ 관련 코드가 포함된다.

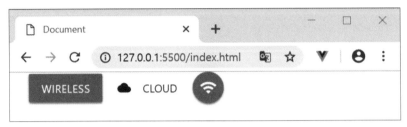

그림 5-10 Button 실행결과

브라우저를 실행하면 3개의 서로 다른 버튼을 나타난다. 해당 버튼을 클릭했을 때 버튼에 표시된 WIRELESS, CLOUD, 그리고 화면에 보이지는 않지만 WIFI가 알림창^{alert}에 나타나도록 하려면 app.js 파일을 추가하고 다음과 같이 코드를 작성한다.

```
new Vue({
  el:'#app',
  methods:{
    showMessage($event) {
      ($event.target.children.length == 2) ?
      alert($event.target.children[0].innerText) :
      alert($event.target.innerText);
    }
  }
})
```

showMessage($event) 메서드가 호출되면 조건부 3항 연산자를 이용해 입력 파라미터로부터 받은 $event로 대상이 자식 엘리먼트를 2개 가지고 있는지 체크한다. 그 다음 첫 번째 자녀 노드의 HTML DOM의 innerText 속성[Property]를 이용해 해당 텍스트를 알림창에 나타낸다. 만약 대상이 자식 엘리먼트가 없거나 2가 아닐 경우 HTML DOM의 innerText 속성를 이용해 대상[target]의 텍스트를 알림창에 나타낸다.

마지막으로 ⟨div id="app"⟩ 다음 라인에 button 관련 코드를 작성한다.

```
<div class="container">
  <div class="row">
    <a class="btn waves-effect waves-red blue" @click="showMessage($event)">
      wireless</a>
    <a class="btn-flat waves-effect waves-teal" @click="showMessage($event)">
      <i class="material-icons left">cloud</i>cloud</a>
    <a class="btn-floating waves-effect waves-yellow"
        @click="showMessage($event)">
      <i class="material-icons right">wifi</i>wifi</a>
  </div>
</div>
```

form에서 사용하는 submit 버튼의 경우 다음의 형식을 사용할 수 있다.

```
<button class="btn waves-effect waves-light" type="submit" name="action">보내기
  <i class="material-icons right">send</i></button>
```

5.1.6 Table

Table은 다수의 데이터를 페이지에 나타내는 데 유용하게 사용할 수 있는 컴포넌트[Component]로 화면 크기가 작은 스마트폰 환경에서는 자동으로 위치가 조정된다. 데이터베이스에서 가져온 다음과 같은 주문 목록 데이터가 있다고 가정해 사용 방법을 알아본다.

주문번호	상품명	수량	총금액
T190324-1	아메리카노	1	3000
T190324-2	카푸치노	2	10600
T190324-3	카라멜 마끼아또, 아메리카노	2	8900
T190324-4	허니 브레드	1	2000
T190324-5	에스프레소, 허니 브레드	2	6500

Materialize에서의 기본적인 테이블[table] 구조는 다음과 같다.

```
<table>
  <thead>
    <tr>
      <th></th><th></th>…
    </tr>
  </thead>
  <tbody>
    <tr><td></td>…</tr>
    <tr><td></td>…</tr>
    …
  </tbody>
</table>
```

위에서 〈thead〉 블록은 〈th〉 엘리먼트를 이용해 주문번호, 상품명, 수량, 총금액과 같은 테이블 헤더를 정의하는 데 사용되며 〈tbody〉 블록은 〈td〉 엘리먼트를 이용해 T190324-1, 아메리카노 같은 실제 데이터를 정의한다. 〈tr〉은 테이블의 한 행[row]을 나타내는 데 사용된다.

예제로 알아보려면 Button에서 사용한 app.js 파일을 열고 뷰 인스턴스 내의 코드를 다음과 같이 수정한다.

```
  el:'#app',
  data: {
    orders: [
      {order_num:'T190324-1', item:'아메리카노', quantity:1, price:3000},
```

```
      {order_num:'T190324-2', item:'카푸치노', quantity:2, price:10600},
      {order_num:'T190324-3', item:'카라멜 마키아또, 아메리카노', quantity:2, price:8900},
      {order_num:'T190324-4', item:'허니 브레드', quantity:1, price:2000},
      {order_num:'T190324-5', item:'에스프레소, 허니 브레드 ', quantity:2, price:6500}
    ]
}
```

다음으로 〈div class="container"〉 블록 부분을 다음의 코드로 변경한다.

```
<table>
  <thead class="blue white-text">
    <tr><th>주문번호</th><th>상품명</th><th>수량</th><th>가격</th></tr>
  </thead>
  <tbody>
    <tr v-for="order in orders" :key="order.order_num">
      <td>{{order.order_num}}</td>
      <td>{{order.item}}</td>
      <td>{{order.quantity}}</td>
      <td>{{order.price}}</td>
    </tr>
  </tbody>
</table>
```

브라우저를 실행한 후 실행결과를 보면 그림 5-11과 같다.

그림 5-11 기본 테이블

그림 5-11 테이블에 stripe 형태의 결과를 나타내려면 table 시작 태그에 class="striped"를 추가하면 되며 만일 highlight 효과를 주려면 같은 방법으로 class="highlight"를 추가한다. 가운데 정렬은 class="centered"로 설정하면 되며 끝으로 반응형 테이블로 만들려면 class="responsive-table"을 추가하면 되는데 스마트폰과 같이 작은 화면 크기에서는 헤더 부분이 해당 위치에서 좌측으로 내려온 형태로 나타난다.

다음으로 수량, 가격을 우측 정렬하고 테이블의 경계border를 설정한다.

```
<style>
  table, tr, td { border: 1px solid blue; }
  td:nth-last-of-type(-n+2) { text-align: right; }
</style>
```

위에서 td:nth-last-of-type(-n+2) 부분은 css의 의사-클래스pseudo-class를 이용한 것으로 뒤에서 2개의 td에만 오른쪽 정렬을 적용한다는 의미다.

주문번호	상품명	수량	가격
T190324-1	아메리카노	1	3000
T190324-2	카푸치노	2	10600
T190324-3	카라멜 마키아또, 아메리카노	2	8900
T190324-4	허니 브레드	1	2000
T190324-5	에스프레소, 허니 브레드	2	6500

그림 5-12 스타일을 적용한 결과

5.1.7 Card

card 컴포넌트는 다양한 컨텐트를 나타내고자 할 때 유용한 컴포넌트로 보통 이미지를 포함한 형태로 사용하며 다음과 같은 기본적인 구조로 구성된다.

```
<div class="row">
  <div class="col s12 m6">
    <div class="card blue darken-1">
      <div class="card-content white-text">
        <span class="card-title">Card Title</span>
        <p></p>
      </div>
      <div class="card-action">
        <a href="#">This is a link</a>
      </div>
    </div>
  </div>
</div>
```

위와 같은 기본 형식을 사용할 수도 있고 〈div class="card-content white-text"〉 위에 image를 포함하는 형태로 사용해 클릭하면 해당 콘텐츠의 세부사항을 보여주는 Card Reveal 형태로 사용할 수도 있다. 〈div class="container"〉 블록 부분을 다음의 코드로 변경한다.

```
<div class="row">
  <div class="col s12 m4">
    <div class="card blue darken-1">
      <div class="card-content white-text">
       <span class="card-title">파리(Paris)</span>
       <p>Lorem ipsum dolor sit amet, consectetur adipisicing elit. Laboriosam,
       ...</p>
      </div>
      <div class="card-action"><a href="#">This is a link</a></div>
    </div>
  </div>
  <div class="col s12 m4">
    <div class="card">
      <div class="card-image">
```

```
      <img src="images/praha.jpg">
      <span class="card-title">프라하(Praha, Prague)</span>
    </div>
    <div class="card-content">
      <p>Lorem ipsum dolor sit amet consectetur adipisicing elit...</p
    </div>
    <div class="card-action"> <a href="#">This is a link</a></div>
  </div>
</div>
<div class="col s12 m4">
  <div class="card">
    <div class="card-image waves-effect waves-block waves-light">
      <img class="activator" src="images/vienna.jpg">
    </div>
    <div class="card-content">
      <span class="card-title activator grey-text text-darken-4">
        비엔나(Vienna, Wien)
      <i class="material-icons right">more_vert</i></span>
      <p><a href="#">This is a link</a></p>
    </div>
    <div class="card-reveal">
      <span class="card-title grey-text text-darken-4">비엔나(Vienna, Wien)
      <i class="material-icons right">close</i></span>
      <p>Lorem, ipsum dolor sit amet consectetur adipisicing elit. ...</p>
    </div>
  </div>
</div>
```

첫 번째 card 컴포넌트인 파리는 "card-content", "card-action", 두 번째 card
컴포넌트는 "card-image", "card-content", "card-action", 마지막은 "card-image",
"card-content", "card-reveal"로 구성되는 card로 그림 5-13과 같은 결과 화면을
확인할 수 있다.

5.1.8 Navbar

navbar 컴포넌트는 웹사이트 탐색에 사용하며, HTML5의 nav 태그 내에 정의해 사용한다. nav 태그는 class="container"가 정의된 div 태그 내에서 사용할 것을 권장한다. 다음과 같이 하나는 a 태그로 작성하는 로고 혹은 브랜드 링크, 다른 하나는 ul 태그를 이용한 탐색 링크인 두 부분으로 구성된다.

```
<nav>
  <div class="nav-wrapper">
    <a href="#" class="brand-logo">Logo</a>
    <ul id="nav-mobile" class="right hide-on-med-and-down">
      <li><a href="sass.html">Sass</a></li>
      <li><a href="badges.html">Components</a></li>
      <li><a href="collapsible.html">JavaScript</a></li>
    </ul>
```

```
        </div>
    </nav>
```

위에서 탐색을 나타내는 링크인 ul 태그의 class 속성이 hide-on-med-and-down이므로 태블릿 이하의 화면 크기에서는 보이지 않도록 하라는 의미가 된다.

스마트폰에서 navbar를 사용하려면 다음과 같이 a 태그의 data-target 속성을 이용해 스마트폰의 navbar에서 id 속성값을 설정하고 class 속성에 "sidenav-trigger"를 설정한다.

```
<a href="#" data-target="nav-mobile" class="sidenav-trigger">
<ul class="sidenav" id="nav-mobile">   <!--스마트폰을 위한 메뉴 sidenav -->
```

기본적인 이해를 바탕으로 myTravel 폴더를 생성하고 vscode를 실행해 해당 폴더를 연다.

그리고 index.html 파일을 추가하고 **doc + Tab** 키를 눌러서 기본적인 html 문서를 구성한 다음 title 태그 위에 Google Icon Font, materialize.css, fontawesome.com 링크를 추가한다.

```
<link href="https://fonts.googleapis.com/icon?family=Material+Icons" rel="stylesheet">
<link rel="stylesheet"
href="https://cdnjs.cloudflare.com/ajax/libs/materialize/1.0.0/css/materialize.min.css">
<link rel="stylesheet" href="https://use.fontawesome.com/releases/v5.6.3/css/all.css"
integrity="sha384-UHRtZLI+pbxtHCWp1t77Bi1L4ZtiqrqD80Kn4Z8NTSRyMA2Fd33n5dQ8lWUE00s/"
crossorigin="anonymous">
```

이제 body 태그 안에 다음과 같이 Navbar 관련 코드들을 작성한다.

```
<div id="app">
  <div>   <!-- Navbar -->
    <div class="container">
      <nav class="cyan">
```

```
    <div class="nav-wrapper">
      <a href="#" class="brand-logo">체르니의 여행</a>
      <a href="#" data-target="nav-mobile" class="sidenav-trigger">
        <i class="material.icons">menu</i></a>
      <ul class="right hide-on-med-and-down">
        <li v-for="link in navlinks" :key="link.text">
          <a :href="link.href">{{link.text}}</a></li>
      </ul>
    </div>
    </nav>
  </div>
</div>
<ul class="sidenav" id="nav-mobile">   <!--스마트폰을 위한 메뉴 sidenav -->
  <li v-for="link in navlinks" :key="link.text"><a :href="link.href">
    {{link.text}}</a></li>
</ul>
<!--추후 추가-->
</div>
<script src="https://cdn.jsdelivr.net/npm/vue/dist/vue.js"></script>
<script src="https://cdnjs.cloudflare.com/ajax/libs/materialize/1.0.0/js/materialize.min.
js"></script>
<script src="/js/app.js"></script>
<script src="/js/matcon.js"></script>
```

앞서 설명한대로 a 태그의 data-target, class 속성은 스마트폰을 사용하기 위한
ul 태그 내의 id, class 속성과 대응해 동작한다.

이를 실행하려면 HTML document 객체의 querySelector() 메서드를 이용해
class 속성값이 'sidenav'인 HTML 엘리먼트를 변수로 저장한 후 다음과 같이 초기
화해야 한다.

```
const sideNav = document.querySelector('.sidenav');
M.Sidenav.init(sideNav, {});
```

물론 위의 코드는 jQuery의 $document.ready()를 이용해 초기화할 수 있으며

자세한 설명은 생략한다. 정상적으로 동작하게 하려면 js 폴더를 생성하고 그 안에 matcon.js 파일을 만든 다음 그 안에 위 코드를 추가한다.

마지막으로 v-for 디렉티브를 이용해 li 태그를 구성했는데 정상적으로 동작하게 하려면 생성된 js 폴더 안에 app.js 파일을 생성하고 뷰 인스턴스를 정의한 다음 관련 코드를 작성한다.

```
new Vue({
  el:'#app',
  data: {
    navlinks: [
      {text: '홈', href:'#home'},
      {text: '검색', href:'#search'},
      {text: '관광명소', href:'#attractions'},
      {text: '문의', href:'#contact'},
    ]
  }
})
```

일반적인 태블릿 이상의 화면 크기에서 본 웹사이트에서는 다음과 같이 탐색 링크가 나타난다.

그림 5-14 PC 화면 실행결과

하지만 브라우저의 창을 줄여 스마트폰과 같은 화면 크기에서 보여지는 결과를 보면 다음과 같이 기존의 탐색 링크가 사라지고 좌측 상단의 아이콘을 클릭하면 탐색 링크들이 등장한다.

그림 5-15 스마트폰 실행결과

5.1.9 Slider

slider 컴포넌트를 이용하면 생각보다 쉽게 몇 초마다 이미지가 바뀌는 이미지 슬라이더를 만들 수 있다. 다음과 같은 형식을 사용한다.

```
<div class="slider">
  <ul class="slides">
    <li>
      <img>           <!-- 이미지 -->
      <div>           <!-- 타이틀, 및 세부적인 설명 -->
    </li>
    <li>…</li>
  </ul>
</div>
```

위에서 ul 태그 안에 이미지와 이미지의 설명들이 포함돼 정해진 시간 간격마다 바뀌면서 나타난다. 앞서 Navbar 예제의 index.html 파일을 열어 〈!--추후 추가 --〉 부분에 다음 코드를 추가한다.

```
<div class="container"> <!-- 이미지 슬라이더 -->
  <div class="slider">
    <ul class="slides">
      <li v-for="slide in slides" :key="slide.title">
        <img :src="slide.imgsrc">
```

```
        <div class="caption center-align">
          <h2>{{slide.title}}</h2>
          <h5 class="light grey-text text-lighten-3 hide-on-small-only">
          {{slide.description}}</h5>
        </div>
      </li>
    </ul>
  </div>
</div>
```

app.js 파일을 열어 v-for에서 사용된 데이터 코드를 navlinks 다음에 추가한다.

```
slides : [
  {imgsrc:'imgs/amsterdam.jpg', title:'풍차의 나라 Netherlands', description:'Lorem …'},
  {imgsrc:'imgs/dresden.jpg', title:'다시가고 싶은 도시 Dresden', description:'Lorem …'},
  {imgsrc:'imgs/venezia.jpg', title:'세계적인 수상도시 Venezia', description:'Lorem …'}
]
```

마지막으로 matcon.js를 열어보자. 이미지 슬라이드 기능이 동작하도록 document.querySelector() 메서드를 이용해 초기화하는 코드를 추가한다.

```
const slider = document.querySelector('.slider');
M.Slider.init(slider, { indicators: false, height: 485, duration: 500, interval: 6000 });
```

indicators는 결과에서도 볼 수 있듯이 하단에 나타낼지 나타내지 않을지를 결정한다. height는 이미지 높이를, duration은 전이가 일어나는 시간을 설정하고 interval은 전이 사이의 시간적인 간격을 설정한다.

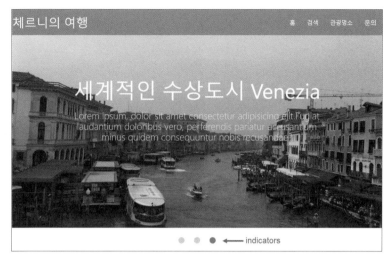

그림 5-16 실행결과

5.1.10 Autocomplete

input 태그에서 미리 정해 놓은 데이터로 구성된 자동완성 드롭다운 메뉴를 나타내고자 할 경우에 다음과 같은 형식을 사용한다.

```html
<div class="container">  <!-- 검색 -->
  <div id="search" class="cyan white-text center">
    <div class="row">
      <div class="col s12">
        <h3>검색</h3>
        <div class="input-field">
          <i class="material-icons prefix">location_on</i> <!-- 아이콘 설정 -->
          <input type="text" class="white grey-text autocomplete"
                 id="autocomplete-input" placeholder="드라스덴, 파리, 프라하, ...">
        </div>
      </div>
    </div>
  </div>
</div>
```

```
</div>
```

index.html 파일을 열어 〈!-- 이미지 슬라이더 --〉 블록 다음에 위 코드를 추가
한다.

Autocomplete의 초기화는 document.querySelector() 메서드를 이용한다.
class 속성값이 autocomplete인 엘리먼트를 초기화해주면 되며 data의 드롭다운
drop down에 나타낼 데이터를 추가한다.

```
const ac = document.querySelector('.autocomplete');
M.Autocomplete.init( ac, {
  data: { "파리": null, "베네치아": null, "암스테르담": null, "부다페스트": null, "프랑크푸르
    트": null, "비엔나": null, "드라스덴": null, "프라하" : null, "로마": null }
});
```

matcon.js를 열어서 위 코드를 추가한다.

그림 5-17 실행결과

5.1.11 Scrollspy

scrollspy는 특정 HTML 엘리먼트 태그를 추적해 화면의 가운데에 위치하도록 하는
기능으로 특정 HTML 엘리먼트 태그의 class 속성에 다음과 같이 추가한다. 참고로
관광명소와 관련된 코드는 지면 관계상 생략했으니 소스코드를 참고하기 바란다.

```
<div class="container scrollspy"><!-- 관광명소 -->
<div id="attractions" class="row">
```

```
<div class="container scrollspy"> <!-- 검색 -->
<body id="home" class="scrollspy">
```

matcon.js 파일 내에서 scrollspy를 초기화하는 코드를 작성한다.

```
const sp = document.querySelectorAll('.scrollspy');
M.ScrollSpy.init(sp, {});
```

웹페이지에서 확인하고 우측 상단의 링크에서 검색, 관광명소를 클릭하면 해당 엘리먼트 부분으로 스크롤되는 것을 확인할 수 있다. 스마트폰 환경에서도 동일하게 동작한다.

5.2 Vuetify를 이용한 스타일링

Vuetify는 Google Material Design에 기반을 둔 Vue.js에 특화된 UI 컴포넌트 라이브러리Component Library다. Vuetify 라이브러리를 사용하려면 Vue CLI를 이용한 설정은 생각보다 쉽다. 명령 프롬프트를 실행해서 원하는 위치에서 "vue create basicvuetify --default"를 입력해 프로젝트를 생성한다.

```
C:\Users\cywon\vueBook>vue create basicvuetify --default
```

그 다음 vscode를 실행해 basicvuetify 폴더를 연 후 Terminal → New Terminal을 실행한 다음 터미널에 vue add vuetify를 입력해 vuetify를 설치한다.

```
>vue add vuetify
```

설치 과정에서 다음과 같은 선택화면이 나타나는데 Enter 키를 눌러서 진행한다.

```
+ vue-cli-plugin-vuetify@0.5.0

…

✓  Successfully installed plugin: vue-cli-plugin-vuetify

? Choose a preset: (Use arrow keys)

> Default (recommended)

  Prototype (rapid development)

  Configure (advanced)
```

정상적으로 설치가 완료되면 다음과 같이 npm run serve 명령을 입력해 다시 프로젝트를 실행한다. 그림 5-18과 같은 형태의 결과물이 나타난다.

그림 5-18 실행결과

생성한 프로젝트의 디렉터리 구조를 살펴본다.

그림 5-19 프로젝트 디렉터리 구조

위에서 보면 plugins 폴더가 새롭게 생성됐고 그 안에 vuetify.js 파일이 추가된 것을 알 수 있다.

```
import Vue from 'vue'
import Vuetify from 'vuetify/lib'
import 'vuetify/src/stylus/app.styl'

Vue.use(Vuetify, {
  iconfont: 'md',
})
```

다음과 같이 main.js 파일에 vuetify가 모든 컴포넌트에서 사용되도록 추가됐다.

```
import Vue from 'vue'
import './plugins/vuetify'
import App from './App.vue'

Vue.config.productionTip = false
```

```
new Vue({
  render: h => h(App),
}).$mount('#app')
```

마지막으로 App.vue 파일에는 v-app 태그로 시작되는 코드가 자동으로 추가됐고 기본 vue 프로젝트를 생성하면 나타나는 App.vue의 내용이 모두 변경된 것을 알수 있다.

```
<template>
  <v-app>
    <v-app-bar app>
      …
    </v-app-bar>
    <v-content>
      <HelloWorld/>
    </v-content>
  </v-app>
</template>
<script>
import HelloWorld from './components/HelloWorld'
export default {
  name: 'App',
  components: { HelloWorld },
  data () {
    return {
      //
    }
  }
}
</script>
```

위의 코드를 다음과 같이 수정한다.

```
<template>
  <v-app>
    <v-content>
      <home></home>
    </v-content>
  </v-app>
</template>
<script>
import Home from './components/Home'
export default {
  name: 'App',
  components:{ Home }
}
</script>
```

프로그램이 정상적으로 동작하게 하려면 위 코드처럼 v-app 컴포넌트 안에 포함
시켜야만 한다. 다음으로 v-content 컴포넌트는 내부에 정의된 구성대로 자동적으
로 조정돼 나타난다. 위 코드에서는 Home 컴포넌트를 나타내며 탐색하려면 지정
된 경로에 일치하는 컴포넌트를 렌더링하는 router-view가 〈router-view /〉 형태
로 Home 컴포넌트 자리에 올 수 있다. 다음으로 필요 없는 HolloWorld.vue 파일
을 components 폴더에서 삭제하고 Home.vue 컴포넌트 파일을 추가해 다음과 같
이 작성한다.

```
<template>
  <div class="home">
    <h1>Home</h1>
  </div>
</template>
<style>
</style>
```

5.2.1 Color, Text

Color, Text는 Vuetify가 Materialize("https://materializecss.com")와 마찬가지로 Google Material Design에 기반을 두고 있어 사용 방법은 동일하므로 설명은 생략 하고 Home.vue 코드를 다음과 같이 작성한다.

```
<div class="home">
  <h3>Home</h3>
  <p class="blue lighten-5 red--text">Lorem ipsum dolor sit amet.</p>
  <p class="blue white--text">Lorem ipsum dolor sit amet.</p>
  <p class="blue daken-3">Lorem ipsum dolor sit amet.</p>
</div>
```

다음으로 style 태그 안에 스타일을 정의한다.

```
h1{ margin:10px;}
p{ padding : 10px; margin: 5px 10px; }
```

실행결과는 다음과 같다.

그림 5-20 color, text 실행결과

5.2.2 v-btn, v-icon

v-btn

v-btn 컴포넌트는 다양한 테마와 옵션을 가지고 기존 HTML button 엘리먼트를 대

체하며 다음과 같은 형식을 사용한다.

```
<v-btn class=""" text | fab | depressed>
```

버튼을 클릭하면 박스 그림자[box shadow]가 증가하는 raised 버튼을 기본 값으로 가진다. text 버튼은 배경을 투명하게 나타내고 마우스를 그 위에 올려 놓으면 미리 정의된 엷은 색상으로 배경색을 나타낸다. fab은 floating 버튼으로 보통 아이콘을 포함한 원형 버튼을 나타낼 때 사용하며 depressed는 배경색을 유지하지만 박스 그림자는 없다. 또한 버튼의 크기는 small, normal, large로 설정할 수 있으며 기본 값은 normal로 보통 생략한다.

v-icon

vuetify v1.5.x의 경우 https://material.io/tools/icons/? style=baseline에 있는 아이콘을 사용할 수 있으며 v2.0.11의 경우는 https://materialdesignicons.com/에 있는 아이콘을 사용할 수 있다. 버튼[v-btn] 내에도 아이콘을 다음과 같은 형식으로 사용한다.

```
<v-btn>
  <v-icon></v-icon>
</v-btn>
```

App.vue 파일을 열어 다음과 같이 새롭게 추가할 Homebutton.vue가 실행될 수 있도록 코드를 작성한다.

```
<template>
  <v-app>
    <v-content>
      <homebutton />
    </v-content>
  </v-app>
```

```
</template>
<script>
import homebutton from './components/Homebutton';
export default {
  name: 'App',
  components:{ homebutton}
```

components 폴더에 Homebutton.vue 파일을 추가하고 다음과 같이 코드를 추가한다.

```
<template>
  <div>
    <v-btn rounded @click="roundBtnClick">Round 버튼</v-btn>
    <v-btn class="teal white--text">기본 버튼</v-btn>
    <v-btn color="teal" text>기본 버튼</v-btn>
    <v-btn color="teal" dark>
      <v-icon>bluetooth</v-icon>
    </v-btn>
    <v-btn fab color="teal" dark>
      <v-icon>bluetooth</v-icon>
      <span>bluetooth</span>
    </v-btn>
  </div>
</template>
<script>
export default {
  mounted() { console.log(this.$vuetify.breakpoint) },
  methods: { roundBtnClick() { console.log("round button"); }}
}
</script>
```

콘솔에 나타나는 this.$vuetify.breakpoint 부분은 바로 뒤에 이어지는 화면의 크기와 관련된 breakpoint 설정을 확인할 수 있는 코드다. 그 사이 vuetify 버전이 달라져 아이콘을 표시하려면 public 폴더 내 index.html 파일을 열고 다음의 코드를

〈/head〉 태그 위에 추가해야 한다.

```html
<link rel="stylesheet" href="https://fonts.googleapis.com/css?family=Material+Icons">
```

npm run serve를 입력한 뒤 브라우저를 실행해 결과를 확인할 때 다음과 같이 터미널의 콘솔 부분에 에러가 발생할 수 있다.

```
Module Warning (from ./node_modules/eslint-loader/index.js):
error: Unexpected console statement (no-console) at src\components\HomeButton.vue:27:5:
```

이 경우 package.json 파일을 열어 eslintConfig의 "rules" 부분에 다음과 같이 추가해 eslint 규칙인 no-console을 off로 설정한다.

```json
"eslintConfig": {
    "root": true,
    "env": {
      "node": true
    },
    "extends": [
      "plugin:vue/essential",
      "eslint:recommended"
    ],
    "rules": { "no-console": "off" },
```

정상적으로 실행되면 다음과 같이 Round 버튼 형태부터 아이콘을 포함하는 fab 형태의 버튼이 차례대로 나타난다.

그림 5-21 button, icon 실행결과

5.2.3 Breakpoints, Visibility

Grid 시스템은 스마트폰, 태블릿, 데스크톱과 같은 장치의 화면 크기와 방향에 대해서 표 5-2와 같이 5가지의 breakpoint를 사용할 수 있다.

표 5-2 5가지 breakpoint

device	code	types	range
Extra small	xs	small to large handset	⟨600px
Small	sm	small to medium tablet	600px⟩ ⟨960px
Medium	md	large tablet to laptop	960px⟩ ⟨1264*
Large	lg	desktop	1264⟩ ⟨1904px*
Extra Large	xl	4k and ultra-wides	⟩1904px*

현재 vuetify를 이용하는 장치의 breakpoint를 알아야 한다면 다음과 같은 코드를 이용할 수 있다.

```
console.log(this.$vuetify.breakpoint)
```

콘솔에 "{xs: false, sm: true, md: false, lg: false, xl: false, …}" 형태로 결과가 나타난다.

visibility란 장치의 viewport에 기초해 조건적으로 HTML 엘리먼트를 나타내는 것을 말하며 다음과 같은 형식으로 적용할 수 있다.

```
hidden-breakpoint-condition
```

위에서 breakpoint는 viewport 크기인 xs, sm, md, lg, xl을 나타내며 condition은 표 5-3과 같이 only, and-down, and-up을 class 속성값에 적용할 수 있다.

표 5-3 2only, and-down, and-up의 범위

조건	범위
only	breakpoint가 xs인 장치에서 안 보이게 할 경우. hidden-xs-only
and-down	breakpoint가 md를 포함해 이보다 작은 장치에서 안 보이게 할 경우, hidden-md-and-now
and-up	breakpoint가 sm을 포함해 이보다 큰 장치에서 안 보이게 할 경우, hidden-sm-and-up

Home.vue 파일을 열어 다음과 같이 코드를 작성한다.

```
<div class="home">
  <h1>Home</h1>
  <v-btn color="blue" class="hidden-xs-only">Visibility -xs-only</v-btn>
  <v-btn color="blue" class="hidden-sm-only">Visibility sm-only</v-btn>
  <v-btn color="blue" class="hidden-md-only">Visibility -md-only</v-btn>
</div>
```

Home.vue의 〈style〉 블록 내의 p{ … }를 button{ … }으로 수정하고 App.vue에서 homebutton을 모두 home으로 바꿔서 Home.vue가 동작하도록 수정한다 (import 구문에서는 Home으로 수정). 충분히 큰 데스크톱이나 노트북에서 웹 브라우저를 최대 크기로 활성화하면 처음에는 3개 버튼이 모두 나타난다.

그림 5-22 VISIBILITY 실행결과

점차 웹 브라우저의 크기를 줄여 나가면 breakpoint의 범위가 〈 600px보다 작은 장치에 해당하는 버튼은 나타나지 않고 마지막에는 VISIBILITY -SM-ONLY, VISIBILITY -MD-ONLY 버튼만 나타난다.

and-down 조건을 이해하려면 기존의 3개의 〈v-btn〉을 주석 처리한 후 다음과 같이 한 줄의 코드를 추가한다.

```
<h1>Home</h1>
<v-btn color="blue" class="hidden-md-and-down">Visibility -md-and-down</v-btn>
```

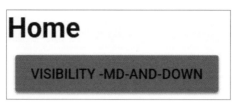

그림 5-23 VISIBILITY 실행결과 -and-down

마지막으로 and-up 조건을 확인하려면 방금 전 코드를 주석 처리한 후 다음의 한 줄을 추가한다.

```
<v-btn color="blue" class="hidden-sm-and-up">Visibility -md-and-up</v-btn>
```

충분히 큰 데스크톱이나 노트북에서 웹 브라우저를 최대 크기로 활성화한 상태에서는 버튼이 나타나지 않지만 브라우저창의 너비^{width}를 600px보다 작게 줄이면 그림 5-24와 같이 버튼이 나타난다.

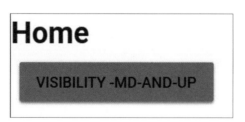

그림 5-24 VISIBILITY 실행결과 -and-up

5.2.4 그리드 시스템

vuetify의 그리드 시스템$^{Grid System}$은 Materialize나 Bootstrap처럼 12개의 동일한 크기의 컬럼^{column}으로 구성되며 하나의 그리드^{grid}의 각 행^{row}은 최대 12개의 동일

한 크기로 구성된다. Vuetify의 그리드 시스템은 대부분의 웹 브라우저가 지원하는 Flexbox를 기본으로 하며 웹페이지의 레이아웃을 편리하게 정의할 수 있도록 한다.

좀 더 구체적으로 알아보면 grid system을 나타내는 〈v-container〉 태그 안에 각 행은 〈v-layout row〉 태그를 이용해 정의할 수 있다. 이렇게 그리드의 한 행이 정의되고 나면 〈v-flex〉 태그를 이용해 한 행에 들어갈 콘텐츠를 정의한다.

vuetify를 이용해 그리드 시스템을 만든다면 v-container 〉 v-layout 〉 v-flex 순으로 정의할 수 있으며 그림 5-25는 vuetify 홈페이지에 있는 그리드 시스템을 나타낸다.

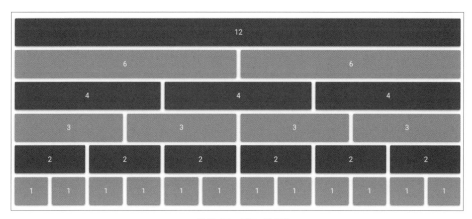

그림 5-25 그리드 시스템

v-container

〈v-container〉 태그를 이용해 하나의 컨테이너container 안에 원하는 그리드 시스템을 만들 수 있는데 v-container 태그는 기본적으로 페이지의 중앙에 자동적으로 위치한다. 너비width를 확장할 경우 fluid 프롭props을 다음과 같이 적용한다.

```
<v-container fluid class=""> … </v-container>
```

위에서 기본적으로 적용한 내부 여백을 제거할 경우 class="pa-0"과 같이 적용한다.

v-layout

v-layout은 언급한 것처럼 그리드 시스템의 한 행을 정의해 사용한다.

```
<v-container>
  <v-layout row>
  </v-layout>
</v-container>
```

위에서 하나의 컬럼 형태로 v-layout에 적용할 경우 ⟨v-layout column⟩으로 정의해 사용한다.

v-flex

v-flex 태그는 12개의 컬럼으로 이뤄진 한 행에서 적어도 하나 이상의 컬럼을 차지하며 일반적으로 v-flex 태그 내에서 여러 장치를 반응형 형태로 적용할 수 있다.

```
<v-container>
  <v-layout row>
    <v-flex xs12 md6>
    </v-flex>
  </v-layout>
</v-container>
```

위에서 xs12는 스마트폰 같은 장치의 화면 크기가 600px보다 작을 경우 해당 flex가 12컬럼으로 이뤄진 모든 한 행을 차지하도록 하며 md6은 장치 화면 크기가 960px보다 크고 1264px보다 작을 경우 6컬럼을 차지하게 한다. 쉽게 이해할 수 있도록 Home.vue 파일 안에 다음의 코드를 작성한다.

```
<div class="home">
    <h1>Home</h1>
    <v-container fluid>
      <v-layout row wrap>
        <v-flex xs12 md6 class="primary white--text">
          <div>{{message}}</div>
        </v-flex>
        <v-flex xs4 md2 class="green white--text">
          <div>{{message}}</div>
        </v-flex>
        <v-flex xs4 md2 class="green white--text">
          <div>{{message}}</div>
        </v-flex>
        <v-flex xs4 md2 class="green white--text">
          <div>{{message}}</div>
        </v-flex>
      </v-layout>
      <v-layout row wrap>
        <v-flex xs4 md3 class="teal white--text">
          <div>{{message}}</div>
        </v-flex>
        <v-flex xs4 md3 class="teal white--text">
          <div>{{message}}</div>
        </v-flex>
      </v-layout>
    </v-container>
  </div>
```

다음으로 〈script〉 태그 블록을 추가하고 그 안에 data 프로퍼티를 작성한다.

```
data() {
 return {
    message:'Lorem ipsum dolor sit amet, consectetur adipisicing elit. Quidem,
    eum.'
}
 }
```

〈v-layout row wrap〉에서 wrap 프롭^{prop}은 화면의 크기에 따라 포함된 v-flex가 자동으로 줄바꿈되게 하며 화면 크기가 960px보다 클 경우는 그림 5-26과 같이 나타난다.

그림 5-26 화면 크기가 960px보다 클 경우

웹 브라우저의 창 너비를 최소화하면 그림 5-27과 같이 자동으로 줄바꿈이 이뤄진다.

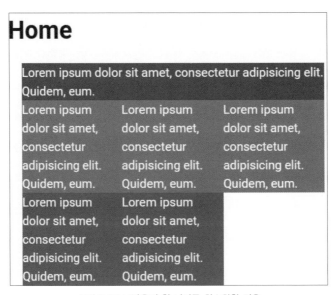

그림 5-27 브라우저 창 너비를 최소화할 경우

5.2.5 v-dialog

v-dialog 컴포넌트는 특정 작업을 사용자에게 알리는 데 사용하거나 중요한 정보를
포함해 결정을 요구하는 경우에 유용하게 사용할 수 있다. 대표적인 예가 쇼핑몰에
서 Modal 형태의 대화상자Dialog가 뜨면서 결제할 것인지 아니면 취소할 것인지 같은
결정을 요청하는 경우다.

vuetify에서는 Modal, Fullscreen, Form, Scrollable, Overflowed 등과 같이 다
양한 다이얼로그가 존재하는데 여기서는 Modal, Form을 소개한다.

Modal 형태의 대화상자

여행을 계획하고 있다면 여행사 홈페이지를 통해 동남아, 미주, 유럽의 정보를 검
색할 것이다. 동유럽 여행을 가기로 결정하고 결제를 한다고 가정하고 그림 5-28
과 같이 간단한 Modal 형태의 대화상자를 나타내 결제 여부를 선택하도록 하고자
한다.

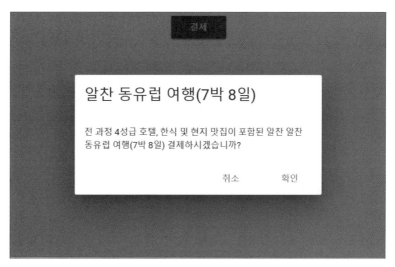

그림 5-28 v-dialog-Modal 실행결과

이를 실행하기 위해 components 폴더에 ModalDlg.vue 파일을 추가한 후

template 태그 내에 다음과 같이 코드를 추가한다.

```
<v-layout row justify-center>
  <v-dialog v-model="dialog" persistent max-width="400">
   <template v-slot:activator="{ on }">
    <v-btn color="primary" dark v-on="on">결제</v-btn>
   </template>
   <v-card>
    <v-card-title class="headline">{{ service.name }}</v-card-title>
    <v-card-text>전 과정 4성급 호텔, 한식 및 현지 맛집이 포함된 알찬
    {{ service.name }} 결제하시겠습니까?</v-card-text>
    <v-card-actions>
      <v-spacer></v-spacer>
      <v-btn color="green darken-1" text @click.native="btn_click($event)">
        취소</v-btn>
      <v-btn color="green darken-1" text @click.native="btn_click($event)">
        확인</v-btn>
    </v-card-actions>
   </v-card>
  </v-dialog>
</v-layout>
```

다음으로 script 태그 블록 위에서 사용된 service.name과 btn_click() 메서드를 작성한다.

```
data() {
  return {
    dialog:false,
    service: {name:'알찬 동유럽 여행(7박 8일)'}
  }
},
methods:{
  btn_click($event){
    if($event.target.innerHTML == "확인"){ console.log("감사합니다. 결제가 진행됩니다."); }
    this.dialog = false;
  }
```

```
}
```

마지막으로 App.vue에서 기존 Home 컴포넌트의 코드들을 모두 주석 처리한 후 앞서 추가한 ModalDlg.vue를 사용할 수 있도록 다음과 같이 코드를 수정한다.

```
<v-content> <ModalDlg /> </v-content>
import ModalDlg from './components/ModalDlg'
components: { ModalDlg }
```

브라우저를 실행하면 다음과 같은 결과화면을 확인할 수 있다.

그림 5-29 v-dialog-Modal 초기화면

브라우저의 개발자 도구(D)를 실행한 후 **결제** 버튼을 클릭하면 앞에서 나타낸 Modal 형태의 대화상자가 나타나며 **확인** 버튼을 클릭하면 콘솔에 "감사합니다. 결제가 진행됩니다."라는 메시지를 출력한 후 Modal 대화상자는 사라진다.

Form 형태의 대화상자

Form 형태 대화상자는 HTML의 input, select와 같이 사용자가 입력한 데이터를 이용한 처리가 필요할 때 사용한다. 여기서는 다음과 같이 Form 형태의 대화상자를 이용해 이메일과 패스워드를 입력하는 로그인 화면을 어떻게 구성하는지 알아본다.

그림 5-30 v-dialog-Form 실행화면

components 폴더에 FormDlg.vue 파일을 추가한 후 template 태그 내에 다음
과 같이 코드를 추가한다.

```
<v-dialog v-model="dialog" persistent max-width="500px">
    <template v-slot:activator="{ on }">
      <v-btn color="primary" dark v-on="on">로그인(Log in)</v-btn>
    </template>
    <v-card>
      <v-card-title>
        <span class="headline">Log in</span>
      </v-card-title>
      <v-card-text>
        <v-container grid-list-md>
          <v-layout wrap>
            <v-flex xs12>
              <v-text-field label="Email" v-model="userInfo.email" required>
              </v-text-field>
            </v-flex>
            <v-flex xs12>
              <v-text-field label="Password" type="password"
              v-model="userInfo.password" required></v-text-field>
            </v-flex>
```

```
        </v-layout>
      </v-container>
    </v-card-text>
    <v-card-actions>
      <v-spacer></v-spacer>
      <v-btn color="blue darken-1" text @click="btnClick($event)">취소</v-btn>
      <v-btn color="blue darken-1" text @click="btnClick($event)">확인</v-btn>
    </v-card-actions>
  </v-card>
</v-dialog>
```

script 태그 내에 다음과 같이 코드를 추가한다.

```
data(){
  return {
    userInfo :{
      email:'',
      password:''
    },
    dialog: false
  }
},
methods: {
  btnClick($event){
    this.dialog = false
    if($event.target.innerHTML == "확인"){
      console.log("입력된 정보 : " + "이메일 : " + this.userInfo.email +
      " 패스워드: " + this.userInfo.password);
    }
    this.userInfo.email ='',
    this.userInfo.password =''
  }
}
```

마지막으로 App.vue에서 추가한 FormDlg.vue를 사용할 수 있도록 다음과 같이 코드를 수정한다.

```
<v-content> <FormDlg /> </v-content>
import FormDlg from './components/FormDlg'
components: { FormDlg }
```

브라우저를 실행하면 그림 5-31과 같은 결과화면을 확인할 수 있으며 **로그인**
(LOG IN)을 클릭하면 앞서 나타낸 실행화면을 나타낸다.

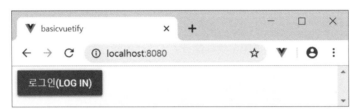

그림 5-31 v-dialog-Form 초기화면

이메일, 비밀번호를 입력하고 **확인**을 클릭하면 콘솔에 "입력된 정보 : 이메일 :
cskim@naver.com 패스워드 : 1231234"를 나타낸다.

5.2.6 v-toolbar, v-navigation-drawer

v-toolbar 컴포넌트는 웹사이트 탐색에 사용되며 보통 v-navigation-drawer 컴포
넌트와 함께 사용해 휴대폰, 태블릿, 랩톱, PC 같은 다양한 장치에서 사이트를 탐색
할 수 있게 한다.

그림 5-32 v-toolbar 실행결과

기본적인 v-toolbar 코드는 다음과 같이 구성된다.

```
<v-toolbar>
```

```
    <v-toolbar-items v-if="$vuetify.breakpoint.smAndUp">

        <v-btn text>Link One</v-btn>

        <v-btn text>Link Two</v-btn>

        <v-btn text>Link Three</v-btn>

    </v-toolbar-items>

</v-toolbar>
```

v-if 디렉티브로 〈v-app-var-nav-icon〉 부분에 v-if="$vuetify.breakpoint.xsOnly"를 추가해 뒤에 이어지는 〈v-navigation-drawer〉를 장치에 따라서 보이기/감추기할 수 있게 한다.

다음으로 @click="nav_drawer = !nav_drawer"와 같은 코드를 추가해 클릭하면 〈v-navigation-drawer〉가 나타나게 할 수 있다.

〈v-spacer〉는 공간을 채우거나 두 컴포넌트 사이에 공간을 두고 싶을 때 유용한 컴포넌트로 실행결과에서 〈v-spacer〉가 없다면 다음과 같은 결과를 나타낸다.

그림 5-33 v-spacer가 없을 경우

〈v-toolbar-items〉 부분은 해당 아이템item 클릭 시 이동할 링크를 작성하는 부분으로 실행결과로 나타내면 다음과 같다.

```
<v-toolbar-items class="hidden-sm-and-down">

    <v-btn text>홈</v-btn>

    <v-btn text>관광명소</v-btn>

    <v-btn text>로그인</v-btn>

</v-toolbar-items>
```

v-navigation-drawer 컴포넌트를 이용해 그림 5-34처럼 상단에 홈, 관광명소, 로그인으로 나타나는 부분을 만들 수 있다.

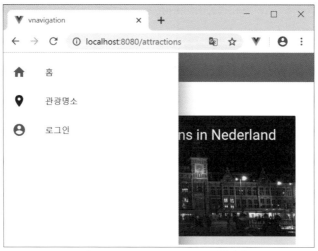

그림 5-34 v-navigation-drawer 실행결과

위의 결과와 같은 v-navigation-drawer을 구성하려면 다음과 같이 코드를 작성한다.

```
<v-navigation-drawer app v-model="nav_drawer" temporary>
  <v-list nav dense>
    <v-list-item-group v-model="group" active-class="deep-purple--text text--accent-4">
      <v-list-item v-for="link in links" :key="link.name" router :to="link.route">
        <v-list-item-action>
          <v-icon left>{{link.icon}}</v-icon>
        </v-list-item-action>
        <v-list-item-content>
          <v-list-item-title>{{link.text}}</v-list-item-title>
        </v-list-item-content>
      </v-list-item>
    </v-list-item-group>
  </v-list>
</v-navigation-drawer>
```

위에서 v-model="nav_drawer"로 data 객체 내에 정의된 nav_drawer 속성과 바인딩해 small device부터 페이지에 나타나지 않도록 설정한다.

218

v-list 컴포넌트를 이용해 홈, 관광명소, 로그인 아이콘 및 링크를 설정하며 data 객체 내에 links 프로퍼티에 정의된 데이터들을 바인딩한다. 그림 5-35는 관광명소를 클릭했을 때의 결과를 나타낸다.

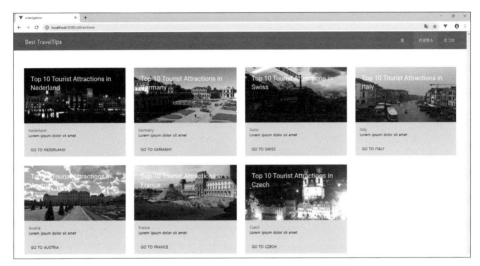

그림 5-35 v-toolbar, v-navigation-drawer 실행결과

명령 프롬프트를 실행해 원하는 위치에서 "vue create vnavigation"을 입력하고 Enter 키를 누른다.

다음과 같이 새로운 프로젝트를 생성하면서 사전에 정의된 옵션options이나 플러그인plugins을 선택하는 부분으로 Vue.js에서는 기본적으로 babel, eslint를 선택해 생성한다. 여기서는 Manually select features를 선택하고 Enter 키를 누른다.

```
? Please pick a preset:
  default (babel, eslint)
> Manually select features
```

그러면 생성하는 프로젝트에 필요한 기능을 선택하는 화면이 나타나는데 여기서 기본적으로 선택돼 있는 Babel, Linter / Formatter 외에 중간에 있는 Router를 선택하고 Enter 키를 누른다.

```
? Check the features needed for your project
 (*) Babel
 ( ) TypeScript
 ( ) Progressive Web App (PWA) Support
>(*) Router
 ( ) Vuex
 ( ) CSS Pre-processors
 (*) Linter / Formatter
 ( ) Unit Testing
 ( ) E2E Testing

? Use history mode for router? (Requires proper server setup for index fallback in
production) Yes
? Where do you prefer placing config for Babel, PostCSS, ESLint, etc.
  In dedicated config files
> In package.json
```

router 기능을 선택했을 때 history mode 사용 유무에 대한 질문에 Yes를 선택하고 기타 기능 설정을 package.json에 저장한 후 **Enter** 키를 눌러서 프로젝트를 생성한다.

프로젝트가 생성된 후 vscode를 실행해 해당 폴더를 열고 터미널^{Terminal} 메뉴에서 새 터미널^{New Terminal}을 실행한 후 vue add vuetify를 입력하고 vuetify를 Default 값을 선택해 설치한다. 앞서 Router 기능을 추가했는데 정상적으로 설치가 되면 main.js 아래에 router.js 파일이 자동적으로 생성된다. router.js를 열고 v-toolbar, v-navigation-drawer 컴포넌트를 이용해 홈^{Home}, 관광명소^{Atractions}, 로그인^{LogIn}을 탐색하려면 다음과 같이 코드를 추가한다.

```
routes: [
    {
      path: '/',
      name: 'home',
      component: Home
    },
```

```
...
  {
    path: '/attractions',
    name: 'attractions',
    component: () => import('./views/Attractions.vue')
  },
  {
    path: '/log-in',
    name: 'LogIn',
    component: () => import('./views/LogIn.vue')
  }
]
```

위에서 routes 속성은 path, name 그리고 component 속성으로 구성된 집합 collection 형태로 라우터가 이것을 보고 적합한 컴포넌트를 렌더링하는 것으로 다음과 같이 동작한다.

http://localhost:8080은 Home 컴포넌트를 렌더링한다.

http://localhost:8080/attractions는 Attractions 컴포넌트를 렌더링한다.

http://localhost:8080/log-in은 Login 컴포넌트를 렌더링한다.

v-toolbar, v-navigation-drawer 컴포넌트를 이용해 사이트를 탐색하려면 components 폴더 안에 AppNavigation.vue 파일을 생성하고 다음과 같이 코드를 작성한다.

```
<template>
  <div>
    <v-toolbar dense dark>
      <v-app-bar-nav-icon @click="nav_drawer = !nav_drawer" v-if="$vuetify.breakpoint.
        xsOnly">
      </v-app-bar-nav-icon>
      <v-toolbar-title>
        <span class="font-weight-light">Best Travel</span>
        <span>Tips</span>
```

```
      </v-toolbar-title>
        <v-spacer></v-spacer>
      <v-toolbar-items v-if="$vuetify.breakpoint.smAndUp">
        <v-btn text v-for="link in links" :key="link.icon" :to="link.route">
          {{link.text }}</v-btn>
      </v-toolbar-items>
    </v-toolbar>
    <v-navigation-drawer app v-model="nav_drawer" temporary>
      <v-list nav dense>
        <v-list-item-group v-model="group" active-class="deep-purple--text text--accent-4">
          <v-list-item v-for="link in links" :key="link.name" router :to="link.route">
            <v-list-item-action>
              <v-icon left>{{link.icon}}</v-icon>
            </v-list-item-action>
            <v-list-item-content>
              <v-list-item-title>{{link.text}}</v-list-item-title>
            </v-list-item-content>
          </v-list-item>
        </v-list-item-group>
      </v-list>
    </v-navigation-drawer>
  </div>
</template>
<script>
export default {
  name:'AppNavigation',
  data() {
    return {
      nav_drawer:false,
      group: null,
      links: [
        {icon:'home', text:'홈', name:'home',  route: '/'},
        {icon:'place', text:'관광명소', name:'attractions', route: '/attractions'},
        {icon:'account_circle', text:'로그인', name:'login', route: '/log-in'},
      ]
    }
  },
  watch: {
```

```
    group() {
      this.nav_drawer = false;
    }
  }
}
</script>
```

위 코드의 설명은 앞서 v-toolbar, v-navigation-drawer 컴포넌트에서 설명했으므로 생략한다. 사이트 탐색에 필요한 AppNavigation.vue 파일을 생성했으므로 이를 전체 프로젝트에서 사용하려면 App.vue 파일을 열어 다음과 같이 수정한다.

```
<template>
  <div>
    <app-navigation></app-navigation>
    <v-content>
      <router-view></router-view>
    </v-content>
  </div>
</template>
<script>
import AppNavigation from '@/components/AppNavigation'
export default {
  name: 'App',
  components: { AppNavigation }
}
</script>
```

위에서 div 안에 〈app-navigation〉〈/app-navigation〉을 추가해 항상 최상단에 웹사이트 탐색 기능이 나타나도록 하며 다음으로 〈router-view〉〈/router-view〉는 지정된 경로에 일치하는 컴포넌트를 렌더링한다. 홈Home, 관광명소Atractions, 로그인Login 을 순서대로 알아보자.

홈의 최종 결과는 다음과 같이 나타나며 홈Home.vue은 내부적으로 HomeHead. vue와 HomeBody.vue로 구성된다.

그림 5-36 Home.vue 실행결과

views 폴더 내에 Home.vue 파일을 열어 다음과 같이 코드를 수정한다.

```
<template>
  <span>
      <home-head></home-head>
      <home-body></home-body>
  </span>
</template>
<script>
  import HomeHead from '@/components/HomeHead';
  import HomeBody from '@/components/HomeBody';
  export default {
    components: { HomeHead, HomeBody }
  }
</script>
```

다음으로 components 폴더에 HomeHead.vue 파일을 생성하고 다음과 같이 코드를 작성한다.

```
<template>
```

```
<v-app>
  <v-container fluid fill-height class="home-head">
    <v-layout justify-center align-center column pa-5>
      <div class="display-4 font-weight-black white--text text-xs-center">JUNGFRAUJOCH
      </div>
      <div class="display-4 font-weight-black white--text text-xs-center">TOP OF EUROPE
      </div>
      <div class="display-1 font-weight-bold white--text text-xs-center">Join a memorable
        trip to Jungfraujoch and the Top of Europe</div>
    </v-layout>
  </v-container>
</v-app>
</template>
<script>
export default {
    name: 'HomeHead'
};
</script>
<style scoped>
.home-head {
    background: url('~@/assets/interlaken2.jpg');
    background-size: cover;
    width: 100%;
    height: 100%;
}
</style>
```

위에서 div class 속성에 설정된 display-4, display-1은 폰트 크기^{Font Size}를 설정하는 것으로 각각 HTML의 h1, h4에 해당하며 자세한 사항은 https://vuetifyjs.com/en/framework/typography를 참고하기 바란다.

⟨style⟩ 내의 background-size: cover는 background에 정의된 이미지가 작다면 이미지를 늘리고 이미지가 너무 크다면 이미지를 잘라서 정의된 이미지가 항상 웹 브라우저 전체를 채우도록 한다. 참고로 이 프로젝트에 사용된 모든 이미지는 assets 폴더 내에 저장돼야 한다.

마지막으로 HomeBody를 components 폴더에 추가하고 다음과 같이 코드를 작성한다.

```
<template>
  <v-app>
    <v-container fluid>
      <v-flex xs12 class="text-xs-center display-1 font-weight-black my-2">□□ □□
      </v-flex>
      <v-tabs color="cyan" slider-color="purple darken-4">
       <v-tab v-for="(item, idx) in items" :key="item.title"
       :href="'#tab-'+idx">{{item.title}}</v-tab>
       <v-tab-item v-for="(item, idx) in items" :key="item.title"
       :value="'tab-'+idx">
          <v-card flat height="400px" color="grey lighten-4">
            <v-card-title primary-title>
              <div>
                <h3 class="headline mb-0">{{item.title}}</h3>
                <div>{{item.text}}</div>
              </div>
            </v-card-title>
          </v-card>
        </v-tab-item>
      </v-tabs>
    </v-container>
  </v-app>
</template>
<script>
export default {
  name: 'HomeBody',
  data() {
    return {
      items: [
        {title:'음식', text:'각 나라, 도시별로 특색있는 음식 맛보기'},
        {title:'예술/문화', text:'각 나라, 도시별로 특색있는 공연, 미술 관람하기'},
        {title:'쇼핑', text:'각 나라, 도시별만의 특별한 아이템 쇼핑하기'},
        {title:'이색체험/휴식', text:'색다른 체험이나 자연 속에서 휴식하기'}
      ]
    }
  }
}
```

```
};
</script>
```

HomBody.vue에서는 Vuetify의 v-tabs 컴포넌트를 이용했고 주요 부분을 나타내면 다음과 같다.

```
<v-tabs color="cyan" slider-color="purple darken-4">
  <v-tab v-for="(item, idx) in items" :key="item.title"
  :href="'#tab-'+idx">{{item.title}}</v-tab>
  v-tab-item v-for="(item, idx) in items" :key="item.title"
  :value=" 'tab-' +idx">

    …

  </v-tab-item>
 </v-tabs>
```

위에서 v-tabs 시작 태그에 설정된 slider-color 속성은 활성화된 탭tab의 하단에 나타나는 색상을 설정했고 v-tab 시작 태그에 v-for 디렉티브를 이용해 data 객체 내에 정의된 items 속성을 바인딩해 각 탭의 제목을 나타낸다. 마지막으로 v-tab-item 태그 내에 v-for 디렉티브를 이용해 data 객체 내에 정의된 items 속성을 바인딩해 각 탭이 선택될 때마다 해당하는 텍스트item.text가 나타나도록 한다.

다음으로 관광명소Attractions 부분을 알아보자. 실행결과는 시작 부분에서 나타낸 결과 화면을 참고하기 바라며 관광명소 부분을 구성하려면 views 폴더에 Attractions.vue 파일을 추가하고 다음과 같이 코드를 작성한다.

```
<template>
  <div class="attractions">
    <v-app>
      <v-container fluid class="my-4">
        <v-layout row wrap>
          <v-flex xs12 sm6 md4 lg3 v-for="country in countries"
          :key="country.name">
            <v-col class="ma-2">
              <v-card color="indigo lighten-5" flat class="ma-1">
```

```
          <v-img  height="200px" :src="country.pic">
            <v-container fill-height fluid>
              <v-layout fill-height>
                <v-col  xs12>
                  <span class="headline white--text">Top 10 Tourist
                  Attractions in {{country.name}}</span>
                </v-col>
              </v-layout>
            </v-container>
          </v-img>
          <v-card-text>
              <div class="teal--text darken-4">{{country.name}}</div>
              <span>{{country.role}}</span>
          </v-card-text>
          <v-card-actions>
            <v-btn text color="deep-purple accent-4" @click=
            "goTo(country.name)">go to {{country.name}}
            </v-btn>
          </v-card-actions>
        </v-card>
      </v-col>
    </v-flex>
  </v-layout>
  </v-container>
  </v-app>
  </div>
</template>
<script>
export default {
  data() {
    return {
      countries : [
        {name: 'Nederland', role: 'Lorem ipsum dolor sit amet',
        pic:require('@/assets/amsterdam.jpg')},
        {name: 'Germany', role: 'Lorem ipsum dolor sit amet',
        pic:require('@/assets/dresden.jpg')},
        {name: 'Swiss', role: 'Lorem ipsum dolor sit amet',
        pic:require('@/assets/swiss.jpg')},
```

```
        {name: 'Italy', role: 'Lorem ipsum dolor sit amet',
        pic:require('@/assets/venezia.jpg')},
        {name: 'Austria', role: 'Lorem ipsum dolor sit amet',
        pic:require('@/assets/vienna.jpg')},
        {name: 'France', role: 'Lorem ipsum dolor sit amet',
        pic:require('@/assets/paris.jpg')},
        {name: 'Czech', role: 'Lorem ipsum dolor sit amet',
        pic:require('@/assets/praha.jpg')}
      ]
    }
  },
  methods: {
    goTo(value) {
      alert(value + ' 로 이동');
    }
  }
}
</script>
```

Attractions.vue는 Materialize에서 설명한 Card와 비슷하고 vuetify에서는 Card를 사용하려면 v-card 컴포넌트를 이용한다. 다음과 같이 기본적으로 card에 나타낼 이미지, 타이틀, 내용, 동적인 처리가 포함될 수 있다.

```
<v-card>
  <v-img  src="이미지"></v-img>
  <v-card-title primary-title> // card 타이틀 </v-card-title>
  <v-card-text>//card 내용 </v-card-text>
  <v-card-actions> // card 관련 동적인 처리 </v-card-actions>
</v-card>
```

위 코드에서는 〈v-card-title〉 부분을 제외해 작성했다. v-card-actions 부분에서 v-btn을 클릭하면 methods에 정의된 goTo 메서드가 실행돼 알림창을 열어 선택된 나라를 나타낸다.

마지막으로 로그인Login 부분으로 views 폴더에 LogIn.vue 파일을 추가하고 다음과 같이 코드를 추가한다.

```
<template>
  <v-container fluid>
    <v-layout>
      <h1>로그인 페이지</h1>
    </v-layout>
  </v-container>
</template>
<script>
export default {
    name: 'LogIn'
};
</script>
```

5.3 Vue.js + Cloud Firestore를 이용한 실시간 채팅 프로그램 만들기

구글 클라우드 NoSQL 데이터베이스인 Cloud Firestore와 vue.js를 이용해 그림
5-37과 같은 실시간 채팅 프로그램을 만들어본다. 디자인에는 Materialize.css와 구
글 Icon 폰트를 사용했으며 복잡한 로그인 없이 단순히 이름을 입력하면 채팅을 할
수 있게 처리했다. 여러분이 학습 후 인증 부분 등을 추가해 더 멋지게 개선할 수 있
기를 기대해본다.

그림 5-37 입장하기 + 채팅화면

채팅 프로그램 구조

채팅 프로그램의 구조는 App.vue 컴포넌트를 루트[root]로 해서 프로젝트 생성 시 Vue Router를 설치해 생성된 router.js 파일에서 처음 화면으로 그림 5-37의 여행이란?[TravelIntro.vue] 컴포넌트가 나타나도록 처리한 후 사용자가 이름을 입력하고 입장하기 버튼을 클릭하면 Chat.vue 컴포넌트가 실행되게 한다. Chat.vue 컴포넌트에는 기존의 Firebase에 저장돼 있는 메시지[message]를 나타내는 기능과 새롭게 메시지를 추가하는 기능[NewMessage.vue]으로 구성된다.

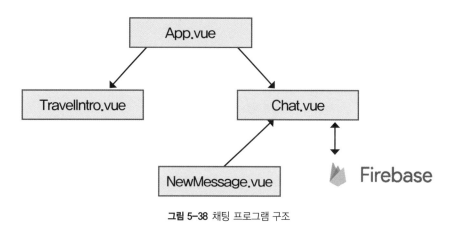

그림 5-38 채팅 프로그램 구조

기본적인 이해를 바탕으로 애플리케이션에서 사용할 데이터베이스인 Cloud Firestore 생성부터 차례대로 알아본다.

5.3.1 Firebase 설정하기

https://console.firebase.google.com/으로 로그인하고 Add a project를 클릭해 프로젝트 이름을 simplechat으로 입력한 후 하단의 **CREATE PROJECT** 버튼을 클릭해 프로젝트를 생성한다. 구글 계정이 없는 사람은 구글 계정을 생성한 후 로그인하면 된다. 로그인하면 Firebase project를 추가할 수 있는 화면이 나타나는데 여기서 **Add project**를 클릭한다.

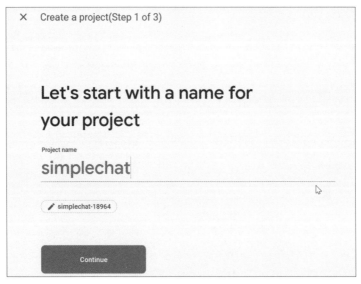

그림 5-39 프로젝트 추가화면

Google Analytics 옵션 설정화면에서 **Not at the moment**를 선택하고 하단의 **Continue** 버튼을 클릭한다. chatting 프로그램에서 사용할 데이터베이스를 생성하려면 simplechat 프로젝트 관리 페이지에서 좌측 상단의 **Database**를 클릭하고 중간의 **Create database** 버튼을 클릭한다.

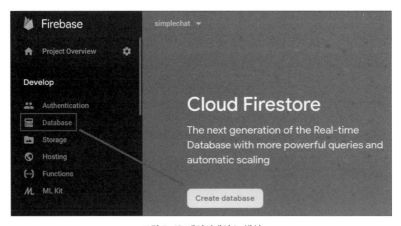

그림 5-40 데이터베이스 생성

보안 규칙을 설정하는 화면이 나타나는데 상용 애플리케이션을 사용하려면 Start in locked mode를 선택해야 하지만 우리는 test mode를 선택한 후 하단의 Enable을 클릭한다.

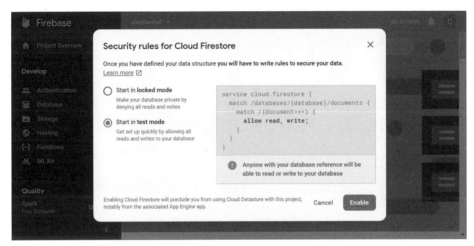

그림 5-41 test mode로 생성

그림 5-42와 같이 데이터 저장 위치를 설정하는 화면이 나타나는데 한 번 설정하면 변경이 불가능하다.

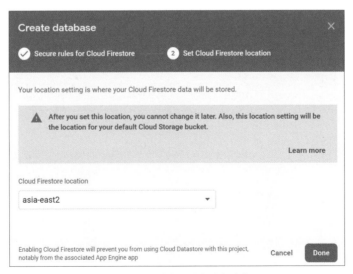

그림 5-42 데이터 저장 위치 설정

정상적으로 데이터베이스가 생성되면 Firebase를 연결할 코드를 사용할 수 있도록 상단의 Project Overview를 선택한 후 안드로이드 옆의 Web을 클릭한다.

그림 5-43 Project Overview 화면

그림 5-44와 같이 앱 등록화면에서 원하는 이름을 App nickname 아래에 입력한다. 여기서 생성하는 앱은 호스팅하지 않으므로 하단의 체크 버튼은 그대로 두고 Register App 버튼을 클릭한다.

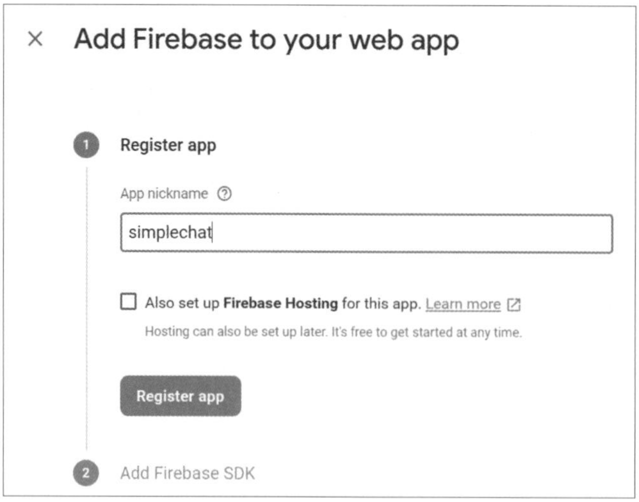

× **Add Firebase to your web app**

1 Register app

App nickname ⑦

simplechat

☐ Also set up **Firebase Hosting** for this app. Learn more ☑
Hosting can also be set up later. It's free to get started at any time.

Register app

2 Add Firebase SDK

그림 5-44 앱 등록하기

그러면 그림 5-45와 같이 애플리케이션에서 생성한 데이터베이스를 연결해 사용할 수 있는 코드가 나타난다.

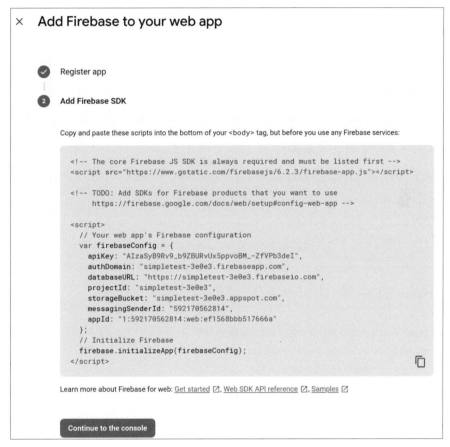

그림 5-45 Firebase SDK

위에 나타난 코드를 이용해 Firebase에 연결하며 이후 firebaseinit.js 파일에서 코드를 사용한다.

5.3.2 Vue 프로젝트 생성

명령 프롬프트를 실행해 vue create simplechat을 입력한 후 Router 설치를 선택하고 나머지는 디폴트값으로 두고 설치한다. vscode로 simplechat 폴더를 열고 터미널을 실행한 후 npm 명령을 이용해 다음과 같이 firebase를 설치한다. 참고로 집필 과정에서 firebase 버전은 6.2.3, 6.4.2순으로 바뀌었다.

```
>npm install firebase --save
…
+ firebase@5.9.1
```

Firebase 연결을 위한 파일 추가

그 다음 src 폴더에 firebaseinit.js라는 이름으로 파일을 추가한 후 앞서 생성한 Cloud Firestore 데이터베이스 연결 코드를 다음과 같이 작성한다.

```
import firebase from 'firebase'
import 'firebase/firestore'

// Firebase 설정
var config = {
  apiKey: "AIzaSyAhBOzPJt1IZCgrhgZfrTBXXgi3Hjq_JF8",
  authDomain: "simplechat-459b8.firebaseapp.com",
  databaseURL: "https://simplechat-459b8.firebaseio.com",
  projectId: "simplechat-459b8",
  storageBucket: "simplechat-459b8.appspot.com",
  messagingSenderId: "911868066609"
};

let app = firebase.initializeApp(config);  // firebase app을 초기화
export const db = app.firestore()          // cloud firestore를 나타냄
```

위 코드는 Firebabase에 연결할 수 있도록 기본 제공되는 코드에 약간의 코드를 추가, 수정한 것으로 https://firebase.google.com/docs/web/setup에서 버전이 올라갈수록 변경될 여지가 있으므로 참고해 수정, 적용하기 바란다. 여러분이 생성한 데이터베이스의 apiKey, authDomain 등은 위 코드와 다르게 나타날

것이다.

css, icon 추가해 디자인하기

아이콘과 card를 사용하려면 public 폴더 내의 index.html 파일에 materialize.css 파일과 icon 관련 링크를 추가한다.

```
<link href="https://fonts.googleapis.com/icon?family=Material+Icons" rel="stylesheet">
<link rel="stylesheet"
href="https://cdnjs.cloudflare.com/ajax/libs/materialize/1.0.0/css/materialize.min.css">
<title>simplechat</title>
```

라우팅 기능을 위한 router.js 설정하기

기본적으로 웹페이지의 첫 페이지는 TravelIntro.vue가 표시되도록 하고 Chat.vue를 나타내는 '/chat'은 props를 이용해 TravelIntro에서 입력한 이름[name]을 받을 수 있도록 한다.

　네비게이션 가드[Navigation Guard] 중 각 라우트[route]에 설정할 수 있는 beforeEnter 가드를 이용해 Chat.vue의 params.name이 값이 있는 경우, 즉 TravelIntro.vue에서 입력된 이름이 존재할 경우는 Chat.vue를 나타낸다. 만약 값이 없는 경우, 즉 http://localhost:8080/chat과 같이 직접적으로 접근할 경우 '/'로 이동하도록 처리한다. 제일 마지막 라우트는 '/', '/chat'을 제외한 모든 라우팅 요청은 '/'로 처리한다. router.js 파일을 열어서 다음과 같이 코드를 수정한다.

```
import Vue from 'vue
import Router from 'vue-router'
import TravelIntro from './views/TravelIntro.vue'
import Chat from './views/Chat.vue'

Vue.use(Router)
export default new Router({
```

```
  mode: 'history',
  base: process.env.BASE_URL,
  routes: [
    {
      path: '/',
      name: 'travelintro',
      component: TravelIntro
    },
    {
      path: '/chat',
      name: 'Chat',
      component: Chat,
      props:true,
      beforeEnter: (to, from, next) => {
        (to.params.name)? next() : next('/')
      }
    },
    {
      path: '*',
      redirect:'/'
    }
  ]
})
```

기존의 모든 코드를 삭제하고 다음과 같이 App.vue를 작성한다.

```
<template>
  <div id="app">
    <router-view/>
  </div>
</template>
```

다음으로 views 폴더의 Home.vue, About.vue를 삭제하고 TravelIntro.vue 파일을 생성, 작성한다.

```
<template>
  <div class="intro container">
    <div class="card">
      <div class="card-content center-align">
        <h4 class="white-text left">여행이란?</h4>
        <form @submit.prevent="enterChat">
          <input type="text" name="name" v-model="name">
          <p v-if="feedback" class="red-text">{{ feedback }}</p>
          <button class="btn teal">입장하기</button>
        </form>
      </div>
    </div>
  </div>
</template>
<script>
export default {
  name: 'TravelIntro',
  data(){
    return{
      name: null,
      feedback: null
    }
  },
  methods: {
    enterChat() {
      (this.name)?  this.$router.push({name:'Chat', params:{name:this.name} }) :
                this.feedback = "대화를 하려면 이름을 입력하세요."
    }
  }
}
</script>
<style scoped>
  .intro{ max-width: 480px; margin-top: 50px; font-size: 2em; }
  p{ font-size: 12px; }
  .card{ background-image: url('../assets/paris.jpg'); }
</style>
```

enterChat() 메서드 부분에서 3항 조건 연산자를 이용해 name 값이 입력되면 push() 메서드를 이용해 입력된 이름을 Chat 컴포넌트에 전달한다. 그러나 name 값이 입력되지 않은 상태에서 전송하기 버튼을 클릭하면 feedback이 null값이 아니므로 "대화를 하려면 이름을 입력하세요."가 나타난다.

이제 views 폴더에 Chat.vue 파일을 추가한다. Chat.vue 파일은 기본적으로 Materialize에서 제공하는 card 컴포넌트를 이용한 것으로 created() 훅[hook]을 이용해 card-content에 나타낼 데이터를 Firestore 데이터베이스에서 가져와서 data 프로퍼티[property]에 정의된 messages에 저장한다. 이렇게 저장된 messages로 li 태그 안에서 v-for를 이용해 데이터베이스에 저장돼 있는 이름[name], 내용[content], 작성시간[timestamp]을 나타낸다.

데이터를 입력한 시간이 timestamp 형태로 저장돼 실제 날짜, 시간이 표시되지 않으므로 moment.js("https://momentjs.com/")를 이용해 익숙한 형태로 나타나도록 할 수 있다. 이를 실행하려면 vscode 터미널에서 "npm install moment --save"를 입력한다. 설치가 완료된 후 timestamp 데이터를 원하는 형태로 나타내려면 moment.locale('ko')를 사용해 우리나라 환경으로 설정하고 moment().format()을 이용해 설정한다. 이러한 이해를 바탕으로 다음과 같이 Chat.vue 파일 코드를 작성한다.

```
<template>
  <div class="chat container">
    <div class="card">
      <h4 class="teal-text darken-5">여행에 대한 이야기</h4>
      <div class="card-content" id="cdcontent">
        <ul class="messages">
          <li v-for="message in messages" :key=message.id >
            <i class="material-icons white circle">person </i>
            <span class="blue-text"> {{message.name}} </span>
            <p class="white-text">{{message.content}}<br>
              <span class="white-text time">{{message.timestamp}}</span>
            </p>
```

```
          <hr />
        </li>
      </ul>
    </div>
    <div class="card-action">
      <NewMessage :name="name" />
    </div>
  </div>
</div>
</template>
<script>
import NewMessage from '../components/NewMessage'
import {db} from '../firebaseinit.js'
import moment from 'moment'
export default {
  name: 'Chat',
  components: { NewMessage },
  props:['name'],
  data() {
    return {
      messages: []
    }
  },
  created() {
    let ref = db.collection('messages').orderBy('timestamp')
    ref.onSnapshot(snapshot => {
      snapshot.docChanges().forEach( change => {
        if(change.type == 'added'){
          let doc = change.doc
          moment.locale('ko')
          this.messages.push({
            id: doc.id,
            name:doc.data().name,
            content:doc.data().content,
            timestamp:moment(doc.data().timestamp).format('lll')
          })
        }
```

```
      })
    })
  },
  updated(){
    var cdcontent = this.$el.querySelector("#cdcontent");
    cdcontent.scrollTop = cdcontent.scrollHeight;
  },
}
</script>
<style scoped>
  .chat h4 { font-size: 1.6em; padding: 10px 10px 0 0; }
  .chat span { font-size: 1.4em; }
  .chat .time { display: block; font-size: 0.8em; }
  .messages { max-height: 400px; }
  .messages::-webkit-scrollbar{ width: 3px; }
  .messages::-webkit-scrollbar-track { background:#ddd; }
  .messages::-webkit-scrollbar-thumb { background:#aaa; }
  .container .card-content{ background-image:url('../assets/amsterdam.jpg'); overflow:auto;
}
</style>
```

컴포넌트 라이프사이클^{Life-cycle}에서 update() 훅^{hook}을 이용해 Firestore에서 가져온 데이터를 card에 나타낼 때 messages가 변경된다. 따라서 자동적으로 스크롤이 최신 입력된 메시지를 표시하도록 querySelector() 메서드를 이용해 div 엘리먼트^{element}중 id값이 "cdcontent"인 것을 찾아서 설정한다. 〈style〉 태그 안에 있는 -webkit으로 시작하는 부분은 스크롤바^{scrollbar}와 관련된 CSS 설정으로 자세한 사항은 https://developer.mozilla.org/en-US/docs/Web/CSS/::-webkit-scrollbar를 참고하기 바란다.

마지막으로 components 폴더 내에 NewMessage.vue 파일을 다음과 같이 작성한다.

```
<template>
  <div class="new-message">
```

```
    <form @submit.prevent="addMessage">
      <label for="new-message">메시지 입력 후 Enter키를 누르세요 </label>
      <input type="text" name="new-message" v-model="newMessage">
    </form>
  </div>
</template>
<script>
import {db} from '../firebaseinit.js'
export default {
  name: 'NewMessage',
  props:['name'],
  data() {
    return {
      newMessage: null
    }
  },
  methods: {
    addMessage() {
      if(this.newMessage != null) {
        db.collection('messages').add({
          content: this.newMessage,
          name : this.name,
          timestamp: Date.now()
        }).catch( (error) =>{ console.log(error) })
      }
      this.newMessage = null;
    }
  }
}
</script>
```

Firestore에 메시지를 입력하려면 add() 메서드를 이용한다. add() 메서드를 이용하면 문서^{document}에서 기본 키^{Primary Key}와 같은 유일한 id를 포함하지 않고 Firestore에서 유일한 id를 자동적으로 생성해 저장할 수 있으며, 그림 5-46과 같이 나타난다.

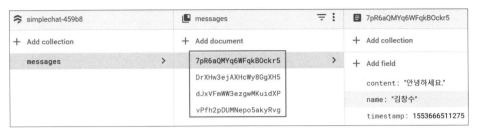

그림 5-46 add( ) 메서드로 추가된 문서들

위와 같은 자동 id 생성 형태로 문서를 추가하지 않고 이름 형태로 추가하고 싶으면 다음과 같은 doc(document_name).set( ) 메서드를 이용한다.

```
db.collection('messages').doc('korea').set({
  content: this.newMessage,
  name : this.name,
  timestamp: Date.now()
}).catch( (error) =>{ console.log(error) })
```

결과는 Firestore 데이터베이스에 다음과 같이 저장된다.

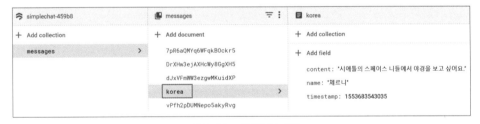

그림 5-47 set( ) 메서드 결과

위에서 사용한 amsterdam.jpg, paris.jpg를 src/assets 폴더에 추가하고 npm run serve를 입력해서 실행하면 파리 에펠탑을 배경으로 "여행이란?" 화면이 나오고 채팅 아이디를 입력한 뒤 **입장하기** 버튼을 누르면 채팅창이 나온다. 그림 5-48과 같이 결과가 나타난다.

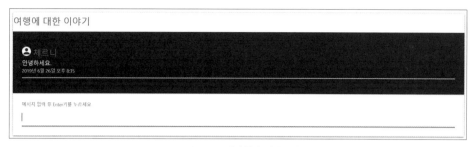

그림 5-48 채팅창에 입력결과

이상으로 vue.js와 Firestore를 이용해 실시간 채팅 프로그램을 만드는 방법을 알아봤다. 인증 관련 부분은 https://firebase.google.com/docs/auth/를 참고하기 바란다.

5장에서는 CDN 형태로 Materialize를 이용하는 방법과 VUE/CLI를 이용한 Vuetify를 이용하는 방법에 대해서 알아봤다. 이 책에서 설명하지 않은 Bootstrap이나 Materialize 같은 라이브러리, Vuetify 같은 vue.js Material 컴포넌트 프레임워크Component Framework가 나오기 전에는 다양한 장치들의 반응형 페이지를 구현할 때 viewport나 media query 등을 이용했다. 5장의 내용이 스마트폰부터 고해상도의 PC까지 다양한 장치에 대한 페이지를 구성하는 데 조금이라도 도움이 됐기를 바란다.

6

폼을 이용해 사용자가
입력한 데이터를 서버로 전달하기

회사나 관공서에 지원서류를 제출할 때 한 번쯤은 봤을 이력서, 자기소개서 같은 것을 폼Forms 혹은 양식이라고 표현한다. 요즘은 많은 회사나 관공서에서 웹을 통해 지원서를 받는데, 이때 보게 되는 양식이 바로 폼Form이다. 만약 여러분이 개발자라면 회사나 관공서에 필요한 데이터를 지원자들로부터 정확하게 받아야 할 필요가 있다. 웹사이트를 만들 경우 관점에 따라 중요한 것들이 차이가 있을 수 있겠지만 그 중 웹사이트를 방문하는 사용자와의 상호작용을 이해하는 것은 매우 중요하다.

사용자가 입력하는 아이디, 패스워드 같은 문자 혹은 문자열 데이터부터 이메일 수신 여부를 체크하는 체크박스, 여행 사이트의 여러 도시 중 가고 싶은 곳을 선택할 수 있도록 하는 기능, 그리고 여행 후기를 남기기 위한 기능과 같은 부분들을 처리하려면 input, checkbox, select, textarea 같은 HTML 엘리먼트를 이용한다. 그리고 이런 엘리먼트를 포함하는 컨테이너 역할을 하는 form 엘리먼트를 이용해 사용자가 입력하거나 선택한 데이터를 웹서버로 전달해 브라우저와 웹서버 간의 데이터 교환이 가능하도록 한다. 예를 들어 다음Daum 사이트 같은 경우 그림 6-1과 같이 간단해 보이는 로그인 화면에서 아이디와 비밀번호를 입력하고 **로그인** 버튼을 클릭하면 정상적으로 로그인된다.

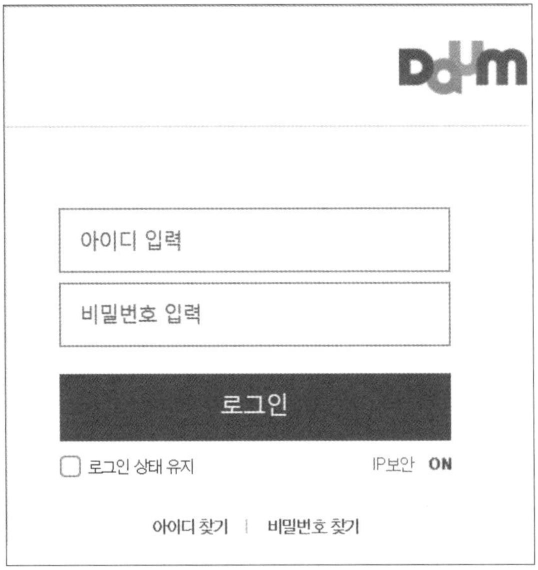

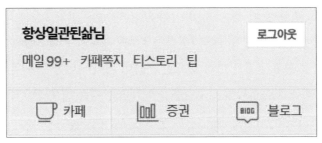

그림 6-1 Daum 로그인폼

그림 6-2 Daum 로그인폼을 통한 로그인 결과

　크롬의 개발자 도구를 이용해 Daum 로그인폼 화면의 코드를 보면 로그인폼의 처리는 내부적으로 그림 6-3과 같다. form 엘리먼트 내에 input, button, fieldset 외에도 오류 처리 등을 하려면 div, field 같은 HTML5에서 정의한 Form 관련 엘리먼트에 포함되지 않은 엘리먼트들까지 상당히 복잡하게 구성되는 것을 알 수 있다.

```
▼<div id="mArticle">
    <h2 class="screen_out">아이디 로그인</h2>
  ▼<div class="section_login">
    ▼<div id="loginFormDiv" class="login_default">
      ▼<form novalidate id="loginForm" method="post" action="https://
      logins.daum.net/accounts/login.do">
          <input type="hidden" name="url" value="https://www.daum.net/">
          <input type="hidden" name="relative" value>
          <input type="hidden" name="weblogin" value="1">
          <input type="hidden" name="service" value>
          <input type="hidden" name="fuid" value="cCET_RvPuSG_HBtQkhX-
          550gfSYIpIYTAK4nh1gES5jNZ4Uzk2mhcPvsqCrJT-
          LinWNfCH6622p6f4t71_ojSDN_0wL2pHhQfQkYVwxdw0ssTxx7w">
          <input type="hidden" name="slevel" value="1">
          <input type="hidden" name="finaldest" value>
          <input type="hidden" name="reloginSeq" value="0">
        ▶<fieldset class="fld_comm">…</fieldset>
        </form>
      ▶<div class="login_help">…</div>
```

그림 6-3 Daum 로그인폼-코드

Vue.js는 위에서 언급한 HTML 엘리먼트와 v-model이라는 양방향 데이터 바인딩 기능으로 사용자의 입력 UI와 뷰 인스턴스 내의 data 객체로 대표되는 데이터 모델 사이에 즉각적인 양방향 데이터 연동을 지원한다. 그리고 서버로 데이터를 전송하기 전에 전송되는 데이터가 서버 측에서 요구하는 정확한 데이터인지를 체크하는 과정인 데이터의 유효성을 검사할 수 있는 기본적인 기능을 제공한다. 6장에서 학습할 내용은 다음과 같다.

- form과 관련된 HTML 엘리먼트를 이해한다.
- form과 관련된 HTML 엘리먼트와 v-model의 양방향 데이터 바인딩을 학습한다.
- 기본적인 유효성 검사 방법을 이해한다.
- vuetify를 이용한 유효성 검사 방법을 학습한다.

6.1 Form 관련 엘리먼트에 대한 이해

Vue.js에서 Form 관련 엘리먼트는 input, textarea, checkbox, radio, select, label 그리고 이들의 컨테이너 역할을 하는 form 요소를 사용한다. 먼저 사용자로부터 데이터를 입력받는 데 사용하든 input 엘리먼트부터 알아본다.

6.1.1 한 행 텍스트 입력을 위한 input 엘리먼트와 v-model

input 엘리먼트는 일반적으로 사용자로부터 텍스트 문자부터 특정 데이터 형식의 전화번호, 이메일 등과 같이 비교적 간단한 데이터를 사용자로부터 입력 받는다. 반대로 뷰 인스턴스에 이미 정의돼 있는 데이터를 이용해 체크박스나 라디오 버튼 같은 형식을 취해서 사용자가 선택하도록 할 때도 다음과 같은 형식을 이용할 수 있다.

< input type="속성값" name="input 이름" v-model="바인딩할대상" placeholder="힌트" />

---

v-model 속성은 뷰 인스턴스$^{Vue\ Instance}$의 데이터 즉 데이터 모델과 사용자가 입력하는 부분^{input} 중 한 곳에서 변화가 발생하면 다른 한 곳도 같이 변화된 부분이 반영되도록 하는 양방향 데이터 바인딩에 사용된다.

placeholder 속성은 input 요소에 입력돼야 할 데이터에 대한 힌트^{hint} 역할을 하는 문자열을 명시할 때 사용하는 속성이다. type 속성^{attribute}은 가장 중요한 속성으로 텍스트를 나타내는 text, 체크박스를 나타내는 checkbox, 라디오 버튼을 나타내는 radio, form 데이터 전송에 사용하는 submit 등과 같이 다양한 속성값이 존재한다. 더 자세한 https://www.w3.org/TR/html52/sec-forms.html#element-attrdef-input-type을 참고하기 바란다.

윈도우 탐색기나 명령 프롬프트로 inputElem 폴더를 생성하고 vscode로 inputElem 폴더를 열어 index.html 파일을 추가한다. 생성된 index.html 파일에 doc를 입력하고 **Tab** 키를 클릭해 html의 기본 구조를 생성하고 〈body〉 태그 다음에 아래의 코드를 작성한다.

```
<div id="app">
  <input type="text" v-model="userData.email" placeholder="이메일을 입력하세요.">
  <input type="password" v-model="userData.password" placeholder="비밀번호를 입력하세요.">
  <button @click="btnOK">확인</button>
  <div v-show="dataShow">
    입력된 이메일: {{userData.email}}<br />
    입력된 비밀번호: {{userData.password}} <br />
  </div>
</div>
<script src="https://cdn.jsdelivr.net/npm/vue/dist/vue.js"></script>
<script>
  new Vue({
    el:'#app',
    data(){
      return{
        userData: {
          email:'',
          password:''
        },
        dataShow:false
      }
    },
    methods:{ btnOK(){ this.dataShow = true;  } }
  })
</script>
```

input 엘리먼트의 v-model 속성을 통해 뷰 인스턴스 내에 정의된 userData와 사용자가 입력하는 데이터가 바인딩된다. 사용자가 이메일, 비밀번호를 입력하고 버튼을 클릭하면 정의된 btnOK 메서드가 호출돼 dataShow 값을 true로 변경하고 v-show 디렉티브^{directive}에 의해 입력된 결과를 나타낸다.

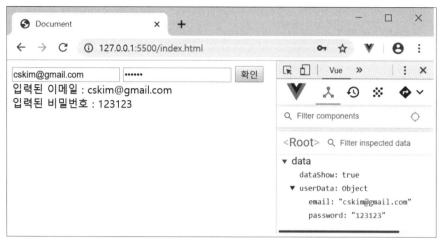

그림 6-4 input 실행결과

6.1.2 textarea 엘리먼트와 v-model을 이용한 멀티 행 텍스트 입력

textarea 요소는 사용자가 여러 행으로 구성된 텍스트 문장을 입력해야 할 때 사용할 수 있는 엘리먼트로 다음과 같이 사용한다.

```
< textarea v-model="바인딩할대상" placeholder="hint" />
```

간단한 영화 관련평을 남기는 예제를 살펴보자. textarea 엘리먼트와 v-model 디렉티브로 영화관람자가 자신의 이름과 관람평을 입력하면 이 데이터가 뷰 인스턴스 안의 data 프로퍼티에 저장되고 이를 다시 브라우저에 나타낸다. 먼저 앞서 예제에서 사용한 inputElem 폴더의 index.html 파일에서 뷰 인스턴스^{View Instance} 부분을 다음과 같이 수정한다.

```
data(){
  return{
    movie_review:{
      user:'',
      comment:''
```

```
    },
    movie_reviews:[],
    dataShow:false
  }
},
methods:{
  btnOK(){
    this.dataShow = true;
    this.movie_reviews.push(this.movie_review);
    this.movie_review = {};
  }
}
```

영화 관람자가 입력하는 데이터를 저장하려면 영화 리뷰^{movie_review}를 object 형태로 정의하고 여러 관람자들의 리뷰를 저장할 배열 형태의 movie_reviews를 정의한다. 영화 관람자가 이름과 영화의 평가를 작성하고 **확인** 버튼을 클릭하면 btnOK() 메서드가 실행돼 해당 데이터들이 movie_reviews 배열에 push() 메서드를 이용해 저장되고 movie_review 객체는 초기화된다. 다음으로 영화 관람자에게 보여질 〈div id="app"〉 … 〈/div〉 부분을 다음과 같이 작성한다.

```
<span>관람평가</span><br />
<input type="text" v-model="movie_review.user" placeholder="이름을 입력해주세요.">
<textarea v-model="movie_review.comment" placeholder="캡틴 마블을 본 소감을
남겨주세요."></textarea>
<button @click="btnOK">확인</button>
<div v-show="dataShow">
  <ul>
    <li v-for="(movie_review,idx) in movie_reviews" :key="movie_review.idx">
      <strong>{{movie_review.user}}</strong> {{movie_review.comment}}
    </li>
  </ul>
</div>
```

마지막으로 〈/title〉 마침 태그 다음 라인의 결과에 스타일을 적용하려면 다음과
같이 작성한다.

```
<style>
  textarea { display: block; min-width: 400px; height: auto; margin: 10px 0; }
  ul{ list-style: none; padding: 0; }
  li{ background-color: #a7ffeb; border: 2px solid teal; padding:5px;
      margin-bottom:5px; }
</style>
```

브라우저를 실행해 결과를 확인하면 그림 6-5와 같다.

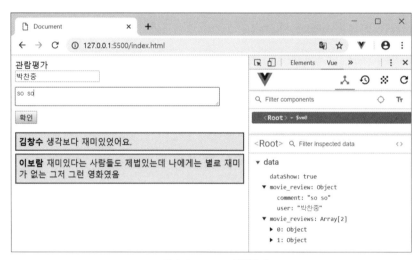

그림 6-5 textarea 실행결과

6.1.3 옵션 선택 가능한 checkbox와 v-model

checkbox 엘리먼트는 여러 개의 선택 사항이 있을 때 사용자가 하나 이상을 선택할
수 있도록 할 때 사용된다. 예를 들면 쇼핑몰에서 다양한 물품이 나열돼 있을 때 원
하는 물품들을 클릭해 장바구니에 추가한다면 checkbox를 이용해서 쉽게 만들 수
있다. 사용 형식은 다음과 같다.

```
<label> my-input
    <input type='checkbox'  id="my-input" value="val"  v-model="바인딩할 대상"/>
</label>
<input type='checkbox'  id="my-input" value="val"  v-model="바인딩할 대상"/>
<label for="my-input"> my-input </label>
<input type='checkbox' v-bind:value="val"  v-model="바인딩할 대상"/>
```

위의 value, v-bind:value에서 input 엘리먼트의 value 속성은 v-model과 연결된다. checkbox를 클릭해 선택된 상태 즉, true 상태면 value 속성에 저장돼 있는 값[val]이 v-model 속성에 설정된 뷰 인스턴스의 data 프로퍼티에 정의된 "바인딩할 대상"에 저장된다. 반대로 checkbox가 선택되지 않은 false 상태면 "바인딩할 대상"에서 제거된다.

checkbox를 이해하기 위해 그림 6-6과 같은 결과를 나타내는 예제를 만들어보자. 노트북 제조사가 "LG", "SAMSUNG", … 있을 때 각각을 선택하면 해당 회사의 노트북 사양과 가격이 실시간으로 표시되고 맨 마지막에 선택된 노트북 가격의 합계가 나타난다. 만약 선택한 회사를 다시 클릭해 선택 해제하면[false] 동시에 변경사항이 반영되도록 한다.

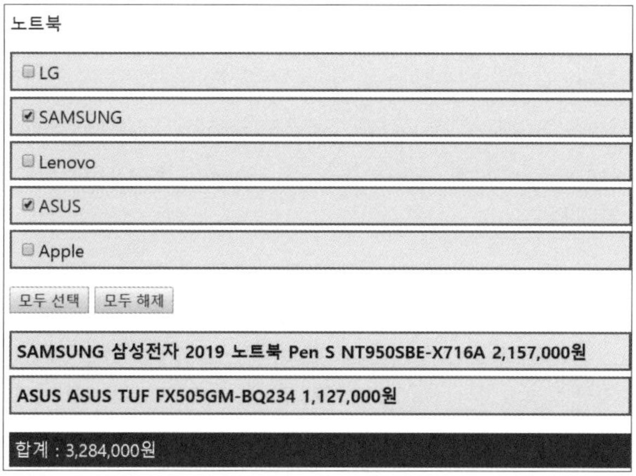

그림 6-6 checkbox 실행결과

checkboxExam이라는 폴더를 만들고 vscode로 해당 폴더를 연다. index.html 파일을 추가하고 **doc + Tab** 키를 이용해 html의 기본 구조를 생성하고 vue.js 코드가 동작할 수 있도록 다음과 같이 〈body〉 다음 라인에 작성한다.

```html
<div id="app">
</div>
<script src="https://cdn.jsdelivr.net/npm/vue/dist/vue.js"></script>
<script>
</script>
```

이제 checkbox를 생성하고 바인딩할 대상을 정의하는 코드를 포함하는 뷰 인스턴스^{Vue Instance}를 다음과 같이 작성한다.

```javascript
new Vue({
  el:'#app',
  data(){
    return{
      companies:[
        { name:'LG', product:'LG전자 2019 그램 15ZD990-VX50K', price:1402000 },
        { name:'SAMSUNG', product:'삼성전자 2019 노트북 Pen S NT950SBE-X716A',
          price:2157000},
        { name:'Lenovo', product:'레노버 LEGION Y530-15ICH i7 1060 Dark Edition',
          price:1313000 },
        { name:'ASUS', product:'ASUS TUF FX505GM-BQ234', price:1127000 },
        { name:'Apple', product:'APPLE 맥북프로 2018년형 MR942KH/A (SSD 512GB)',
          price:2769000},
      ],
      selectedCompanies:[]
    }
  },
});
```

위에서 selectedCompanies는 checkbox들과 바인딩된다. 〈div id="app"〉 아래 라인에 다음 코드를 작성한다.

256

```
<span>노트북</span><br />
<ul>
  <li v-for="(company, idx) in companies" :key="idx">
    <input type='checkbox' v-bind:value='company' v-model="selectedCompanies" >
      {{ company.name }}
  </li>
</ul>
<button @click="selectAll">모두 선택</button>
<button @click="reset">모두 해제</button>
<div>
  <ul>
    <li v-for="( selCom,idx ) in selectedCompanies" :key="idx">
      <strong>{{ selCom.name }}</strong> <strong>{{ selCom.product }}</strong>
      <strong>{{ selCom.price | currency }}원</strong>
    </li>
  </ul>
</div>
<p>합계 : {{ totalPrice | currency }}원</p>
```

첫 번째 ul 엘리먼트 블록에서 checkbox가 true가 되면 v-bind:value=
'company'의 값이 뷰 인스턴스 data 프로퍼티에 정의된 selectedCompanies에 저
장된다. 모두 선택을 클릭하면 전체 checkbox가 선택되도록(true) 하고 모두 해제하
면 모든 checkbox가 선택 해제되도록(false) data 프로퍼티 아래에 methods 프로
퍼티를 작성한다.

```
methods:{
  selectAll(){ this.selectedCompanies = this.companies; },
  reset(){  this.selectedCompanies = []; }
},
```

이제 선택된 회사(들)의 노트북 가격 합계를 구하고 변화 발생 시 반영하도록
methods 프로퍼티 다음에 computed 프로퍼티를 작성한다.

```
computed: {
  totalPrice() {
    var totalAmount = 0;
    for(i=0; i< this.selectedCompanies.length;i++) {
      totalAmount += this.selectedCompanies[i].price;
    }
    return totalAmount;
  }
},
```

화폐를 표시하려면 다음과 같이 filter 프로퍼티를 작성한다.

```
filters: {
  currency(value) {
    return new Intl.NumberFormat("ko-KR",{ style: "decimal"}).format(value);
  }
}
```

Intl.NumberFormat() 메서드에서 "ko-KR"은 "languagecodes-countrycodes" 조합으로 구성된다. style은 통화를 나타내는 스타일을 정의하는 것으로 기본 값은 "decimal"이며 EUR, USD 같은 특정 스타일을 사용할 경우에는 다음과 같이 해당 부분을 변경해준다.

```
Intl.NumberFormat('de-DE', { style: 'currency', currency: 'EUR' })
```

스타일 적용을 하려면 〈title〉 태그 다음 라인에 아래의 코드를 작성한다.

```
<style>
  ul{ list-style: none; padding: 0; }
  li{ background-color: #a7ffeb; border: 2px solid teal; padding:5px;
      margin-bottom:5px; }
```

```
    p{ background-color:blue; color:white; padding:5px; }
  </style>
```

브라우저를 실행해 제조사를 선택/선택 해제하면 그에 따라 자동으로 선택된 제조사의 노트북 사양이 나타난다. 다수 제조사가 선택됐을 경우 금액이 모두 더해져 합계에 반영된다.

그림 6-7 checkbox 실행결과

참고로 checkbox와 비슷한 기능을 하는 radio도 있는데 checkbox는 여러 개를 선탤할 수 있지만 radio는 한 개만 선택할 수 있다는 차이가 있다.

6.1.4 선택할 수 있는 다수의 아이템을 바인딩하는 select

select 엘리먼트는 선택할 수 있는 항목item을 나타내는 데 사용하는 엘리먼트로 option 엘리먼트를 이용해 다음과 같은 형식으로 항목을 나타낸다.

```
<select v-model="selectedItem">
  <option disabled value="">여행하고 싶은 도시를 선택하세요.</option>
  <option>항목1 </option>
```

```
    <option>항목2 </option>
  ...
<select>
...
new Vue({
  el:'#app',
  data: {
    selectedItem:''
  }
}
```

첫 라인의 v-model 디렉티브[directive] 부분은 선택된 항목[item]을 뷰 인스턴스 내 data 프로퍼티의 selectedItem에 바인딩한다. 두 번째 라인은 diabled 속성을 이용해 해당 옵션[option]을 선택할 수 없게 하며 placeholder처럼 짧은 힌트를 제공한다.

윈도우 탐색기를 이용해 selectElem이라는 폴더를 생성하고 vscode로 생성된 폴더를 연 후에 index.html 파일을 추가한다. **doc + Tab** 키를 이용해 html 구조를 만든 후 〈body〉 태그 아래에 다음의 코드를 추가한다.

```
  <div id="app">
     <select v-model="selectedCity">
       <option disabled value="">여행하고 싶은 도시를 선택하세요.</option>
       <option>Seoul</option>
       <option>Paris</option>
       <option>Seattle</option>
       <option>Venezia</option>
     </select>
     <span>선택된 도시 : {{selectedCity}}</span>
  </div>
```

뷰 인스턴스 부분은 다음과 같이 작성한다.

```
   var vm = new Vue({
     el: '#app',
     data : {
```

```
        selectedCity:'',
    }
  })
```

그림 6-8 select 한 개 선택 실행결과

만일 여러 개를 선택할 수 있게 할 경우에는 다음과 같이 select 태그에 multiple 속성를 추가하고 data 객체 내의 selectedCity 프로퍼티를 배열 형태로 수정한다.

```
<select v-model="selectedCity" multiple>
selectedCity:[]
```

또한 동적으로 option을 v-for 디렉티브를 이용해 다음과 같이 추가할 수 있다.

```
<select v-model="selecteditem">
  <option disabled value="">여행하고 싶은 도시를 선택하세요.</option>
  <option v-for="item in items" :key="item"></option>
<select>
…
data : {
  selecteditem:''
  items : [ item1, item2, … ]
}
```

선택된 항목item을 뷰 인스턴스 내 data 프로퍼티의 selectedItem에 바인딩하고 v-for 디렉티브를 이용해 data 객체 내 items 프로퍼티에 속한 항목들을 동적으로 추가한다. 이제 기존의 코드를 다음과 같이 수정한다.

```
<select v-model="selectedCity">
  <option disabled value="">여행하고 싶은 도시를 선택하세요.</option>
  <option v-for="item in items" :key="item">{{item}}</option>
</select>
```

다수 항목을 선택할 수 있는 select에서 v-for 디렉티브를 이용한 실행결과는 그림 6-9와 같다.

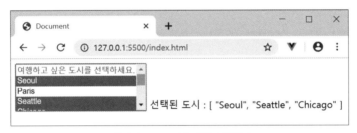

그림 6-9 select 다수 선택 실행결과

6.1.5 v-model 수식어를 이용한 공백 제거, data 프로퍼티 지연 업데이트

v-model과 함께 사용할 수 있는 modifier는 .trim, .number, .lazy가 있는데 .trim modifier는 입력되는 데이터에서 좌, 우 공백을 제거하는 데 사용한다. 다음과 같은 형식을 사용한다.

```
<input v-model.trim="바인딩할 대상" >
```

modifierExam 폴더를 생성하고 vscode로 해당 폴더를 연다. index.html 파일을 추가하고 **doc + Tab** 키를 이용해 html 기본 구조를 만들고 index.html 파일의 뷰 인스턴스^{Vue Instance}에 data 속성을 다음과 같이 작성한다.

```
data(){
  return{
    userId:'',
    password:''
  }
}
```

다음으로 〈div id="app"〉 다음 라인에 아래의 코드를 작성한다.

```
<input type="text" v-model ="userId" placeholder="아이디를 입력하세요." />
<input type="password" v-model ="password" placeholder="비밀번호를 입력하세요." />
```

이 상태에서 Vue.js devtools를 통해 입력된 데이터를 보면 다음과 같이 userId 는 좌측 공백이 입력됐고 password는 우측 공백이 추가된다.

그림 6-10 v-model.trim 전

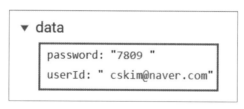

그림 6-11 v-model.trim 전 저장된 데이터

이런 좌, 우 공백을 제거하려면 trim modifier를 사용하며 2개의 v-model을 v-model.trim으로 수정하면 공백을 포함해서 입력해도 자동으로 좌, 우 공백이 제거된다.

그림 6-12 v-model.trim 후

.number modifier는 입력되는 데이터의 타입을 number로 다음과 같이 설정할 수 있다.

```
<input v-model.number="바인딩할 대상" >
```

조금 전 예제에서 data() 프로퍼티에 number 값을 갖도록 age:0을 추가하고 ⟨/div⟩ 마침 태그 위 라인에 다음의 코드를 추가한다.

```
<input type="number" v-model="age" placeholder="나이를 입력하세요" />
```

위와 같이 type="number"로 입력되는 데이터를 숫자형으로 설정하고 브라우저에 다음과 같이 입력한다.

그림 6-13 v-model.number 전1

그림 6-14 v-model.number 전2

264

위의 결과를 보면 age도 0으로 초기화했고 input 엘리먼트에서도 type 속성을 number로 설정해 숫자 데이터가 저장되도록 했지만 실제로는 문자열 형태로 저장된다. 이 때 v-model.number = "age" 형태로 설정하면 문자열 형태로 저장되던 "34"가 34로 저장된다.

.lazy modifier를 보면 v-model 디렉티브는 기본적으로 키보드가 keypress 이벤트를 발생할 때마다 data 프로퍼티가 업데이트된다. 곧 이어질 예제에도 보겠지만 lazy modifier는 change 이벤트가 발생한 후에만 data 프로퍼티를 업데이트한다.

다시 말해서 input 엘리먼트에 값이 입력되고 포커스가 해제되는 경우 data 프로퍼티를 업데이트한다. 간단한 예로 필요한 정보를 다 입력한 후 **Tab** 키를 누르거나 **Enter** 키를 누르면 업데이트된다. 예를 들어 userId에 cskim@naver.com인 데이터를 입력할 경우 해당 데이터가 모두 입력되는 동안 각각의 문자가 입력될 때마다 다음과 같이 data 프로퍼티도 업데이트된다.

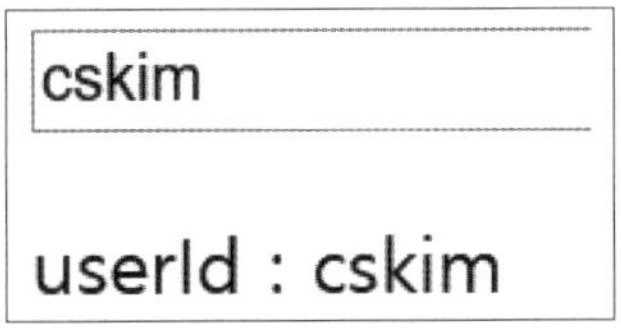

그림 6-15 v-model.lazy 전1

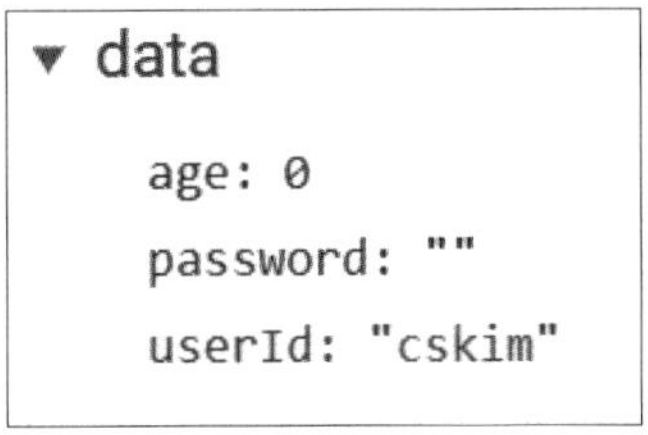

그림 6-16 v-model.lazy 전2

위와 같은 문제를 해결하려면 v-model.lazy ="userId"와 같이 변경하면 된다. 브라우저에서 확인하면 그림 6-17과 같다.

그림 6-17 v-model.lazy 후

위와 같이 입력해도 data 프로퍼티는 업데이트되지 않는다. 참고로 만일 위와 같이 입력하던 중 다른 프로그램을 실행하면 포커스가 해제되므로 이 시점에서 data 프로퍼티가 업데이트된다. "cskim@naver.com"인 데이터를 정상적으로 입력하고 Enter 키를 누르거나 Tab 키를 누르면 이 때 data 프로퍼티가 업데이트된다. 끝으로 modifier는 다음과 같이 함께 사용할 수도 있다.

```
<input type="text" v-model.trim.lazy ="userId" placeholder="아이디를 입력하세요." />
```

6.2 유효성 검사

사용자는 애플리케이션이 원하는 데이터를 입력하지만 입력되지 않아야 할 데이터를 입력할 수도 있다. 따라서 서버로 데이터를 전송하기 전에 정확한 데이터를 입력되도록 하는 것이 중요하다. 이와 관련된 개념이 바로 form 유효성 검사이며 form 유효성 검사는 기본적으로 브라우저에서 지원하지만 일부 브라우저에서는 약간의 작업이 필요하기도 하다. 여기서는 vue.js에서의 기본적인 유효성 검사 방법과 vuetify를 이용한 form 유효성 검사를 알아본다.

6.2.1 vue.js에서의 기본적인 유효성 검사

다음과 같이 vue.js를 이용해 node.js 서버로 form 데이터를 보내는 웹페이지(클라이언트)를 이용해 왜 유효성 검사가 필요한지 구체적으로 알아본다.

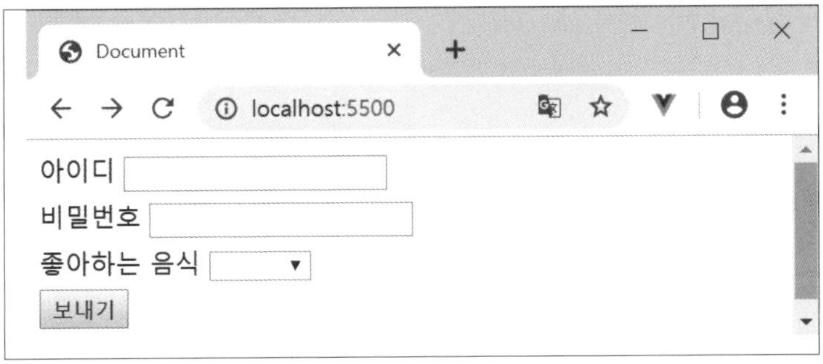
Document
localhost:5500
아이디
비밀번호
좋아하는 음식
보내기

그림 6-18 formvalid 클라이언트

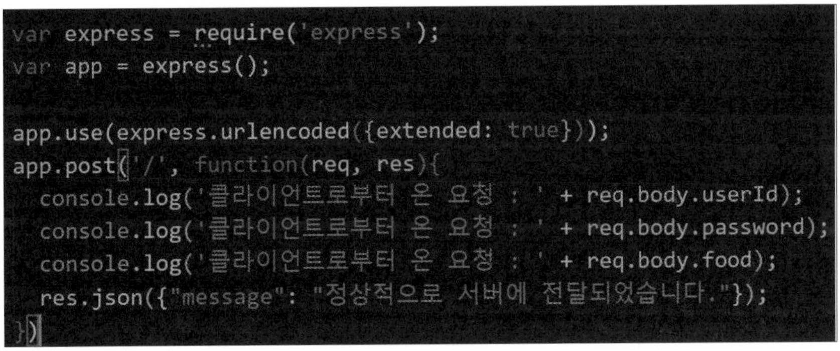
var express = require('express');
var app = express();
app.use(express.urlencoded({extended: true}));
app.post('/', function(req, res){
console.log('클라이언트로부터 온 요청 : ' + req.body.userId);
console.log('클라이언트로부터 온 요청 : ' + req.body.password);
console.log('클라이언트로부터 온 요청 : ' + req.body.food);
res.json({"message": "정상적으로 서버에 전달되었습니다."});
})

그림 6-19 formvalid 서버

먼저 form 데이터를 보내는 웹페이지를 만들려면 formvalid 폴더를 생성하고 vscode로 해당 폴더를 연 후 index.html 파일을 추가한다. 그 다음 doc + Tab 키를 이용해 html 기본 구조를 생성한다. body 태그 안에 위에서 나타낸 아이디, 비밀번호, 좋아하는 음식, 보내기 버튼을 포함하는 코드를 작성한다.

```
<form id="app" action="http://localhost:8080" method="post">
  <!-- 유효성 검사시 발생하는 에러를 나타냄 -->
  <div v-if="errors.length">
    <strong>에러들:</strong>
    <ul> <li v-for="error in errors">{{ error }}</li> </ul>
  </div>
  <div>
```

```
      <label for="userId">아이디</label>
      <input id="userId" v-model="userId" type="text" name="userId">
    </div>
    <div>
      <label for="password">비밀번호</label>
      <input id="password" v-model="password" type="password" name="password">
    </div>
    <div>
      <label for="food">좋아하는 음식</label>
      <select id="food" v-model="food" name="food">
        <option>불고기</option>
        <option>햄버거</option>
        <option>탕수육</option>
        <option>김밥</option>
      </select>
    </div>
    <div><input type="submit" value="보내기"></div>
</form>
```

form 엘리먼트의 action 속성을 "localhost:8080"으로 설정해 form 엘리먼트에서 submit 이벤트 발생 시 입력된 데이터가 http 메서드인 post를 이용해 action 속성에 설정된 곳으로 전송되도록 설정한다.

input 엘리먼트의 type 속성을 "submit"으로 설정해 해당 버튼이 클릭되면 데이터가 서버로 전송되도록 설정한다. errors, userId, password를 위한 데이터 바인딩을 위해서 뷰 인스턴스를 추가한다.

```
<script src="https://cdn.jsdelivr.net/npm/vue/dist/vue.js"></script>
<script>
  new Vue({
    el:'#app',
    data: {
      errors: [], // 유효성 체크 에러 저장
      userId: null,
      password: null,
```

```
      food: null
    },
    methods: {
      checkForm: function (e) {
        if (this.userId && this.password && this.food) { return true; }
        this.errors = [];   // 초기화를 안해주면 기존의 에러 메시지 계속 추가됨
        if (!this.userId) { this.errors.push('사용할 아이디를 입력해 주세요.'); }
        if (!this.password) { this.errors.push('사용할 암호를 입력해주세요.'); }
        if (!this.food) { this.errors.push('좋아하는 음식을 선택해주세요.'); }
        e.preventDefault();
      }
    }
  })
</script>
```

위의 checkForm 메서드에서 첫 번째 if 조건문은 userId, password, food 모두 필요한 데이터가 입력됐으므로 submit 이벤트 발생 시 정상적으로 정의된 서버로 데이터를 전송한다.

다음으로 this.errors = []; 부분을 초기화하지 않으면 기존의 에러 메시지에 계속 추가돼 나타난다. 뒤에 이어지는 if (!this.userId) 구문에는 userId에 입력된 데이터가 없으면 errors 프로퍼티에 '사용할 아이디를 입력해 주세요.'를 저장한다.

"e.preventDefault();" 코드는 submit 버튼을 클릭하면 서버로 form 데이터가 바로 전송되지 않게 한다.

마지막으로 〈style〉 블록을 〈title〉Document〈/title〉 다음 라인에 추가한다.

```
<style>
  ul { padding-inline-start: 5px; }
  li { list-style: none; color:red; padding-left:2px; }
  div { width:240px;text-align:left; margin-bottom:5px; }
</style>
```

Live Server를 이용해 브라우저를 실행하면 앞서 form 데이터를 보내는 웹페이지(index.html)와 동일한 결과를 나타낸다.

이제 Node.js 서버를 생성하려면 nodejsServ 폴더를 생성하고 명령 프롬프트를 실행해 해당 디렉터리로 이동한다. 프로젝트에 필요한 package.json 파일을 생성하려면 npm init 명령을 입력하고 모두 **Enter** 키를 눌러서 package.json 파일을 생성한다.

정상적으로 생성되면 Node.js에서 가장 유명한 웹 프레임워크인 Express.js를 npm install express --save 명령을 입력해 설치한다.

```
Is this OK? (yes)
nodejsServ>npm install express --save
```

정상적으로 설치가 완료됐으면 vscode를 이용해 nodejsServ 폴더를 연 후 index.js 파일을 추가하고 다음의 코드를 작성한다.

```
var express = require('express');
var app = express();
app.use(express.urlencoded({extended: true}))
app.post('/', function(req, res){
  console.log('클라이언트로부터 온 요청 : ' + req.body.userId);
  console.log('클라이언트로부터 온 요청 : ' + req.body.password);
  console.log('클라이언트로부터 온 요청 : ' + req.body.food);
  res.json({"message": "정상적으로 서버에 전달되었습니다."}); // 클라이언트로 전송
})
var port = process.env.PORT || 8080;  // 서버 포트(port) 설정
app.listen(port, ()=> { console.log("포트 : " + port + " 을 열고 서버 동작 중...") });
```

express.urlencoded() 함수는 Express에 내장된 함수로 body-parser를 기반으로 해 클라이언트의 요청에 파싱하는 역할을 하는 함수다. 위에서 "app.use(express.urlencoded({extended: true}))"로 설정해 form에서 전송하는 데이터를 분석할 수

있도록 한 것으로 만일 이 코드를 생략할 경우 다음과 같이 앞서 index.html 내의 form에서 전송하는 데이터를 읽지 못하는 에러를 나타낸다.

```
TypeError: Cannot read property 'userId' of undefined
```

app.post()는 express.js의 라우트^{Route} 메서드 중 post 메서드로 다음과 같은 형식을 사용한다.

```
app.post(path, function(request, response) { … } )
```

path는 서버에서의 경로를 나타내며 콜백함수의 request는 클라이언트단의 요청^{request}을, response는 서버에서 클라이언트로 응답^{response}을 나타낸다. 위 코드에서 path에 '/'로 설정했고 앞서 index.html에서 form 태그에 action="http://localhost:8080"으로 설정했으므로 클라이언트단에서 보내기 버튼을 클릭하면 서버로 form 데이터가 전송돼 이를 처리할 수 있다. 이에 대한 접근은 "req.body.x" 형태로 가능하다. res.json({ }) 메서드는 JSON 형태로 클라이언트에게 응답한다.

vscode의 터미널 메뉴에서 새 터미널을 클릭해 실행한 후 "node index.js"를 입력하면 다음과 같이 서버가 시작된다.

```
nodejsServ>node index.js
포트 : 8080을 열고 서버 동작 중...
```

정상적으로 서버가 동작하는 것을 확인한 후 Live Server를 이용해 브라우저에 나타난 form 화면에서 아이디, 비밀번호, 좋아하는 음식 중 아무것도 입력하거나 선택하지 않고 **보내기** 버튼을 클릭한다. 그러면 그림 6-20과 같이 app.post() 메서드가 동작해 res.json({ }) 메서드에 정의된 JSON 형태의 데이터가 브라우저에 나타난다.

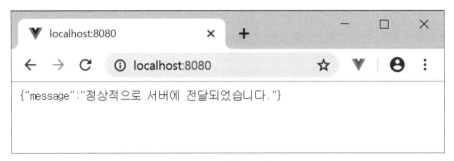

그림 6-20 formvalid 서버로 데이터 전송결과

node.js 서버측 터미널을 보면 다음과 같이 서버로 전송된 데이터는 없다.

클라이언트로부터 온 요청 :
클라이언트로부터 온 요청 :
클라이언트로부터 온 요청 : undefined

form 화면에서 아이디, 비밀번호, 좋아하는 음식 중 아무것도 입력하거나 선택하지 않고 서버로 전송했는데 서버 측에서는 정상적으로 처리됐다는 응답을 보낸다. 실제로 이런 경우에는 이에 적합한 처리를 해야 하지만 여기서는 클라이언트(브라우저)의 유효성 검사를 설명하는 부분만 설명하고자 한다. 앞서 form 시작 태그에 submit 이벤트가 발생하면 뷰 인스턴스 내에 정의한 checkForm 메서드가 실행되도록 한다.

```html
<form id="app" @submit="checkForm" action="http://localhost:8080" method="post">
```

다시 브라우저에 나타난 form 화면에서 아이디, 비밀번호, 좋아하는 음식 중 아무것도 입력하거나 선택하지 않고 **보내기** 버튼을 클릭한다. 그러면 그림 6-21 결과 화면처럼 에러 메시지가 나타난다.

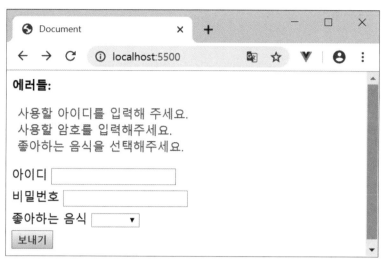

그림 6-21 formvalid 클라이언트 유효성 체크

위 과정에서는 서버로 데이터를 전송하지 않는데 checkForm 메서드의 맨 마지막에 추가한 "e.preventDefault();"가 동작했기 때문이다.

아이디에 cywon@outlook.com을 입력하고 **보내기** 버튼을 클릭하면 "사용할 아이디~" 에러 메시지는 더 이상 나타나지 않는다. 같은 방법으로 각각 비밀번호를 입력하고 좋아하는 음식을 선택한 후 **보내기**를 클릭하면 해당 에러 메시지는 더 이상 나타나지 않는다.

정확한 데이터가 서버로 전송되는지 확인하려면 아이디는 cywon@outlook.com, 비밀번호는 123456, 좋아하는 음식은 탕수육을 선택하고 **보내기** 버튼을 클릭한다.

그러면 조금 전에 나타낸 res.json({ }) 메서드에 정의된 JSON 형태의 결과 메시지를 브라우저로 확인할 수 있다. Node.js 서버측 터미널을 보면 다음과 같이 정상적으로 서버에 데이터가 전송된 것을 알 수 있다.

클라이언트로부터 온 요청 : cywon@outlook.com
클라이언트로부터 온 요청 : 123456

이상으로 form 관련 엘리먼트와 vue.js로 웹페이지를 구성하고 node.js를 이용해 간단한 서버를 만든 다음 서버로 데이터를 전송하기 전에 기본적인 유효성을 체크하는 방법을 알아봤다.

6.2.2 Vuetify를 이용한 form 유효성 검사

Vuetify를 이용해 form 유효성을 검사하는 것은 v-form 컴포넌트를 이용하면 편리하다. v-text-field, v-checkbox 등과 같은 모든 입력 컴포넌트는 rules라는 프롭 prop을 이용해 유효성 검사를 수행할 수 있는데 대표적인 rules는 다음과 같다.

- 데이터가 입력되지 않은 경우

```
rules : [ v => !!v || '데이터를 입력하세요' ]
```

- 이메일 입력을 체크할 경우

```
rules: [ v => !!v || '이메일을 입력하세요',
         v => /.+@.+/.test(v) || '유효한 이메일을 입력하세요.' ]
```

- 최소 입력 자릿수를 체크할 경우

```
rules: [ (v) => v && v.length >= 6 || '비밀번호는 적어도 6 자리 이상 입력하세요.' ]
```

명령 프롬프트를 실행하고 "vue create validatewithvuetify –default"를 입력해 프로젝트를 생성한다. 그 다음 cd validatewithvuetify를 입력해 해당 디렉터리로 이동한 후 npm run serve를 입력해 정상적으로 프로젝트가 동작하는지 확인하고 Ctrl+C 키를 눌러 종료한다.

명령 프롬프트 창에 "vue add vuetify"를 입력해 vuetify 패키지를 설치하는데 중간에 나오는 선택 부분에서는 Default를 선택한다. vscode로 validatewithvuetify 폴더를 열고 App.vue의 〈template〉, 〈script〉 부분 코드를 다음과 같이 작성한다.

```
<template>
  <v-app>
    <v-content>
      <UserRegistration/>
    </v-content>
  </v-app>
</template>
<script>
import UserRegistration from './components/UserRegistration'
export default {
  name: 'App',
  components: { UserRegistration }
}
</script>
```

다음으로 components 폴더에 UserRegistration.vue 파일을 추가하고 〈template〉 부분을 다음과 같이 작성한다.

```
<template>
  <v-layout justify-center>
    <v-card class="rounded-card mb-3">
      <v-card class="rounded-card mb-3">
        <v-card-title class="justify-center">
          <div><h3 class="headline mb-1">Vue.js 뉴스 가입하기</h3></div>
        </v-card-title>
        <v-form v-model="valid" ref="form">
          <v-text-field class="pa-2" label="이메일" v-model="user.email"
          :rules="emailRules" required ></v-text-field>
          <v-text-field type="password" class="pa-2" label="비밀번호"
          v-model="user.password" :rules="passwordRules" required></v-text-field>
          <v-checkbox class="pl-2" label="진행할까요?" v-model="checkbox"
```

```
      :rules="checkboxRules" required ></v-checkbox>
      <v-btn @click="submit" :class="{ red: !valid, green: valid }">전송
      </v-btn>
      <v-btn @click="clear">취소</v-btn>
    </v-form>
  </v-card>
  </v-flex>
  </v-layout>
</template>
```

위에서 이메일, 비밀번호, 진행 여부를 나타내는 각 컴포넌트에 emailRules, passwordRules, checkboxRules를 바인딩하려면 다음과 같이 〈script〉 부분을 작성한다.

```
<script>
export default {
  data () {
    return {
      valid: false,
      user: {
        email: '',
        password:''
      },
      emailRules: [
        v => !!v || '이메일을 입력하세요',
        v => /.+@.+/.test(v) || '유효한 이메일을 입력하세요.'
      ],
      passwordRules: [
        v => !!v || '비밀번호를 입력하세요',
        v => v && v.length >= 6 || '비밀번호는 적어도 6 자리 이상 입력하세요.'
      ],
      checkboxRules: [ v => !!v || '등록하려면 동의해야 합니다!' ],
      checkbox: false
    }
  },
  methods: {
```

276

```
    submit () {
      if(this.$refs.form.validate() == true){
        alert('전송 데이터\n\n' + JSON.stringify(this.user))
      }
    },
    clear () {
      this.$refs.form.reset()
    }
  }
}
</script>
```

submit() 메서드에서 $refs.form.validate()는 모든 input의 유효성을 검증하고 타당하면 true를 반환한다. 이로써 전송할 데이터를 알림창(alert)에 JSON 형태로 나타낸다.

clear() 메서드의 $refs.form.reset()은 모든 input에 대해 검증 오류를 제거하고 리셋한다.

마지막으로 ⟨style⟩ 부분을 작성한다.

```
<style>
  .rounded-card{ border-radius:10px; }
</style>
```

브라우저에서 확인하면 이메일, 비밀번호, 진행할까요?에 아무런 데이터도 입력하거나 체크하지 않은 상태에서 **전송** 버튼을 클릭하는 경우 그림 6-22와 같이 같이 메시지를 표시하며 후속 진행이 되지 않는다. 그림 6-23과 같이 필요한 모든 데이터를 추가 혹은 체크하고 **전송** 버튼을 클릭한다.

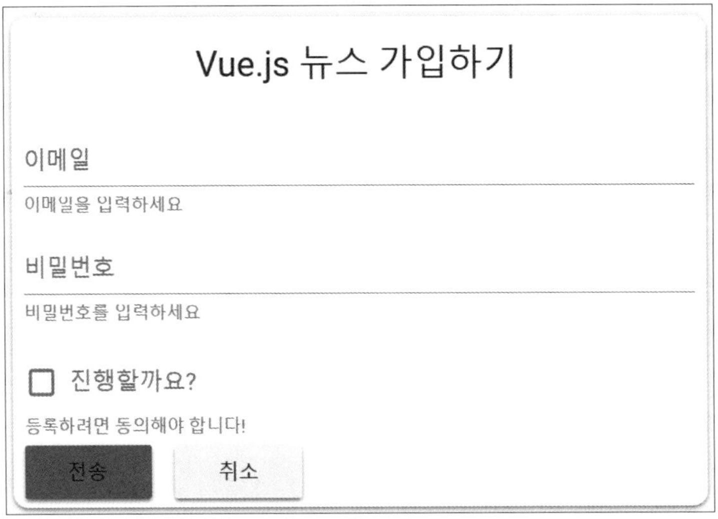

그림 6-22 vuetify 유효성 검사1

그림 6-23 vuetify 유효성 검사2

그러면 알림창에 json 형태로 전송 데이터를 출력한다.

localhost:8080 내용:

전송 데이터

{"email":"cywon@outlook.com","password":"123456"}

확인

그림 6-24 vuetify 유효성 검사 후 전송 데이터

앞서 node.js로 만든 서버로 유효성 검사가 끝난 데이터를 전송해 보자. 먼저 상대적으로 쉬운 서버 부분의 app.post() 메서드를 다음과 같이 수정한다.

```
app.post('/', function(req, res){
  console.log('클라이언트로부터 온 요청 : ' + req.body.email);
  console.log('클라이언트로부터 온 요청 : ' + req.body.password);
  res.json({"message": "정상적으로 서버에 전달되었습니다."});
})
```

서버는 클라이언트로부터 email, password를 받으면 콘솔에 해당 정보를 출력하는데 "node index.js"를 입력해 서버를 실행한다.

다음으로 UserRegistration.vue 파일을 열어 〈v-form〉, 〈v-text-field〉, 〈v-btn @click="submit" ~〉 태그를 다음과 같이 수정한다.

```
<v-form v-model="valid" ref="myForm" @submit.prevent="handleSubmit"
action="http://localhost:8080" method="post">

<v-text-field class="pa-2" label="이메일" id="email" name="email"
v-model="user.email" :rules="emailRules" required ></v-text-field>
<v-text-field type="password" class="pa-2" label="비밀번호" id="password" name="password"
v-model="user.password" :rules="passwordRules" required></v-text-field>
```

```
<v-btn type="submit" :class="{ red: !valid, green: valid }">전송</v-btn>
```

위의 @submit.prevent="handleSubmit" 부분에서 prevent는 앞서 학습한 "e.preventDefault()"와 동일한 기능으로 submit 버튼이 클릭되도 form 데이터가 곧바로 서버에 전송되지 않도록 한다.

이메일, 비밀번호 〈v-text-field〉 태그에는 id, name 속성을 설정해줘야 하며 설정해주지 않으면 정상적인 데이터를 전송해도 서버 측에서 다음과 같이 undefined 로 나타낸다.

```
클라이언트로부터 온 요청 : undefined
클라이언트로부터 온 요청 : undefined
```

마지막으로 이미 정의돼 있던 submit() 메서드의 이름을 handleSubmit으로 바꾼 후 다음과 같이 코드를 수정한다.

```
handleSubmit () {
  if(this.$refs.myForm.validate() == true){
    this.$refs.myForm.$el.submit();
  }
}
```

위에서 this.$refs.myForm.submit() 형태로 처리하면 서버로 form 데이터가 전송되지 않는다. 따라서 위 코드와 같이 $el을 이용해 뷰 인스턴스에 의해 관리되는 DOM(Document Object Model) 엘리먼트에 접근해 서버에 form 데이터를 전송하도록 한다.

Vue.js 뉴스 가입하기 화면에서 이메일 cywon@outlook.com, 비밀번호 123123, 진행할까요?에 체크하고 **전송**을 클릭하면 서버측에 다음과 같이 정상적으로 데이터가 전송된 것을 확인할 수 있다.

클라이언트로부터 온 요청 : cywon@outlook.com
클라이언트로부터 온 요청 : 123123

이상으로 Vue.js에서 제공하는 form 관련 요소와 유효성 검사를 사용해 회원가입, 로그인 등의 작업 시 브라우저와 서버 간 데이터를 효과적으로 저장, 전달하는 방법을 알아봤다.

웹사이트는 대체로 홈home, 로그인 기능을 포함하는 페이지, 로그인한 유저만 볼 수 있는 페이지와 같이 다수의 웹페이지들로 구성된다. 7장에서는 vue-router를 이용해 이러한 페이지 간의 이동을 효과적으로 처리하는 방법을 학습한다.

7

라우팅을 활용한 웹사이트 탐색

웹사이트 탐색website navigation은 웹사이트에 포함된 모든 정보의 로드맵과 같은 것으로 사이트 방문자가 필요한 정보를 쉽게 찾을 수 있도록 간단하고 명료하게 구성하는 것이 중요하다. 보통 웹사이트는 다수의 페이지로 구성되므로 각 페이지의 이동과 접근에 대한 정의가 필요한데 이와 관련된 것이 라우팅routing이다. 먼저 다음Daum 사이트를 생각해보자.

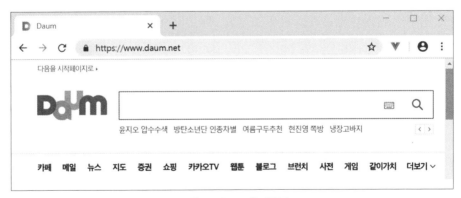

그림 7-1 Daum 첫 페이지

뉴스를 클릭하면 메인 URL인 http://www.daum.net에서 뉴스 URL인 https://

media.daum.net/으로 바뀌면서 그 때 가장 중요한 뉴스를 메인으로 띄워서 그림 7-2와 같이 나타난다.

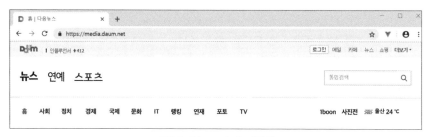

그림 7-2 Daum 뉴스 페이지

사용자가 뉴스를 클릭하면 뉴스에 관련한 웹페이지가 나타나고 지도를 클릭하면 URL이 https://map.kakao.com/으로 변경되면서 장소를 검색할 수 있는 새로운 웹페이지가 나타난다.

이처럼 라우팅이란 웹사이트 내의 웹페이지들 간 이동을 정의하는 것이라고 할 수 있다. 효율적으로 정의된 라우팅은 사용자가 원하는 정보나 서비스를 쉽게 탐색할 수 있어 페이지 간 화면 전환이 부드럽고 사용자 경험이 향상된다.

또한 Daum에서 지원하지 않는 페이지(https://www.daum.net/account)를 직접 URL 창에 입력해서 접근하는 경우 요청한 페이지(https://www.daum.net/account)가 없으므로 다음과 같이 URL이 http://status.daum.net/error/error404.html로 바뀌면서 정의된 error404.html 페이지가 나타난다.

그림 7-3 Daum 에러 페이지

이와 같이 라우팅 기능을 이용해 페이지 간 이동을 정의하고 정의되지 않은 경로나 인증되지 않은 접근을 에러 페이지나 로그인 페이지 등으로 리다이렉트^{redirect}할 수 있다.

Vue.js에서는 Vue-Router(https://router.vuejs.org/)를 이용해 라우팅 기능을 구현할 수 있으며 7장에서는 다음과 같은 Vue-Router 관련 내용을 학습함으로써 효과적인 페이지 간 이동을 탐색할 수 있다.

- vue-router를 이용해 라우팅 프로젝트를 생성하는 방법을 이해한다.
- router-view, router-link, redirect의 개념을 이해하고 활용한다.
- nested routes의 개념과 사용 방법을 이해하고 활용한다.
- named routes, named views로 다수의 뷰를 하나의 페이지에 관리하는 방법을 알 수 있다.
- navigation guard를 이용해 페이지에 대한 접근제어 방법을 학습한다.

7.1 vue-router로 라우팅 프로젝트 생성하기

명령 프롬프트창에 "vue create routingfirst"를 입력해 프로젝트를 생성하면 다음과 같이 선택 옵션이 나타난다.

```
Vue CLI v3.5.1
? Please pick a preset: (Use arrow keys)
> default (babel, eslint)
  Manually select features
```

Manually select features를 선택한 후 **Enter** 키를 누르고 화면에서 **Router**를 선택한다.

```
Vue CLI v3.5.
? Please pick a preset: Manually select features
? Check the features needed for your project:
 (*) Babel
 ( ) TypeScript
 ( ) Progressive Web App (PWA) Support
>(*) Router
 ( ) Vue
 ( ) CSS Pre-processors
 (*) Linter / Formatter
 ( ) Unit Testin
 ( ) E2E Testing
```

그 뒤에 이어지는 선택사항에서 디폴트 값을 선택하면 프로젝트 생성이 완료된다. 정상적으로 생성된 프로젝트의 구조를 vscode로 열어보면 다음과 같다.

src 폴더 안의 main.js 파일 아래에 router.js 파일이 생성된다. 참고로 Vue/cli를 이용해 Router를 포함하지 않은 상태로 프로젝트를 생성하면 router.js가 추가되지 않고 Router를 포함해 프로젝트를 생성하면 router.js가 포함돼 생성된다.

먼저 main.js 파일을 열어서 라우터와 관련해 어떤 부분이 추가됐는지 본다.

```
import Vue from 'vue'
import App from './App.vue'
import router from './router'

Vue.config.productionTip = false

new Vue({
  router,
  render: h => h(App)
}).$mount('#app')
```

프로젝트 전체에서 router를 사용할 수 있게 설정돼 있다. router.js 파일은 Routing 기능을 구현하는 데 사용되는 파일로 그 구성을 보면 다음과 같다.

```
import Vue from 'vue'
import Router from 'vue-router'
import Home from './views/Home.vue'
Vue.use(Router)
export default new Router({
  mode: 'history',
  base: process.env.BASE_URL,
  routes: [
    {
      path: '/',
      name: 'home',
      component: Home
    },
    {
      path: '/about',
      name: 'about',
      …
      component: () => import(/* webpackChunkName: "about" */ './views/About.
        vue')
    }
  ]
})
```

Vue.use(Router)는 Vue가 Router를 이용할 수 있도록 설정하며 Router Instance 를 정의하는데 각각의 속성은 다음과 같은 역할을 한다.

mode 속성은 속성값으로 hash가 있으며 가장 광범위하게 브라우저에 적용할 수 있는 값이지만 URL 경로의 중간에 http://localhost:8080/#/login과 같이 해쉬(#) 문자가 포함된다. 이와 함께 HTML5 History 기능을 지원하는 history 값을 사용할 수도 있으며 http://localhost:8080/login처럼 자연스러운 URL 경로를 지원한다. 참고로 오래된 인터넷 익스플로러 같은 경우는 history 모드를 지원하지 않는다.

base 속성은 기본 URL을 설정하는 속성으로 process.env.BASE_URL은 디폴트 값으로 '/'를 나타낸다. 만일 base 속성을 base: '/base' 형태로 설정하면 URL 주소는 http://localhost:8080/base/about와 같은 형태로 About 페이지에 접근할 수 있다.

routes 속성은 path, name 그리고 component 속성으로 구성된 집합[collection] 형태로 라우터가 그에 맞는 컴포넌트를 렌더링한다. path는 URL 주소를 나타내고 name은 컴포넌트의 이름을 나타내며 component는 path에 설정된 URL과 연결된 컴포넌트를 나타낸다.

component: () => import(/* webpackChunkName: "about" */ './views/About.vue')" 형태로 About 컴포넌트를 설정하는 것은 lazy loading이라고 한다.

참고로 Router를 선택해 프로젝트를 생성하면 components 폴더외에 views 폴더가 생성된다. router.js에 기본적으로 생성되는 Home.vue, About.vue의 위치는 모두 views 폴더에 있는 것처럼 views 폴더는 라우팅[routing]과 관련된 컴포넌트들을 위해 존재하는 폴더라고 이해하면 된다.

7.2 라우터 뷰, 라우터 링크, 리다이렉트

라우터 뷰[router-view]는 지정된 경로에 일치하는 컴포넌트를 렌더링한다. 라우터 링크[router-link]는 탐색[navigation] 하는 데 사용되는 컴포넌트로 조금 전 생성한 프로젝트의 App.vue 파일 코드에서 볼 수 있듯이 다음과 같은 형식을 사용한다.

```
<router-link to="location"></router-link>
<router-link to="/login">로그인</router-link>
```

라우터 링크는 html의 〈a〉 태그로 렌더링되는데 보통 〈a href="…"〉 형태며 뷰 인스턴스[Vue Instance] 안에서 $router로 접근할 수 있으므로 라우터 링크는 this.$router.push(location) 형태로 접근할 수 있다. 예를 들어 클릭 이벤트가 발생할 때 로그인 페이지로 이동하려면 다음과 같은 형식으로 사용한다.

```
methods: {
  clickmethod() {
    this.$router.push('/login');
  }
}
```

vscode 터미널에서 npm run serve를 입력해 실행하면 기본적으로 router.js의 routes 프로퍼티에 정의된 루트 경로^{path}인 '/'에 해당하는 Home 컴포넌트가 나타난다. About을 클릭하면 views 폴더에 정의된 대로 About 컴포넌트의 This is an about page를 나타낸다.

만일 브라우저에서 routes 프로퍼티에 정의돼 있지 않은 경로를 http://localhost:8080/books라고 입력할 경우 404 Not Found 같은 메시지를 나타내고 싶거나 특정 경로로 리다이렉트^{redirect}할 수도 있다.

먼저 routes 속성에 정의되지 않은 URL 경로로 접근할 경우 404 Not Found 페이지가 나타나도록 만들려면 router.js 파일의 routes 프로퍼티에 다음과 같이 새로운 route를 추가하고 해당하는 컴포넌트를 생성한 후 필요한 작업을 수행한다.

```
{
    path:'*',
    name:'NotFound',
    component:NotFound
}
```

위 코드를 routes 프로퍼티에 추가하고 import NotFound from './views/NotFound.vue'를 추가한다. 그 다음 기존 views 폴더 안에 NotFound.vue 파일을 생성하고 다음처럼 간단한 코드를 작성한다.

```
<template>
  <div>
    <h1>404 Not Found</h1>
  </div>
</template>
```

위 코드를 저장하고 브라우저 URL에 http://localhost:8080/books를 입력하면
그림 7-4와 같이 books에 해당하는 라우팅 정보가 없으므로 NotFound가 나타
낸다.

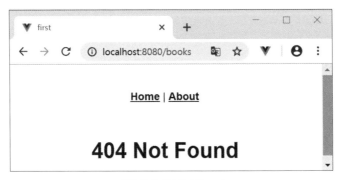

그림 7-4 404 Not Found

위와 같이 컴포넌트를 만들어 404 Not Found와 같은 메시지를 표시하거나 리다
이렉트를 이용해서 특정 페이지를 나타낼 수 있다.

```
{
    path:'*',
    redirect:'/'
}
```

routes 프로퍼티에 정의된 '/', '/about'을 제외한 다른 경로들은 모두 '/'로 매칭
matching한다. router.js에서 다음의 NotFound.vue 관련 코드를 주석 처리하고 저장
한다.

```
// import NotFound from './views/NotFound.vue'.
```

브라우저 URL에 http://localhost:8080/books를 입력하면 조금 전과는 다르게 Home을 나타낸다.

7.3 중첩된 라우트

중첩된 라우팅[Nested Routes]을 이용하면 admin./products/list, admin./products/insert와 같은 특정 경로[path] 내에 있는 하위 경로를 렌더링할 수 있다. vue-router를 이용하면 중첩된 라우팅을 router.js 파일 내의 routes 속성에 경로를 추가하면서 children 옵션을 이용해 하위 경로들을 정의할 수 있다.

예를 들어, 쇼핑몰 관리자가 새로운 제품의 리스트를 확인[list], 추가[insert], 수정[edit]하는 기능을 구현한다면 다음과 같이 나눠지는 구조가 된다.

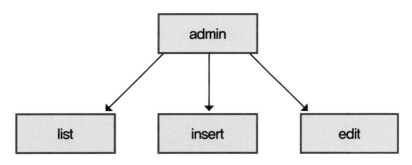

그림 7-5 제품의 리스트를 확인, 추가, 수정

관리자로 로그인해서 제품의 전체 정보를 항상 확인할 수 있다. 또한 새로 판매할 물품이 있다면 새로 등록해야 하는 경우와 기존 제품을 수정하는 경우에 따라 다음과 같이 URL 경로를 admin 안에 위치하는 형태로 구성할 수 있다.

그림 7-6 전제적인 URL 경로 구성

그림 7-6과 같은 구조를 라우팅한다면 router.js의 routes 속성에 다음과 같이 구성할 수 있다.

```
routes: [
    ...
    { path: '/admin', name: admin, component: Admin }
    { path: '/admin/list', name: 'productlist', component: ProductList },
    { path: '/admin/insert', name: 'productinsert', component: ProductInsert},
    { path: '/admin/edit', name: 'productedit', component: ProductEdit},
    ...
]
```

위와 같이 구성해도 잘 동작하겠지만 약간 융통성이 없어 보인다. URL 경로에서 admin의 하위 경로에 각각 list, insert, edit가 존재하는데 children 옵션을 이용해 admin의 하위 경로인 list, insert, edit이 라우트route되도록 할 수 있다. routes 속성을 다음과 같이 적용한다.

```
routes: [
    ...
    {
      path: '/admin', component: Admin,
      children: [
        { path: 'list', name: 'productlist', component: ProductList },
        { path: 'insert', name: 'productinsert', component: ProductInsert }
        { path: 'edit/:id', name: 'productedit',  component: ProductEdit },
```

```
      ]
    },
    ...
]
```

URL에 localhost:8080/admin과 같이 입력되면 기본적으로 Admin 컴포넌트가 나타나며 URL이 http://localhost:8081/admin/list일 경우 ProductList 컴포넌트가 나타난다.

URL이 http://localhost:8081/admin/insert일 경우는 ProductInsert 컴포넌트가, http://localhost:8081/admin/edit/id일 경우는 ProductEdit 컴포넌트가 나타나도록 설정한다.

children 옵션을 이용해 admin의 하위경로를 정의한 후 해당 하위 경로가 렌더링되도록 Admin 컴포넌트의 template 부분에 〈router-view〉〈/router-view〉를 추가한다.

이제 중첩된 라우팅을 알아보자. 다음과 같이 nestedroute 프로젝트를 생성하려면 명령 프롬프트를 실행해 입력하고 **Enter** 키를 누른다.

```
>vue create nestedroute
```

Manually select features를 선택하고 중간에 (*) Router를 선택한 후 그 뒤는 모두 디폴트로 선택해 설치한다. 설치가 완료되면 vscode로 생성된 nestedroute 폴더를 열고 터미널을 실행해 npm run serve를 입력한 후 정상적으로 페이지가 동작하는지 확인한다. 그 다음 router.js 파일을 열어서 다음과 같이 코드를 작성한다.

```
import Vue from 'vue'
import Router from 'vue-router'
import Home from './views/Home.vue'
import Admin from './views/Admin.vue'
import NotFound from './views/NotFound.vue'
```

```
Vue.use(Router)
export default new Router(
  mode: 'history',
  base: process.env.BASE_URL,
  routes: [
    {
      path: '/',
      name: 'home',
      component: Home
    },
    {
      path: '/admin',
      name: 'admin',
      component: Admin
    },
    {
      path: '*',
      name: 'notfound',
      component: NotFound
    }
  ]
})
```

views 폴더에서 Home.vue의 기존 코드를 삭제하고 다음과 같이 코드를 변경한다.

```
<template>
  <div>
      <h3>{{title}}</h3>
  </div>
</template>
<script>
  export default {
    data () {
      return {
```

```
      title: 'Home 페이지'
    }
  }
}
</script>
```

같은 방법으로 Admin.vue, NotFound.vue 파일을 같은 폴더 내에 추가하고 Home.vue의 코드를 복사한 후 각각 data 프로퍼티의 title만 "Admin 페이지", "Not Found 페이지"로 변경한다.

이제 App.vue 파일을 열어서 router-link를 이용해 Home, Admin을 클릭하면 이동할 수 있도록 다음과 같이 설정한다.

```
<template>
  <div id="app">
    <nav class="teal">
      <router-link to="/">Home</router-link> |
      <router-link to="/admin">Admin</router-link>
    </nav>
    <router-view/>
  </div>
</template>
<style scoped>
  nav { text-align: right; padding-right: 20px; }
  nav a { font-weight: bold; color: white; }
</style>
```

마지막으로 public 폴더 내에 있는 index.html에 materialize.css 파일을 추가한다.

```
<title>nestedroute</title>
<link rel="stylesheet"
href="https://cdnjs.cloudflare.com/ajax/libs/materialize/1.0.0/css/materialize.min.css">
```

Home을 클릭하면 Home 페이지를 나타내고 Admin을 클릭하면 위의 결과와 같이 Admin 페이지를 나타내며 경로에 없는 localhost:8081/list 같이 입력하면 Not Found 페이지가 나타난다(그림 7-7은 포트번호 8081이지만 기본 포트번호는 8080이다).

중첩 라우트를 설정하려면 children 옵션을 이용해 router.js 파일의 내용을 다음과 같이 수정한다.

```
{
  path: '/admin',
  name: 'admin',
  component: Admin,
  children: [
    { path: 'list', name: 'productlist', component: ProductList },
    { path: 'insert', name: 'productinsert', component: ProductInsert },
    { path: 'edit/:id', name: 'productedit', component: ProductEdit },
  ]
},
```

위에서 URL에 localhost:8080/admin과 같이 입력되면 기본적으로 Admin 컴포넌트가 나타나며 URL이 http://localhost:8081/admin/list일 경우 ProductList 컴포넌트가 나타난다.

URL이 http://localhost:8081/admin/insert일 경우는 ProductInsert 컴포넌트가, http://localhost:8081/admin/edit/id일 경우는 ProductEdit 컴포넌트가 나타

나도록 설정한다. 여기에 한 가지 덧붙인다면 path: 'edit/:id'에 포함된 :id는 동적으로 적용되므로 동적 라우팅^{dynamic routing}의 제품 리스트^{ProductList.vue}에서 다루는 코드로 이해하기 바란다. router.js 파일에서 위에서 정의한 컴포넌트를 사용할 수 있도록 한다.

```
import Admin from './views/admin/Admin.vue'
import ProductList from './views/admin/ProductList.vue'
import ProductInsert from './views/admin/ProductInsert.vue'
import ProductEdit from './views/admin/ProductEdit.vue'
```

각 컴포넌트에 대한 코드를 추가하려면 먼저 views 폴더 안에 admin 폴더를 생성하고 그 안에 앞서 생성한 Admin.vue 파일을 이동시킨 후 다음과 같이 코드를 수정한다.

```
<template>
  <div>
    <h3>{{title}}</h3>
    <ul class="white">
      <li><router-link to="/admin/list">제품 리스트(Product List)</router-link> |</li>
      <li><router-link to="/admin/insert">제품 추가(New Product)</router-link></li>
    </ul>
    <router-view></router-view> <!-- children 라우트 -->
  </div>
</template>
<script>
  export default
    data () {
      return {
        title: 'Admin 페이지'
      }
    }
  }
</script>
<style scoped>
```

```
li { display:inline-block; padding: 5px; }
  li a { font-weight: bold; color: black; }
</style>
```

다음으로 ProductList.vue를 admin 폴더 안에 추가하고 이어지는 코드를 작성한다.

```
<template>
  <div>
    <table>
      <thead>
        <tr><th>제품코드</th><th>제품명</th><th>가격</th><th>설명</th></tr>
      </thead>
      <tbody>
        <tr v-for="product in products" :key="product.pcode"
            v-on:click="sendCode(product.pcode)">
          <td>{{product.pcode}}</td>
          <td>{{product.pname}}</td>
          <td>{{product.price}}</td>
          <td>{{product.description}}</td>
        </tr>
      </tbody>
    </table>
  </div>
</template>
<script>
export default {
  data () {
    return {
      products: [
        { pcode:'p01', pname:'LG gram 노트북', description:'OS: Windows 10 Home,
            CPU:Intel Core i7, RAM : DDR4 8GB', price: 1745160 },
        { pcode:'p02', pname:'페레가모 선글라스', description:'병행수입제품', price:
            139400 },
        { pcode:'p03', pname:'단골언니 신발', description:'저렴한 가격의 신발',
            price:12800 }
```

```
      ],
    }
  },
  methods: {
    sendCode(inCode){
      const id = inCode;
      this.$router.push({name:'productedit', params:{id} });
    }
  }
}
</script>
```

위에서 this.$router.push() 코드는 /edit/id를 의미하며 id값은 pcode값이 p01, p02, p03과 같이 동적으로 바뀌기 때문에 동적 라우트$^{dynamic\ route}$의 한 예라 할 수 있다.

다음으로 ProductInsert.vue 파일을 추가하고 Home.vue 코드를 복사한 후 title 부분만 Product Insert 페이지로 변경한 다음 ProductEdit.vue 파일을 추가한다.

```
<template>
  <div>
    <h3>URL : admin/edit/{{$route.params.id}}</h3>
  </div>
</template>
```

$route.params.id는 ProductList 컴포넌트에서 $router의 param 객체^{object}를 통해 받은 값이다. 브라우저로 보면 http://localhost:8080/admin은 다음과 같이 실행된다.

그림 7-8 admin 페이지(nested 적용)

제품 리스트^{Product List}를 클릭하면 URL에 http://localhost:8080/admin/list를 나타내며 실행 결과는 그림 7-9와 같다.

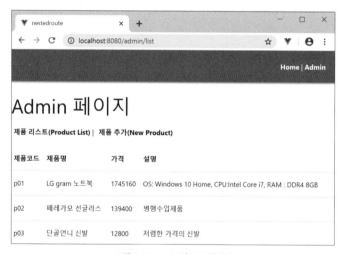

그림 7-9 admin의 list 페이지

제품코드 p02를 클릭하면 URL에 'edit/p02' 형태로 동적으로 반영되며 ProductEdit 컴포넌트를 나타낸다.

그림 7-10 admin의 edit 페이지

제품 추가^{New Product}를 클릭하면 URL에는 http://localhost:8080/admin/insert가
나타나며 결과는 다음과 같다.

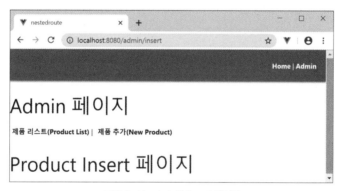

그림 7-11 admin의 insert 페이지

7.4 Named Routes와 Named Views

Named Route

Named Route는 경로^{path}의 위치를 단순화하고 경로를 업데이트하기 쉽다. 또한
params를 이용하기 때문에 데이터를 쉽게 전달할 수 있다.

예를 들어 router.js의 routes 속성에 정의된 라우트^{route} 중에서 name="login"으로 설정된 라우트에 링크한다면 다음과 같이 〈router-link〉 컴포넌트의 to 프롭^{prop}이나 $router.push()를 이용해 다음과 같은 형식으로 사용할 수 있다.

```
<router-link :to="{name:'login'}">로그인</router-link>
<router-link :to="{name:'login', params: { id: 'cywon', pw: '1234'} }">로그인</router-link>
this.$router.push( "{name:'login'}" )
```

중첩된 라우트 예제에서 router.js 파일 내의 routes 속성에 설정된 admin 관련 라우트는 다음과 같다.

```
children: [
  { path: 'list', name: 'productlist', component: ProductList },
  { path: 'insert', name: 'productinsert', component: ProductInsert },
  { path: 'edit/:id', name: 'productedit', component: ProductEdit },
]
```

Admin.vue를 열어보면 router-link 컴포넌트의 to 프롭^{prop}에 이동할 대상 링크를 다음과 같이 설정했다.

```
<ul class="white">
  <li><router-link to="/admin/list">제품 리스트(Product List)</router-link> |</li>
  <li><router-link to="/admin/insert">제품 추가(New Product)</router-link></li>
</ul>
```

다음과 같이 각 라우트에 정의된 name을 이용해 링크를 구성할 수 있다.

```
<ul class="white">
  <li><router-link :to="{name:'productlist'}">제품 리스트(Product List)
  </routerlink></li>
  <li><router-link :to="{name:'productinsert'}">제품 추가(New Product)
  </routerlink></li>
```

```
</ul>
```

to 앞에 콜론(:)을 추가해야 뒤에 이어지는 객체^{object}로 파싱^{parsing}되며 만일 콜론을 제외하면 문자열로 인식해서 정상적으로 동작하지 않는다.

위와 같이 수정한 후 브라우저를 실행하면 앞서 실행결과와 동일하게 나타난다. 데이터를 전달해야 할 경우에는 params를 이용해 다음과 같이 사용할 수 있다.

```
<li><router-link :to="{name:'productedit', params: { id: 'p01'} }">
제품 수정(Edit Product)</router-link></li>
```

마지막으로 ProductList.vue에서 특정 제품을 클릭하면 this.$router.push({ name:'productedit', params:{id} });와 같이 $router.push() 형식을 이용할 수도 있다.

Named View

웹페이지를 구성할 때 중첩된 라우트^{nested routes}와 같이 하나의 뷰^{view} 안에 다른 뷰가 존재하는 형태로 구성할 수 있지만 때로는 여러 개의 뷰를 중첩하지 않고 동시에 표시해야 할 필요가 있다. 다시 말해 여러 개의 뷰를 하나의 뷰에서 보여주는 형태로 이 경우 Named View를 이용할 수 있다. 만일 한 페이지에 3개의 뷰(혹은 컴포넌트)를 나타낸다면 다음과 같이 3개의 router-view를 사용해 구성한다.

```
<router-view></router-view>
<router-view name="first"></router-view>
<router-view  name="second"></router-view>
```

첫 번째 router-view는 나머지 2개의 name에 의해 first, second와 같이 이름이 정해지지 않았으므로 router.js에서 라우트를 설정할 때 default 값과 연결된다. 그리고 한 페이지에 여러 개의 컴포넌트가 나타나므로 다음과 같이 라우트를 설정할 때 components 형태로 설정하면 named view가 동작한다.

```
{ path: '/admin',
 components: {
   default: Admin,
   first: Pro_List,
   second: Pro_Details
 }
},
```

예제를 작성하기 전에 먼저 실행 결과를 살펴보자. 처음 실행하면 그림 7-12와
같이 Home 화면이 나타난다.

그림 7-12 Home 실행결과

위에서 **Admin**을 클릭하면 그림 7-13과 같이 한 페이지 내에 Admin, product_
list, product_details 3개의 뷰가 나타난다.

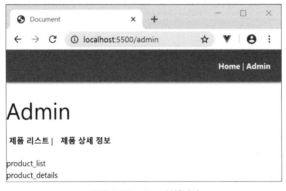

그림 7-13 admin 실행결과

그리고 개발자 도구를 실행해 HTML 코드를 보면 다음과 같이 3개의 div 안에 Admin, product_list, product_details로 구성되는 것을 알 수 있다.

```
▼<div id="app">
  ▶<nav class="teal">…</nav> == $0
  ▼<div>
      <h3>Admin</h3>
    ▶<ul class="white">…</ul>
    </div>
    <div>product_list</div>
    <div>product_details</div>
  </div>
```

그림 7-14 Admin HTML 코드

위에서 **제품 상세 정보**를 클릭하면 product_list와 product_details가 순서가 바뀌어 나타난다.

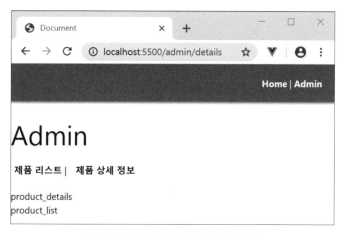

그림 7-15 Admin 제품 상세 정보 실행결과

쉽게 이해할 수 있도록 이번에는 CDN 방식을 이용해 named view를 사용하는 방법을 알아본다.

namedviews 폴더를 생성한 후 vscode를 실행해 index.html 파일을 추가한다.

doc + Tab 키를 눌러서 기본적인 HTML 문서 구조를 자동 생성한 후 Materialize를 사용하려면 다음과 같이 링크를 추가한다.

```
<link rel="stylesheet"
href="https://cdnjs.cloudflare.com/ajax/libs/materialize/1.0.0/css/materialize.min.css">
```

그 다음 Vue.js CDN, Vue Router CDN을 각각 https://vuejs.org/v2/guide/와 https://router.vuejs.org/installation.html에서 복사해 index.html에 다음과 같이 추가한다.

```
<body>
  <div id="app">
  </div>
  <script src="https://cdn.jsdelivr.net/npm/vue/dist/vue.js"></script>
  <script src="https://unpkg.com/vue-router/dist/vue-router.js"></script>
  <script src="router.js"></script>
  <script src="app.js"></script>
</body>
```

named views 부분을 다음과 같이 추가한다.

```
<div id="app">
    <nav class="teal">
      <router-link to="/">Home</router-link> |
      <router-link to="/admin">Admin</router-link>
    </nav>
    <router-view></router-view>
    <router-view name="first"></router-view>
    <router-view  name="second"></router-view>
  </div>
```

스타일을 적용하려면 다음과 같이 〈style〉 블록을 추가한다.

```
<style>
  nav { text-align: right; padding-right: 20px; }
  nav a { font-weight: bold; color: white; }
  li { display:inline-block; padding: 5px; }
  li a { font-weight: bold; color: black; }
</style>
```

router.js 파일을 생성한 후 다음과 같이 라우팅 시 사용할 Home, Admin, Pro_
List, Pro_Details를 작성한다.

```
var Home = { template: '<div><h3>Home</h3></div>'}
var Admin = { template: `
<div>
  <h3>Admin</h3>
  <ul class="white">
    <li><router-link to="/admin">제품 리스트</router-link> | </li>
    <li><router-link to="/admin/details">제품 상세 정보</router-link></li>
  </ul>
</div>
` }
var Pro_List = { template: '<div>product_list</div>' }
var Pro_Details = { template: '<div>product_details</div>' }
```

위에서 Admin을 정의할 때 template 다음에 사용된 기호는 홑따옴표가 아니고
키보드 좌측 상단의 틸트(~)와 함께 있는 기호를 입력해야 한다. 이어서 router를
다음과 같이 정의한다.

```
const router = new VueRouter({
  mode: 'history',
  routes: [
    { path: '/', name: 'home', component: Home },
    { path: '/admin', components: { default: Admin, first: Pro_List, second: Pro_
      Details } },
    { path: '/admin/details', components: { default: Admin, first: Pro_Details,
```

```
  second: Pro_List } }
]
})
```

위에서 first, second는 index.html의 router-view name="first", router-view name="second"와 연결된다. 뷰 인스턴스를 정의하려면 app.js 파일을 추가하고 router를 포함해 다음과 같이 정의한다.

```
new Vue({
  router,
  el: '#app'
})
```

Live Server를 이용해 페이지가 동작하도록 한 후 브라우저로 결과를 확인하면 동일하게 동작한다.

7.5 네비게이션 가드

vue-router가 제공하는 네비게이션 가드^{Navigation Guard}는 이름에서 알 수 있듯이 주로 리디렉션^{redirect}하거나 취소해 일반 사용자가 관리자 페이지에 접근하려고 하거나 로그인이 안된 상태에서 특정 URL로 접근하려고 할 경우 이에 대한 접근을 막을 수 있는 기능을 제공한다. 예를 들어 다음이나 네이버 계정을 이용해 로그인하지 않고 자신이나 다른 사람의 이메일을 확인할 수 없으며, 반드시 자신의 계정으로 정상적으로 로그인한 후 이메일을 확인할 수 있도록 돼 있다.

Vue-Router에서 제공하는 네비게이션 가드를 이용한 경로 탐색 방법에는 전역^{global}, 라우터 객체에 직접 적용하는 Per-Route Guard, 그리고 컴포넌트에 직접 적용하는 In-Component Guard가 있다. 여기서는 역순으로 차례대로 설명한다.

7.5.1 컴포넌트 수준의 Guard 메서드

컴포넌트에 직접적으로 네비게이션 가드를 beforeRouteEnter, beforeRoute Update, beforeRouteLeave 메서드들을 이용해 적용할 수 있다.

beforeRouteEnter( ) 메서드

beforeRouteEnter( ) 메서드는 현재의 페이지에서 다른 페이지로 이동할 때 사용하는 메서드로 이동할 대상으로 선택되는 컴포넌트보다 먼저 실행된다. 해당 컴포넌트로 이동하기 전에 취소할 수 있으므로 대상으로 이동하기 전 접근 제어 처리에 용이하다. 다음과 같이 사용한다.

```
beforeRouteEnter(to, from, next) {
 // 실행할 코드들
}
```

위에서 to는 이동할 대상(경로)을 나타내고 from은 현재 대상(경로)을 나타내며 next는 이동할 대상으로 이동시킬 것인지, 취소할 것인지 등을 설정하는 함수다. 표 7-1과 같은 처리가 가능하다.

표 7-1 next 함수 기능

함수	기능
next()	to에 정의된 대상(경로)으로 이동
next(false)	to에 정의된 대상(경로)으로 이동하지 않고 취소
next(url)	to에 정의된 대상(경로)으로 이동하지 않고 정의된 url로 이동
next(object)	to에 정의된 대상(경로)으로 이동하지 않고 name이나 params 같은 속성을 포함하는 객체 형태로 정의된 새로운 대상(경로)으로 이동

확인하려면 nestedroute 폴더를 vscode로 열고 **vscode Terminal** 메뉴에서 **새 터미널**^{Terminal}을 클릭한 후 npm run serve를 입력해 실행한다. 현재 홈^{Home} 화면에서 Admin 페이지로의 이동은 클릭하면 제한이 없이 바로 이동하는데 beforeRouteEnter( ) 메서드를 이용해 이동, 취소, 리다이렉트하는 방법을 알아

본다.

Admin.vue 파일의 data 객체 다음에 beforeRouteEnter() 메서드를 추가한다.

```
data () { return { title: 'Admin 페이지'} },
beforeRouteEnter(to, from, next){
  console.log('beforeRouteEnter : ' + 'to : ', to, 'from : ',  from);
  next();
}
```

콘솔에 to, from을 이용해 이동할 대상(경로), 현재 대상(경로)을 나타내도록 하고 next() 함수를 이용해 이동한다.

브라우저의 URL이 http://localhost:8080인 상태에서 우측 상단의 **Admin**을 클릭하면 콘솔에 다음과 같이 "/"에서 "/admin"으로 이동해 Admin 페이지를 나타낸다.

```
beforeRouteEnter : to :                   Admin.vue?1177:27
▶ {name: "admin", meta: {…}, path: "/admin", hash: "",
  query: {…}, …}
from :
▶ {name: "home", meta: {…}, path: "/", hash: "", query
  : {…}, …}
```

그림 7-16 beforeRouteEnter – home에서 Admin으로 이동 시 콘솔

위 코드에서 next() 함수를 next(false)로 바꾸고 브라우저에서 http://localhost:8080을 입력한 후 **Admin**을 클릭하면 콘솔의 출력 결과는 동일하지만 next(false) 때문에 Admin 페이지로 이동하지 않는다.

next(url)을 이해하려면 views 폴더에 Login.vue 파일을 추가하고 다음의 코드를 작성한다.

```
<template>
  <div><h3>Login 페이지</h3></div>
</template>
```

그 다음 router.js 파일의 routes 속성에 로그인^{Login}하려는 라우트를 추가하고 import 한다.

```
import Login from './views/Login.vue'
{ path: '/login', name: 'login', component: Login }
```

App.vue를 열고 다음과 같이 Login 관련 라우터 링크를 추가한다.

```
<router-link to="/admin">Admin</router-link> |
<router-link to="/login">Login</router-link>
```

Admin.vue 파일에서 next(false)를 next('/login')으로 수정하고 브라우저에서 http://localhost:8080을 입력한 후 Admin을 클릭하면 콘솔의 출력 결과는 동일하지만 next('/login')을 이용해 Admin 페이지로 이동하지 않고 Login 페이지로 이동한다. 즉 리다이렉트^{redirect}된다.

next(object) 함수를 이해하려면 next('/login')을 다음과 같이 name, params를 포함하는 object 형태로 사용할 수 있다.

```
next({name:'login', params: { id: 'cywon', pw: '1234'} });
```

브라우저에서 http://localhost:8080을 입력한 후 **Admin**을 클릭하면 앞서의 결과와 동일하게 작동한다.

beforeRouteLeave( ) 메서드

beforeRouteLeave 메서드는 beforeRouteEnter() 메서드와 반대로 해당 페이지를 떠나기 전에 동작하는 메서드로 다음과 같이 사용한다.

```
beforeRouteLeave(to, from, next) {
 // 실행할 코드들
}
```

Login.vue 파일에서 다음과 같이 〈script〉 블록 내에 beforeRouteEnter(), beforeRouteLeave() 메서드를 작성한다.

```
<script>
export default {
  beforeRouteEnter(to, from, next){
    console.log('beforeRouteEnter : ' + 'to : ', to, 'from : ',  from);
    next();
  },
  beforeRouteLeave(to, from, next) {
    console.log('beforeRouteLeave : '+ 'to : ', to, 'from : ',  from);
    next();
  }
}
</script>
```

브라우저에서 http://localhost:8080을 입력한 후 **Admin**을 클릭하면 앞서의 결과와는 다르게 Admin.vue와 Login.vue에 정의된 beforeRouteEnter()가 출력된다.

그림 7-17 beforeRouteEnter home에서 Admin 이동 시 콘솔(login)

현재 URL이 http://localhost:8080/login인 상태에서 우측 상단의 **Home**을 클릭하면 Login.vue에 정의돼 있는 beforeRouteLeave() 메서드가 동작해 현재 페이지인 login에서 home 페이지인 "/"로 이동했음을 콘솔에 나타낸다.

```
beforeRouteLeave : to :                          Login.vue?7463:13
▶ {name: "home", meta: {…}, path: "/", hash: "", query
  : {…}, …}
from :
▶ {name: "login", meta: {…}, path: "/login", hash: "",
  query: {…}, …}
```

그림 7-18 beforeRouteLeave

beforeRouteUpdate() 메서드

beforeRouteUpdate() 메서드는 현재 컴포넌트의 라우트route에 변경이 발생하면 호출되는 메서드다. Admin.vue 파일에서 beforeRouteEnter() 메서드를 주석 처리한 후 beforeRouteUpdate() 메서드 코드를 작성한다.

```
beforeRouteUpdate(to, from, next) {
  console.log('beforeRouteUpdate : ' + 'to : ', to, 'from : ',  from);
  next();
}
```

브라우저에서 Home('/') 상태에서 우측 상단의 **Admin**을 클릭하면 콘솔에는 아무것도 나타나지 않는다. **제품 리스트**Product List나 **제품 추가**New Product를 클릭하면 다음과 같이 콘솔 화면에 라우트에 변경이 발생하므로 콘솔에 변경사항이 나타난다.

```
beforeRouteUpdate : to :                              Admin.vue?1177:32
  ▶{name: "productlist", meta: {…}, path: "/admin/list", hash: "", query: {…}, …} from
  :  ▶{name: "admin", meta: {…}, path: "/admin", hash: "", query: {…}, …}

beforeRouteUpdate : to :                              Admin.vue?1177:32
  ▶{name: "productinsert", meta: {…}, path: "/admin/insert", hash: "", query: {…}, …} from :
  ▶{name: "admin", meta: {…}, path: "/admin", hash: "", query: {…}, …}
```

그림 7-19 beforeRouteUpdate 실행결과

결과에서 알 수 있듯이 /admin의 하위 경로에 해당하는 /admin/list, /admin/insert로 이동하거나 반대로 /admin/list, /admin/insert에서 /admin으로 이동할 경우 beforeRouteUpdate() 메서드가 호출되지만 /admin, /admin/insert, /admin/

insert에서 /, /login으로 이동할 경우에는 호출되지 않는다.

7.5.2 Per-Route Guard

Per-Route Guard는 특정 라우트를 설정한다. Vue/CLI로 선택 옵션을 이용해 Router를 추가할 경우 자동적으로 생성되는 router.js나 CDN을 이용해 생성한 router 객체 내에서 beforeEnter() 메서드를 직접 정의해 사용할 수 있다. 형식은 다음과 같다.

```
beforeEnter( to, from, next) {
 // 코드들
}
```

위에서 사용된 to, from, next는 이미 설명한 내용과 다르지 않으며 이 beforeEnter() 메서드는 라우터가 동작하기 전에 먼저 실행되고 라우터가 그 뒤에 동작한다.

여기서는 Vue/CLI를 이용한 방법을 설명한다. Admin.vue에서 beforeRouteEnter() 메서드가 주석 처리된 상태이기 때문에 Home('/')이나 Login('/login'에서 Admin('/admin') 접근할 수 있다. 이를 beforeEnter() 메서드를 이용해 Admin('/admin')에 접근하려면 Login('/login')으로 이동하도록 처리한다. router.js 파일을 열어서 routes 속성 중 admin과 관련된 라우트에 다음과 같이 코드를 추가한다.

```
component: Admin,
beforeEnter(to, from, next) {
  console.log('beforeEnter : ' + 'to : ', to, 'from : ',  from);
  next();
},
```

그 다음 브라우저를 실행해 Home('/')에서 Admin('/admin')을 클릭하면 이동하면서 다음과 같이 콘솔에 나타난다.

```
beforeEnter : to :                              router.js?41cb:27
▶ {name: "admin", meta: {…}, path: "/admin", hash: "", query
  : {…}, …}
from :
▶ {name: "home", meta: {…}, path: "/", hash: "", query: {…}
  , …}
```

그림 7-20 beforeEnter 실행결과

beforeEnter() 메서드를 이용해 Admin('/admin')에 접근해보자. Login('/login')으로 이동하려면 next('/login')으로 수정한다. 다시 확인하면 Login('/login')으로 이동한다.

beforeEnter() 메서드가 컴포넌트보다 먼저 실행되는지 확인하려면 created 훅 hook을 이용한다. Login.vue를 열고 beforeRouteEnter(), beforeRouteLeave() 메서드 다음에 created 훅 코드를 추가한다.

```
created(){ console.log('Login 컴포넌트 created') }
```

브라우저를 실행해 Home('/')에서 Admin('/admin')을 클릭하면 콘솔에는 Login 컴포넌트의 created 훅이 맨 마지막에 동작함을 나타낸다.

```
beforeEnter : to :                              router.js?41cb:27
▶ {name: "admin", meta: {…}, path: "/admin", hash: "", query
  : {…}, …}
from :
▶ {name: "home", meta: {…}, path: "/", hash: "", query: {…}
  , …}
beforeRouteEnter : to :                          Login.vue?7463:9
▶ {name: "login", meta: {…}, path: "/login", hash: "", query
  : {…}, …}
from :
▶ {name: "home", meta: {…}, path: "/", hash: "", query: {…}
  , …}
Login 컴포넌트 created                            Login.vue?7463:17
```

그림 7-21 beforeEnter 실행결과(created)

7.5.3 전역 Navigation Guard

전역 Navigation Guard와 관련된 메서드는 beforeEach(), afterEach(), beforeResolve()가 있다. 먼저 beforeEach() 메서드는 현재 경로에서 새로운 경로를 바꾸기 전에 발생한다. 다음과 같이 정의해 사용한다.

```
const router = new VueRouter({ ... })
router.beforeEach((to, from, next) => {
  // 코드들
})
```

앞서 본 다른 가드Guard와 마찬가지로 위에서 사용된 to는 이동할 경로path를, from은 현재 경로를 나타내고 next를 이용해서 이동하거나 이동을 취소, 리다이렉트할 수 있다.

기존의 Admin.vue, Login.vue에 이미 정의돼 있는 beforeRouteUpdate(), beforeRouteEnter(), beforeRouteLeave() 같은 다른 가드들을 주석 처리한다. 그 다음 router.js 파일에서 admin 관련 라우트 설정에 정의된 beforeEnter()를 주석 처리한다. 현재 router.js 파일의 코드는 다음과 같은 구조로 돼 있다.

```
import …
Vue.use(Router)
export default new Router({ … })
```

이 router.js 파일의 코드를 전역 Navigation Guard를 사용할 수 있도록 다음과 같이 수정한다.

```
import …
Vue.use(Router)
const router =  new Router({ … })
export default router
```

위와 같이 수정한 후 beforeEach() 관련 코드를 다음과 같이 추가한다.

```
router.beforeEach((to, from, next) => {
  if (to.path == "/admin") {
    console.log('beforeEach : ' + 'to : ', to, 'from : ',  from);
    // next(false);  // 이동 취소
    next('/login')  // login 페이지로 이동
  } else {
    next();
  }
});
```

현재의 경로에서 이동하려는 경로(to)가 /admin일 경우 /login으로 이동하도록 하고 이외의 경우는 next()로 이동하도록 한다. afterEach() 메서드는 라우팅된 후 동작하는 것으로 다음과 같은 형식으로 사용하며 next 메서드가 없어 탐색에 영향을 줄 수 없다.

```
router.afterEach((to, from) => {
  // 코드들
})
```

router.beforeEach() 다음 라인에 아래의 코드를 추가해 사용할 수 있다.

```
router.afterEach((to, from) => {
  console.log('afterEach : ' + 'to : ', to, 'from : ',  from);
})
```

브라우저를 실행해 Home에서 Admin을 클릭하면 beforeEach()에 정의된 대로 login 페이지로 이동하고 afterEach()가 동작해 콘솔 화면에 나타난다.

```
beforeEach : to :                                                    router.js?41cb:114
▶ {name: "admin", meta: {…}, path: "/admin", hash: "", query: {…}, …} from :
▶ {name: "home", meta: {…}, path: "/", hash: "", query: {…}, …}
afterEach : to :                                                     router.js?41cb:123
▶ {name: "Login", meta: {…}, path: "/Login", hash: "", query: {…}, …} from :
▶ {name: "home", meta: {…}, path: "/", hash: "", query: {…}, …}
```

그림 7-22 beforeEach, afterEach

beforeResolve()는 2.5.0 버전 이후에 추가된 것으로 beforeEach()와 비슷하며 모든 컴포넌트와 경로별 가드가 호출된 후 호출된다는 차이점이 있으며 이에 대한 자세한 사항은 여러분이 학습해보길 바란다.

7장에서는 vue-router를 이용해 routing 기능이 포함된 프로젝트를 생성하는 방법을 알아봤다. 지정된 경로에 일치하는 컴포넌트를 렌더링하는 데 사용되는 router-view, 탐색navigation에 사용되는 라우터 링크router-link를 학습했고 routes 속성에 children 옵션을 이용해 중첩 라우팅 기능을 구현할 수 있게 됐다. 또한 네비게이션 가드를 이용해 특정 URL(혹은 페이지)에 접근할 수 있도록 제어하는 방법을 학습했다. 이제 정상적인 로그인(인증)을 거치지 않고 특정 URL로 접근하려고 할 경우 이에 대한 접근을 막을 수 있는 기능을 구현할 수 있을 것이다.

8장에서는 분산돼 있는 데이터를 한 곳에서 효과적으로 관리할 수 있도록 도와주는 Vuex를 알아본다.

8

효율적인 데이터 관리를 위한 Vuex

Vuex는 Vue.js 애플리케이션을 위한 상태 관리 + 라이브러리다. 중앙에 데이터 저장소^{store}를 두고 애플리케이션 내의 모든 컴포넌트들이 이용하게 할 수 있다.

이미 컴포넌트를 학습했기 때문에 data 프로퍼티를 통해 각 컴포넌트가 필요한 데이터를 이용할 수 있다. Vue.js 애플리케이션이 얼마 안 되는 컴포넌트로 구성된 단순한 애플리케이션이라면 Vuex를 이용할 필요가 없다. 각 컴포넌트 간에 데이터 전달이 필요할 경우 props, event bus 등을 이용해 데이터를 주고받으면 되기 때문이다.

하지만 많은 수의 컴포넌트로 구성된 애플리케이션의 경우 컴포넌트 간의 데이터 전달은 그리 단순하지 않다. 매번 props, eventbus 등을 이용해 데이터를 전달한다면 관련 동적 처리가 복잡해진다. 따라서 이럴 경우 vuex를 이용해 한 곳에서 데이터^{state}를 관리하고 이 데이터를 수정하거나 삭제하는 등의 작업을 수행하는 것이 효과적이다.

예를 들어 다음과 같이 App.vue가 루트 역할을 하고 여기에 여행 정보를 포함하는 데이터가 있다고 가정하자. 이 데이터를 자녀 컴포넌트인 TravelList.vue에서 사용한다. 그리고 TravelList 컴포넌트의 자녀 컴포넌트인 TravelListDetails.vue에서 필터링 데이터를 사용할 경우 그림 8-1과 같이 컴포넌트의 props 프로퍼티를 이용해 구현할 수 있다.

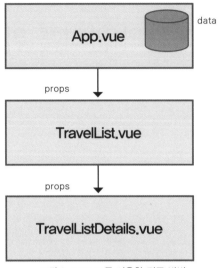

그림 8-1 props를 이용한 접근 방법

그림 8-2 실행결과

물론 App.vue에 있는 데이터가 필요한 곳인 TravelList, TravelListDetails 컴포넌트에 모두 정의해서 사용해도 단순한 응용 프로그램에서는 큰 차이가 없겠지만 컴포넌트가 많을 경우에는 적절한 접근 방법이라고 할 수 없다.

좋은 접근 방법은 그림 8-3과 같이 한 곳에 데이터, 데이터를 다루는 메서드 등을 만들어 놓고 각 컴포넌트들이 직접 접근해 필요한 작업을 하도록 하는 것이다. 이러한 접근 방법이 바로 Vuex를 이용한 접근 방법이다.

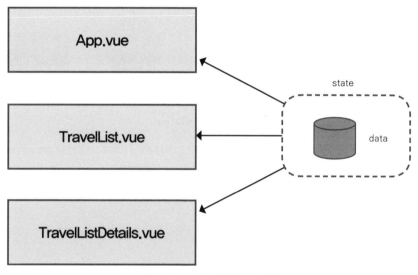

그림 8-3 Vuex를 이용한 접근 방법

위와 같이 Vuex의 state 한 곳에서 관리하기 때문에 필요한 데이터나 함수 기능을 정의해 필요한 컴포넌트에서 사용할 수 있도록 하면 된다.

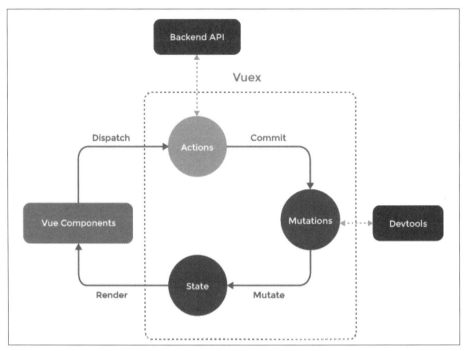

그림 8-4 Vuex

그림 8-4는 https://vuex.vuejs.org/에서 나타난 Vuex에 대한 내용으로 Vuex를 구성하는 데이터와 관련이 있는 일종의 객체인 state, 그리고 state에 속한 데이터를 직접 수정할 수 있는 Mutation이 포함된 Mutations, Mutation을 통해서 간접적으로 state에 변화를 줄 수 있는 Action을 포함하는 Actions를 나타내고 있다. 사용자가 UI[Vue Components]에서 state에 변화를 줄 수 있는 동작, 예를 들어 버튼을 클릭하면 내부적으로 state 값이 변하는 것처럼 어떤 동작[action]이 일어나도록 하는 것을 Dispatch 로 이해하길 바라며 Commit, Mutate는 해당 부분을 통해 이해하도록 한다.

간단히 정리하면 다음 2가지 방법으로 Vuex를 이용해 state를 변경할 수 있다.

- mutation을 이용한 직접 변경(동기적 처리)
- action → mutation을 이용한 간접 변경(비동기적 처리 가능)

그림 8-4의 흐름을 잘 기억하길 바라며, 8장에서는 다음과 같은 내용을 학습한다.

- Vuex를 이용한 상태 관리를 이해하려면 Vuex 패키지를 설치하고 동작을 이해한다.
- 상태[state]에서 데이터를 가져오는 함수인 getters를 학습한다.
- 상태를 바꾸는 유일한 방법인 mutation을 학습하고 상태를 변경할 수 있다.
- mutation을 커밋[commit]해 간접적으로 상태를 변경할 수 있으며 비동기적으로 동작하는 Action을 학습한다.
- vuex의 보조함수[Auxiliary functions]를 학습한다.
- Mutations와 Actions의 차이점을 이해한다.

이제 Vuex를 어떻게 사용할 수 있는지 Vuex 패키지 설치부터 순서대로 알아본다.

8.1 Vuex 패키지 설치하기

명령 프롬프트를 실행한 후 다음의 코드를 입력해 프로젝트를 생성한다.

```
vue create basicvuex --default
```

vscode로 basicvuex 디렉터리를 연 후 vscode 메뉴 중 터미널[Terminal] 메뉴를 클릭해 새로운 터미널[New Terminal]을 실행한다. 터미널 창에 "npm run serve"를 입력해 프로젝트를 실행한다. vue.js 로고와 함께 정상적으로 나타나는 것을 확인한 후 Ctrl+C 키를 눌러 종료하고 다음의 명령을 입력해 vuex 패키지를 설치한다.

```
npm install vuex --save
```

설치가 완료되면 package.json 파일을 열어 설치돼 있는지 확인한다.

```
"dependencies": {
    "vue": "^2.5.22",
    "vuex": "^3.1.0"
},
```

어느 컴포넌트에서나 접근이 가능하도록 저장소^{store}를 만들려면 src 폴더 아래에 store 폴더를 추가한다. 생성된 store 폴더 안에 store.js 파일을 생성하고 다음과 같이 코드를 작성한다.

```
import Vue from 'vue'
import Vuex from 'vuex'

Vue.use(Vuex)

export default new Vuex.Store({
  strict: true,
  state: {
    items: [
    {country:"France", city:"Paris", attraction:"에펠탑", entrance_fee: 10},
    {country:"Italy", city:"Venezia", attraction:"산마르코 대성당", entrance_fee:
     0},
    {country:"Austria", city:"Salzburg", attraction:"호엔잘쯔부르크성",
     entrance_fee: 15.20},
    {country:"Germany", city:"Frankfurt", attraction:"뢰머광장", entrance_fee:
     0},
    {country:"Nederland", city:"Amsterdam", attraction:"국립미술관",
    entrance_fee: 17.50},
    ]
  }
  // getters:{},
  // mutations:{},
  // actions:{}
})
```

strict: true 부분은 Vuex 상태^{state}가 mutation 핸들러 밖에서 변할 때의 에러를 나타내며 이를 통해 모든 상태 변화^{state mutation}가 명확하게 트래킹^{tracking}되도록 한다.

state는 애플리케이션에서 사용할 데이터를 포함하는 객체다. Vuex는 이러한 트리 구조 형태를 취하는 하나의 상태^{state}를 사용한다. 다음과 같이 main.js에 모든 컴포넌트가 vuex를 사용할 수 있도록 추가한다.

```
import Vue from 'vue'
import App from './App.vue'
import store from './store/store'

Vue.use('Vuex');
Vue.config.productionTip = false

new Vue({
  render: h => h(App),
  store
}).$mount('#app')
```

Vuex를 사용하기 위한 준비 과정을 정리하면 다음과 같다.

- **단계 1**: vuex 설치
- **단계 2**: store.js 파일을 생성하고 vuex 관련 데이터를 정의한다.
- **단계 3**: main.js에 vuex를 컴포넌트들이 사용할 수 있도록 한다.

컴포넌트 props 프로퍼티를 이용한 결과 화면과 동일한 결과가 나오도록 vuex로 구현하려면 App.vue를 열어서 다음과 같이 코드를 작성한다.

```
<template>
  <div id="app">
    <travel-list></travel-list>
  </div>
</template>
<script>
```

```
  import TravelList from './components/TravelList'
  export default {
    name: 'app',
    components : { 'travel-list':TravelList }
  }
</script>
```

components 폴더에 TravelList.vue 파일을 다음과 같이 작성한다.

```
<template>
  <div id="travel-list">
    <p>유럽여행</p>
    <ul>
      <ul>
        <li v-for="item in items" :key="item.attraction" @click=
         "goCountry(item.country)">
        <span>국가 : {{item.country}}</span> 
        <span>도시 : {{item.city}}</span> 
        <span>명소 : {{item.attraction}}</span> 
        <span>요금 : {{item.entrance_fee | currency}}</span>
      </li>
    </ul>
    <travellist-details></travellist-details>
  </div>
</template>
```

위에서 유럽여행 아래에 ⟨li⟩ 엘리먼트 태그에 해당 국가Country 정보가 있어야 TravelListDetails 컴포넌트에서 해당 국가에 해당하는 정보를 나타낼 수 있다. store.js 파일로 이동해 store.js 내 state의 items 아래에 다음의 코드를 추가한다.

```
selectedCountry:' '
```

TravelList.vue 파일에 ⟨script⟩···⟨/script⟩ 부분을 다음과 같이 작성한다.

```
<script>
import TravelListDetails from './TravelListDetails'
export default {
  components:{ 'travellist-details': TravelListDetails},
  methods:{
    goCountry(inValue) {
      this.$store.state.selectedCountry = inValue
    }
  },
  filters: {
    currency(value) {
      return new Intl.NumberFormat("de-DE", {style:'currency', currency: 'EUR'}).
        format(value)
    }
  },
  computed: {
   items() {
    return this.$store.state.items
   }
  }
}
</script>
```

filters 프로퍼티에서 currency() 메서드는 화폐 단위를 표시하는 기능이므로 유로(EURO)를 표시하는 코드로 달러나 원화를 표시하려면 다음의 링크를 참고하기 바란다.

https://developer.mozilla.org/en-US/docs/Web/JavaScript/Reference/Global_Objects/NumberFormat

TravelList.vue 파일에서 </script> 태그 다음에 스타일을 적용하는 코드를 작성한다.

```
<style>
  #travel-list {
```

```
    color:white;
    background:blue;
    padding: 10px 20px
  }
  #travel-list ul {
    padding:0;
    list-style-type:none;
  }
  #travel-list li {
    margin:10px;
    padding:20px;
    background:#1565c0;
  }
</style>
```

마지막으로 TravelListDetails.vue 파일을 열어 다음과 같이 코드를 작성한다.

```
<template>
  <div id="travellist-details">
    <p>{{ this.$store.state.selectedCountry }} 여행</p>
    <ul>
      <li v-for="item in filteredItems" :key="item.attraction">
        <span>도시 : {{item.city}}</span> 
        <span>명소 : {{item.attraction}}</span> 
        <span>요금 : {{item.entrance_fee | currency}}</span>
      </li>
    </ul>
  </div>
</template>
<script>
export default {
  filters: {
    currency(value) {
      return new Intl.NumberFormat("de-DE", {style:'currency', currency: 'EUR'}).
      format(value);
  }
```

```
  },
  computed: {
    filteredItems() {
      return this.$store.state.items.filter(item =>
              {return item.country ==this.$store.state.selectedCountry})
    }
  }
}
</script>
```

스타일을 적용하려면 다음의 코드를 작성한다.

```
<style>
  #travellist-details{
    color:white;
    background: teal;
    padding: 10px 20px;
  }
  #travellist-details ul {
    padding:0;
    list-style-type:none;
  }
  #travellist-details li {
    margin:10px;
    padding:20px;
    background: #00695c;
  }
</style>
```

브라우저에서 국가: Nederland 부분을 클릭하면 컴포넌트 props 프로퍼티를 이용한 결과 화면과 동일한 결과를 나타낸다.

8.2 Getters

store.js에 주석 처리돼 있는 getters 부분은 상태state에서 데이터를 가져오는 함수를 나타낸다. Getters는 store에 있는 computed 프로퍼티로 생각할 수 있는데 그 이유는 Getters는 computed 프로퍼티와 비슷하게 getter의 결과가 의존성dependencies에 기반해 캐시cache되기 때문이다. 다시 말해서 의존성에 변화가 생겼을 때만 재평가된다.

Getters는 때때로 컬렉션 형태의 데이터를 필터링하거나 데이터의 수를 Vuex로 정의된 스토어store의 상태에 기반해 계산할 때 사용하며, getters 블록 내의 함수 정의 방법은 다음과 같다.

```
function_name : (state) => {
    // 코드
}
```

state는 store내 state를 나타내며 // 코드 부분에 컴포넌트의 computed 프로퍼티에 정의된 함수 내 코드를 복사한 후 코드에서 this.$store 부분을 제거한다. store.js에서 getters 주석 처리를 해제하고 다음과 같이 코드를 작성한다.

```
getters:{
  items: state => {
    return state.items
  },
  filteredItems:state =>{
    return state.items.filter(item => {return item.country ==
      state.selectedCountry})
  }
},
```

items 함수는 TravelList 컴포넌트에 정의된 함수와 연관되고 fiteredItems 함수는 TravelListDetails 컴포넌트에 정의된 함수와 연관된다. 모두 computed 프로퍼티에 정의돼 있으므로 해당 컴포넌트들에서 다음과 같이 각각 수정한다.

```
items() {
  return this.$store.getters.items
}

filteredItems() {
  return this.$store.getters.filteredItems
}
```

실행결과는 앞의 결과와 같다.

8.3 Mutations

Mutation은 상태를 바꾸는 유일한 방법으로 mutation을 커밋commit해 변경할 수 있다. mutation으로 상태가 변경되는 것을 추적할 수 있으며 한 곳에서 상태를 변경하기 때문에 일관되게 데이터를 관리할 수 있다. mutation을 적용하는 방법은 다음과 같이 2단계로 나눌 수 있다.

- **단계 1**: store.js에서 mutation을 정의
- **단계 2**: 컴포넌트의 해당 메서드 부분에서 커밋

여기서 커밋commit한다는 의미는 쉽게 이야기해서 '적용한다'라고 생각해도 되고 데이터베이스에서의 커밋의 의미로 이해해도 된다. 차례대로 보면 store.js에서 mutations 블록 내의 mutation을 정의하는 방법은 다음과 같다.

```
method_name : (state, [payload]) => {
    // 코드
}
```

state는 store내 state를 나타내며 옵션인 payload는 입력 파라미터가 존재할 때 사용한다. 위의 // 코드 부분에는 컴포넌트의 methods 프로퍼티에 정의된 메서드 내 코드를 복사한 후 코드에서 this.$store 부분을 제거한다. 다음으로 컴포넌트에서 해당 메서드 부분에 다음과 같이 commit() 메서드를 적용한다.

```
methods: {
  method_name () {
    this.$store.commit('method_name')
  }
}
```

컴포넌트에서 저장소^{store} 상태를 변경하지 않고 mutation을 이용해 store 내의 상태를 내부에서만 변경하도록 한다.

Mutation을 이해하려면 TravelList.vue 파일 내에 button을 추가하고 click 이벤트 발생 시 reducePrice 메서드가 실행되도록 한다.

```
<button @click="reducePrice">특별 입장료 할인</button><br />
<travellist-details></travellist-details>

methods:{
  …
  reducePrice(){
    this.$store.state.items.forEach(item =>{
      item.entrance_fee = (item.entrance_fee -(item.entrance_fee * 0.2))
    })
  }
}
```

reducePrice() 메서드는 현재의 입장료^{entrance fee}에 특별히 20% 할인된 입장료를 적용한다. 이와 같이 추가한 후 크롬 브라우저의 Dev-tools 기능을 활성화한다.

그림 8-5 Mutations 적용 전, 할인율 반영하기 전 결과

특별 입장료 할인 버튼을 클릭하면 그림 8-6과 같이 입장료가 20% 할인된 가격으로 변경된다.

그림 8-6 Mutations 적용 전, 할인율 반영 결과

그런데 여기서 Console 탭을 클릭하면 다음과 같이 에러 메시지가 나타낸다.

"Error: [vuex] do not mutate vuex store state outside mutation handlers."

쉽게 얘기해서 "store 내의 상태^{state}를 내부에서만 변경하도록 하라"는 의미이므

로 store.js에 있는 주석 처리된 // mutations:{}, 부분의 주석을 제거하고 다음과 같이 코드를 작성한다. 편집상 state.items~ 부분을 코드 여러 줄로 표시했지만 정상적으로 동작하려면 한 줄로 연결해서 작성하기 바란다.

```
mutations:{
  reducePrice: state => {
    state.items.forEach(item =>{
      item.entrance_fee = (item.entrance_fee -(item.entrance_fee * 0.2))
    })
  }
},
```

그 다음 TravelList.vue 파일 내의 reducePrice 메서드를 다음과 같이 수정한다.

```
reducePrice(){
  this.$store.commit('reducePrice')
}
```

크롬 브라우저에서 Dev-tools 기능을 활성화하면 동일하게 할인이 적용돼 나타나고 **Console** 탭에는 에러 메시지도 나타나지 않는다. 이제 그림 8-7의 **Vuex** 부분을 클릭한다.

그림 8-7 Vuex

그 다음 **특별 입장료 할인** 버튼을 3번 누르면 그림 8-8과 같은 화면이 나타나는데 여기서 여러분이 누른 3번의 할인 버튼 동작 결과를 적용^{commit}할 수도 있고 되돌릴 수도 있다.

그림 8-8 Mutations 반영 결과

Commit This Mutation 부분을 클릭하면 그 상태^{state}로 변경된 데이터가 반영되고 Revert This Mutation 부분을 클릭하면 그 전 상태로 나타난다. 이와 같이 Mutations 와 Vue Dev-tools를 이용해 상태의 변화와 이에 대한 커밋, 리버팅이 가능하다.

마지막으로 France, Italy 등을 선택하면 TravelListDetails 컴포넌트에 할인이 적용된 가격이 나타나지 않고 Console 탭에는 앞서 본 에러 메시지가 나타난다. 어떻게 수정하면 될지 잠시 생각해 보자.

TravelList.vue의 자녀 컴포넌트 TravelListDetails에서 선택하는 국가의 해당 국가 정보를 표시하려면 국가명을 저장하는 goCountry() 메서드를 살펴본다.

```
goCountry(inValue) {
  this.$store.state.selectedCountry = inValue
}
```

goCountry() 메서드에서 직접 Vuex store에 접근하기 때문에 발생하는 에러이므로 먼저 store.js의 mutations 부분에 다음과 같이 goCountry 메서드를 추가한다.

```
mutations:{
```

```
  reducePrice: state => {
    state.items.forEach(item =>{
      item.entrance_fee = (item.entrance_fee -(item.entrance_fee * 0.2))
    })
  },
  goCountry: (state, inCountry) => {
    state.selectedCountry = inCountry;
  }
},
```

위에서 inCountry는 TravelList 컴포넌트에서 국가를 선택하면 넘어오는 국가 이름을 받기 위한 입력 파라미터다. TravelList.vue 파일에서 goCountry() 메서드 부분을 다음과 같이 수정한다.

```
goCountry(inValue) {
  this.$store.commit('goCountry', inValue)
}
```

위에서 inValue는 TravelList 컴포넌트에서 국가를 선택하면 넘어오는 국가 이름을 나타내며 크롬 브라우저를 실행해 특정 국가를 선택하면 해당 국가에 할인이 적용된 데이터가 나타나는 것을 알 수 있다.

8.4 Actions

Action은 mutation을 커밋해 간접적으로 상태를 수정할 수 있으며 비동기적으로 동작한다. 예를 들어 파일을 읽고 쓰거나 HTTP를 요청하고 이에 대한 응답 처리과정을 생각해보자. 먼저 상당히 큰 파일의 경우 해당 작업이 언제 끝날지 알 수 없고 HTTP 요청에 대한 응답 역시 마찬가지다. 이같은 경우 동기적 처리는 해당 작업들이 완료될 때까지 기다려야 하지만 비동기적 처리는 해당 작업이 완료되면 반영하는 형태로 처리하면 되므로 기다리지 않고 다른 작업을 처리할 수 있다. 따라서 비동기적인 처리가 필요한 경우에는 이를 지원하는 action을 이용하면 되고 Action을 적용하려면 다음의 순서를 따른다.

- **1단계**: store.js에서 action을 정의
- **2단계**: 컴포넌트의 해당 메서드 부분에서 dispatch

먼저 순서대로 actions 블록 내의 action을 정의하려면 mutations 블록 내의 mutation을 다음과 같이 작성한다.

```
method_name : context => {
    context.commit('method_name')
}
```

action은 위와 같이 하나의 context를 받는데 이 context는 저장소^{store} 인스턴스의 메서드들과 프로퍼티들을 나타내며, context.commit('method_name')을 이용해 'method_name'을 커밋한다. 다음으로 해당 메서드가 정의된 곳(컴포넌트)에서 다음과 같이 코드를 작성한다.

```
method_name(){
  this.$store.dispatch('method_name'),
}
```

위에서 dispatch() 메서드는 action을 호출하기 위한 메서드로 컴포넌트에서 해당 메서드가 호출되면 store.js에 정의된 actions 내의 method_name이 실행된다. 이제 store.js에 있는 주석 처리된 // actions:{}, 부분의 주석을 제거하고 다음과 같이 코드를 작성한다.

```
actions:{
  reducePrice:context =>{
    context.commit('reducePrice')
  },
  goCountry:(context, inCountry) => {
```

```
    context.commit('goCountry',inCountry )
  }
}
```

TravelList.vue 파일에서 해당 메서드를 다음과 같이 수정한다.

```
goCountry(inValue) {
  this.$store.dispatch('goCountry', inValue)
},
reducePrice(){
  this.$store.dispatch('reducePrice')
}
```

실행결과는 Mutations 때와 동일하게 나타난다.

8.5 mapState, mapGetters, mapMutations, mapActions

mapState, mapGetters, mapMutations, mapActions는 컴포넌트에서 쉽게 접근할 수 있게 한 것으로 vuex의 보조 함수Auxiliary functions라고 볼 수 있으며 다음과 같은 기능을 한다.

- mapState는 Vuex에서 state를 쉽게 연결할 수 있도록 helper 역할을 함
- mapGetters는 getter를 computed 프로퍼티에 매핑
- mapMutations는 mutation을 commit하는 것을 단순화
- mapActions는 action을 dispatch하는 것을 단순화

이를 통해 코드가 상대적으로 간결해진다. 여기서는 mapGetters, mapActions을 사용하는 방법을 알아본다. mapGetters, mapActions를 컴포넌트 내에서 사용하려면 다음의 2단계를 거친다.

- import { mapGetters, mapActions} from 'vuex'
- …mapGetters(['getter_name']) , …mapActions(['action_name'])

위에서 …은 자바스크립트 ES6에서 등장한 spread 연산자(…)를 나타내는데 spread 연산자는 기본적으로 이미 정의된 배열의 아이템들을 가져오거나 기존 배열을 확장하는 데 사용되는 유용한 연산자다. 예를 들어 …mapActions([´reducePrice´])를 사용한다면 store.js의 actions에 정의돼 있는 reducePrice에 해당하는 것을 호출하게 된다.

TravelList.vue 파일을 열어서 methods 프로퍼티 부분을 다음과 같이 수정한다.

```
import { mapActions } from 'vuex'
…
  methods:{
    ...mapActions([ 'reducePrice' ]),
    ...mapActions([ 'goCountry' ])
  }
```

TravelListDetails.vue 파일을 열고 computed 프로퍼티 부분을 다음과 같이 수정한다.

```
import { mapGetters } from 'vuex'
…
  computed: {
    ...mapGetters(['filteredItems'])
  }
```

브라우저로 확인하면 결과는 동일하게 나타난다.

8.6 Mutations와 Actions의 차이점

Mutation은 기본적으로 동기적으로 처리되나 Action은 비동기적인 처리가 가능하다고 이야기했었다. 이제 다음과 같은 setTimout() 메서드를 이용해 비동기적인 처리를 Mutations와 Actions에 적용해 봄으로써 그 차이점을 이해해본다.

```
setTimout( function, milliseconds)
setTimeout( function() { console.log('안녕하세요') }, 4000)
```

setTimout 메서드는 milliseconds 후에 function이 실행되는데 위의 두 번째 코드는 4초 후에 콘솔console에 '안녕하세요'를 나타낸다.

지금까지 작성한 예제에 이를 적용해보자. store.js 파일을 열어서 actions: { … } 부분을 모든 주석 처리하고 mutations 안의 reducePrice를 다음과 같이 수정한다.

```
reducePrice: state => {
  setTimeout( function(){
    state.items.forEach(item =>{
      item.entrance_fee = (item.entrance_fee -(item.entrance_fee * 0.2))
    })
  }, 4000)
}
```

위와 같이 기존처럼 버튼을 클릭하면 바로 입장료 할인이 적용되는 것이 아니라 setTimeout 메서드를 이용해 4초가 지난 후 입장료 할인이 적용되도록 한다. 다음으로 TravelList.vue 파일을 열어 기존의 mapActions 코드를 주석 처리하고 mapMutations 코드를 추가한다.

```
// import { mapActions } from 'vuex'
import { mapMutations } from 'vuex'
export default {
  components:{ 'travellist-details': TravelListDetails},
  methods:{
```

```
...mapMutations([ 'reducePrice' ]),
...mapMutations([ 'goCountry' ])
// ...mapActions([ 'reducePrice' ]),
// ...mapActions([ 'goCountry' ])
```

브라우저에서 mapMutations를 이용해 동기적으로 실행되는 goCountry는 정상적으로 동작하고 console에 에러 메시지를 나타내지 않지만 setTimeout 메서드를 이용해서 비동기적으로 할인율을 적용하는 reducePrice는 조금 다른 결과를 나타낸다. 예를 들어 2번 연속해서 클릭할 경우에 다음과 같이 **Filter mutations** 부분을 클릭하면 즉시 반영된다.

그림 8-9 mutations과 actions의 차이점

실제 할인율 적용은 2번 클릭했으므로 각각 4초씩이 흐른 후 반영되지만 Mutations는 동기적으로 처리돼야 하므로 콘솔에는 약 12개의 에러 메시지를 다음과 같이 나타낸다.

```
vue.runtime.esm.js?2b0e:619 [Vue warn]: Error in callback for watcher "function () {
return this._data.$$state }":
"Error: [vuex] do not mutate vuex store state outside mutation handlers."
```

이제 actions에 동일하게 적용해보려면 store.js 파일을 열어서 주석 처리된 actions: { … } 부분의 주석을 제거하고 setTimeout 메서드를 이용해 다음과 같이 작성한다.

```
actions:{
  reducePrice:context =>{
    setTimeout(function(){ context.commit('reducePrice') }, 4000)
      // context.commit('reducePrice')
  },
  …
}
```

mutations 부분의 reducePrice 코드는 원래대로 수정한다.

```
  reducePrice: state => {
    state.items.forEach(item =>{
      item.entrance_fee = (item.entrance_fee -(item.entrance_fee * 0.2))
    })
  },
```

TravelList.vue 파일을 열어 기존의 mapActions 코드를 주석 해제하고 mapMutations 코드를 주석 처리한다. 브라우저에서 mapActions를 이용해 비동기적으로 할인율을 적용하는 reducePrice는 2번 연속해서 클릭할 경우에 Filter mutations 부분에 클릭 즉시 반영되는 것이 아니라 4초가 지날 때마다 반영된다. 그리고 동기적으로 처리돼야 하는 Mutations의 콘솔에 약 12개의 에러 메시지를 나타낸 에러는 전혀 나타나지 않는다. 간단한 비교로 Mutations는 동기적, Actions는 비동기적으로 처리됨을 알 수 있다.

8장에서는 애플리케이션 전체에서 사용할 수 있는 중앙 데이터 저장소store 개념의 상태를 이용해 데이터를 저장하고 이를 모든 컴포넌트들이 사용할 수 있도록 하는 방법을 알아 봤다. 그리고 getters를 사용해 저장된 데이터를 읽고 mutation을 통해 상태를 변경할 수 있다는 것을 알았다. 아울러 mutation을 커밋해 간접적으로 상태^{state}를 수정할 수 있으며 비동기적으로 동작하는 Action의 기능을 알았다. 이로써 vuex를 이용해 효율적이고 추적 가능한 데이터 관리가 가능함을 학습했다.

9장은 이 책을 집필하면서 가장 많은 시간과 지면을 할애했다. REST의 개념부터 RESTful 서버를 구축하고 MongoDB와 연동해 Vue.js 애플리케이션을 만들어 front-backend 개념을 전체적으로 이해할 수 있도록 했다.

9

MEVN(MongoDB, Express, Vue, Node.js) 기반 RESTful 서비스

요즘 지하철이나 버스를 타면 많은 사람들이 스마트폰으로 유튜브를 시청하거나 뉴스를 보고 화상 채팅을 하는 것을 어렵지 않게 볼 수 있다.

스마트폰으로 이런 서비스를 이용할 때면 여러분의 스마트폰과 아마존, 마이크로소프트 등의 클라우드 서비스는 다양한 데이터를 주고받는다. 이 과정에서 데이터의 검색, 수정, 추가, 삭제와 같은 일련의 작업이 이뤄진다. 이러한 작업은 기존의 웹서비스에서 이뤄지기도 하지만 그림 9-1과 같은 구조의 RESTful 웹서비스^{Web Service}를 통해서도 이뤄진다.

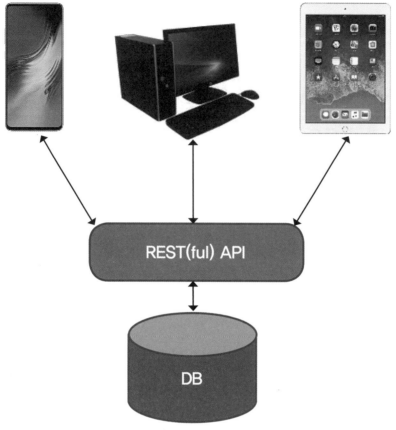

그림 9-1 RESTful 서비스

　직접 애플리케이션을 개발하려면 이미 만들어져 있는 RESTful 서비스를 제공하는 곳에서 필요한 정보(JSON, XML 형식)를 받아서 프로그램을 만들면 된다. 예를 들어 대기오염이나 부동산 관련 애플리케이션을 만들 계획이라면 공공 데이터 포털(https://www.data.go.kr/)에서 대기오염 정보, 부동산 거래 정보 등을 받아서 애플리케이션을 개발하면 된다. 뉴스나 영화 관련 애플리케이션을 만들고 싶으면 네이버 오픈 RESTful API를 이용해 XML, JSON 형태의 뉴스, 영화 등에 정보를 제공받아 프로그램을 개발할 수 있다.

　자바스크립트를 이용해 그림 9-1 같은 구조의 애플리케이션을 개발할 때

MEAN^{MongoDB, Express, Angular, Node}, MERN^{MongoDB, Express, React, Node}, MEVN^{MongoDB, Express, Vue, Node}으로 이뤄진 스택^{stack}을 이용한다. Angular, React, Vue 중 어느 것을 이용해 개발하느냐에 따라서 조금씩 달라진다.

9장에서는 MEVN 스택을 이용해 그림 9-1과 같은 구조의 서비스를 학습하게 되며 간략한 내용은 다음과 같다.

- REST, RESTful 웹서비스가 무엇인지 알 수 있다.
- 자바스크립트 환경에서 callback, promise, async/await 비동기처리 방법을 이해한다.
- JSON-Server를 이용한 JSON 데이터의 GET, POST, PUT, DELETE 방법을 학습한다.
- NoSQL의 대명사인 MongoDB의 이해와 기본적인 CRUD 작업이 가능하다.
- Node.js로 RESTful 서비스를 만들고 MongoDB와 연동할 수 있다.
- Vue.js로 RESTful 서비스를 이용해 MonoDB에 CRUD 작업이 가능하다.

9.1 REST 정의와 개념 이해하기

REST, RESTful 웹서비스란 무엇인지 차례대로 알아본다.

REST의 정의

2000년 로이 필딩^{Roy Fielding}은 '건축 양식 및 네트워크 기반 소프트웨어 아키텍처 설계(Architectural Styles and the Design of Network-based Software Architectures)'라는 박사학위 논문에서 REST^{Representational State Transfer}를 소개했다. 그가 소개한 REST 개념은 HTTP 1.1 및 URI^{Uniform Resource Identifiers} 표준을 설계하는 데 이용됐다.

"REST는 웹서비스^{Web Service} 생성에 사용되는 일련의 제약 조건을 정의하는 소프트웨어 아키텍처 스타일이다."

- Wikipedia

REST의 제약 조건

로이 필딩이 소개한 REST 아키텍처^{Architecture}에 적용되는 제약 조건^{Constraints}은 다음과 같다.

첫째, 클라이언트-서버

클라이언트와 서버의 분리를 의미한다. 클라이언트 애플리케이션과 서버 애플리케이션은 서로 어떠한 종속적인 제약 없이 독립적으로 업데이트될 수 있어야 한다. 클라이언트는 자원^{Resource}의 URIs^{Uniform Resource Identifiers}만 필요하고 서버 측면에서 보면 서버를 단순화해 확장성^{Scalability}을 향상시킨다.

둘째, Statelessness

REST의 가장 중요한 조건은 서버에 클라이언트의 상태를 저장하지 않아야 한다는 것이다. 이 말은 클라이언트의 요청^{request}은 모두 새로운 요청이라는 의미다.

클라이언트에서 서버로 요청 시 서버가 이해할 수 있는 모든 정보를 포함해 요청하고 서버는 이에 응답^{response}한다. 만일 클라이언트 애플리케이션에서 사용자에게 인증 같은 부분이 필요하다면 서버에 요청할 때 인증 정보를 포함해 요청해야 한다.

셋째, 캐시 능력

서버에서 클라이언트에 대한 응답은 캐시 가능^{cacheable}해야 한다는 것을 의미한다. 여기서 캐시는 클라이언트 자체에 서버 응답을 저장하는 것을 말하며 클라이언트에서 요청하고 서버에서 응답하는 과정은 상당한 시간을 필요로 한다. 따라서 이전에 가져온 리소스^{Resource}를 캐시했다가 재활용할 수 있도록 하는 것은 성능을 향상시키는 데 유용하다. 기본적으로 최신 브라우저에는 Expires, Cache-Control, Etag, Last-Modified 같은 캐시 기능을 제공한다.

넷째, 계층 시스템(Layered System)

클라이언트에서 서버로 요청하면 REST 서버는 요청에 대한 응답을 클라이언트로 보내게 되는데 클라이언트와 서버 사이에는 보안, 로드 밸런싱 계층Layer 등이 존재할 수 있다는 것을 나타낸다. 이를 통해 클라이언트에서는 최종 서버에 연결돼 있는지 중간에 다른 서버를 거쳐서 연결되는지 알 수 없도록 한다.

다섯째, Uniform Interface

네트워크 시스템에서 클라이언트와 서버 간의 인터페이스를 정의하는 데 사용되며 4가지의 가이드라인을 제공한다.

- 자원 식별

  자원은 요청을 통해 식별된다. 예를 들어 웹 기반 REST 서비스에서는 자원을 고유하게 식별하고 위치를 지정하는 데 URIUniform Resource Identifier를 이용한다. 여기서 자원은 REST에서 중요한 데이터 표현Representation이다. 이미지, 문서, contracts 같은 집합 형태, 사람 같은 비가상 객체non-virtual object의 경우도 자원이 될 수 있다. 예를 들어 한 명의 고객을 나타내는 customer, 두 명 이상의 고객을 나타내는 customers라는 자원이 있을 때 이를 URI를 이용해서 나타내면 다음과 같다.
  - customers와 같이 집합 형태일 경우 - /customers
  - customer와 같이 단수 형태일 경우 - /customers/{customerId}

  자원은 하위 자원을 포함할 수도 있다. 예를 들어 은행 계좌account를 한 개 혹은 두 개 이상 가지고 있을 수 있는 경우 URIUniform Resource Identifiers를 이용해서 나타내면 다음과 같다.

  - /customers/{customerId}/accounts
  - /customers/{customerId}/accounts/{acountId}

  URI를 이용해 잘 정의된 자원은 직관적이어서 사용하기 편리하다.

- Manipulation of resources through representations

  클라이언트는 자원을 조작manipulation 할 때 필요한 자원의 표현을 포함해 해당 자원의 조작을 서버에 요청한다. 일반적으로 자원의 표현은 JSON 형식으로 이뤄진다. 서버는 HTTP 메서드와 URI를 이용해 자원에 CRUDCREATE, READ, UPDATE, DELETE를 실행한다.

표 9-1 메서드의 기능

메서드	기능	성공	실패
GET	하나의 리소스나 다수의 리소스를 검색	200	404
POST	하나의 리소스나 다수의 리소스를 생성	201	404, 409
PUT	특정 리소스를 수정하거나 대체	200, 204	404
DELETE	특정 리소스를 삭제	200	404

성공, 실패에 사용된 숫자는 HTTP 상태코드Status Code를 나타내는 것으로 200은 성공, 201은 자원이 정상적으로 생성create됐다는 것을 나타낸다. 204는 서버가 성공적으로 처리했지만 반환할 리소스가 없을 때, 404는 실패했을 때, 409는 서버가 클라이언트의 요청을 처리하는 동안 충돌이 발생했을 때 반환되는 코드다. 기타 HTTP 상태코드는 검색해 참고하기 바란다.

- **자기 설명적 메시지(Self-descriptive Messages)**

  각 클라이언트 요청 및 서버 응답은 하나의 메시지이지만 각 메시지는 자체적으로 설명할 수 있어야 한다. 즉, 각 메시지에는 작업을 완료하는 데 필요한 모든 정보가 포함돼야 한다는 의미다. 간단한 예로 만일 한 제품product에 대한 자원이 제품코드code, 이름name, 가격price으로 구성된다면 JSON, XML로 다음과 같이 나타낼 수 있다.

```
{
   "code": "p001",
   "name": "스마트폰",
   "price: 850000
}
```

```
<product>
   <code>p001</code>
   <name>스마트폰</name>
   <price>850000</price>
</product>
```

- HATEOAS(Hypermedia as The Engine of Application State)

  서버의 응답에 하이퍼 미디어 링크를 사용하고 클라이언트가 하이퍼 미디어 링크를 탐색해 해당 자원을 동적으로 탐색할 수 있도록 한다. 여기서 하이퍼 미디어Hypermedia는 이미지, 영화 및 텍스트와 같은 다른 형식의 미디어에 대한 링크가 포함된 모든 콘텐츠를 나타낸다.

여섯째, Code on Demand(optional)

대부분의 경우 서버로부터 받는 응답은 JSON이거나 XML지만 때때로 자바스크립트 코드처럼 실행 가능한 응답을 받아야 할 수 있다. 예를 들어 클라이언트는 서버에 코드를 요청할 수 있고 응답이 HTML일 때 보통 스크립트 형식의 일부 코드가 포함되며, 클라이언트는 해당 코드를 실행할 수 있다.

RESTful 웹서비스

REST에서 정의한 일련의 제약 조건을 따르는 웹서비스를 RESTful 웹서비스RWS, RESTful Web Service라고 부른다. RESTful 웹서비스는 가볍고lightweight 빠르면서도 확장 가능하며, 유지보수가 편리하다. RESTful 웹서비스의 장점은 다음과 같다.

- 기존의 HTTP의 methods를 사용하므로 자원을 조작할 때 추가적인 작업이 필요 없다.
- JSON, XML, HTML과 같이 다양한 파일 타입을 지원한다.
- 배우기 쉽고 사용하기 편리하다.
- 캐싱Caching 기능을 제공해 성능 향상을 기대할 수 있다.

RESTful 서비스의 단점으로는 사용할 수 있는 HTTP 메서드가 제한적이라는 점이 있다. 또한 앞서 언급한 6가지 제약 조건은 RESTful 웹서비스를 구축하는 데 있어서 가이드 라인을 제시한 것이지 반드시 지켜야 할 사항은 아니므로 표준이 존재하지 않는다.

9.2 콜백, promise 이해하기

뒤에 이어지는 JSON 형태의 RESTful 서비스를 간편한 HTTP 라이브러리인 Axios 를 이용해 처리할 경우 promise 형태로 리턴값이 오게 되므로 promise를 이해하는 것은 대단히 중요하다. promise를 이해하려면 먼저 동기^{Sync}, 비동기^{Async}가 무엇인지 이해할 필요가 있다. 이와 함께 콜백^{callback}의 이해 역시 필요하므로 순서대로 알아본다.

9.2.1 동기와 비동기

동기^{Sync}와 비동기^{Async}란 무엇일까? 쉽게 이해할 수 있도록 step1, step2, step3이라는 3개의 작업이 있다고 가정해보자. 이 때 step1, step2, step3 작업이 순차적으로 처리되는 것을 동기적 처리라고 한다. 자바스크립트 실행환경이 단일 스레드 기반이기 때문에 만일 step1 작업이 긴 시간이 소요되는 작업이라면 그 시간 동안 step2, step3은 실행되지 못하고 기다려야 하는 문제가 발생하고 사용자 입장에서는 프로그램이 멈췄다고 생각할 수 있다.

이에 반해 비동기적 처리는 step1, step2, step3 중 소요되는 시간이 많은 것은 다른 곳에서 처리하고 짧은 시간이 소요되는 것을 먼저 처리하므로 효과적이다. 실제로 이런 경우는 파일 읽고 쓰기 같은 IO 입출력, 네트워크를 통한 데이터 교환 등에 많이 사용된다.

syncvsasync 폴더를 만들어 vscode를 실행해 해당 폴더를 열고 index.html 파일을 추가한 후 **doc + Tab** 키를 눌러 html 구조를 생성한다. 그 다음 〈body〉 태그 안에 다음의 코드를 추가한다.

```
<script src="app.js"></script>
```

app.js 파일을 생성하고 다음의 코드를 작성한다.

```
function step1() { console.log('step 1'); }
```

```
function step2() { console.log('step 2'); }
function step3() { console.log('step 3'); }
step1();
step2();
step3();
```

개발자 도구 → Console 탭을 열어보면 그림 9-2와 같이 3개의 작업이 순차적으로 처리되는 것을 알 수 있다.

▶	⊘	top	▼	◉	Filter	Default lev	⚙
		step 1				app.js:3	
		step 2				app.js:7	
		step 3				app.js:11	

그림 9-2 동기적 처리

비동기적인 처리를 확인하려면 function step2() 부분을 3가지 형식 중 하나를 선택해 수정한다. setTimeout() 메서드를 이용해 3초가 지난 후 콘솔에 'step 2'를 기록하도록 한다.

참고로 setTimeout() 메서드의 첫 번째인 콜백함수를 3가지 형식으로 표현할 수 있다.

```
function step2() {
  setTimeout( () => {
    console.log('step 2');
  }, 3000);
}
```

```
function step2() {
  setTimeout( function() {
    console.log('step 2');
  }, 3000);
}
```

```
function step2() {
  setTimeout(callbackfunc,
    3000);
}
callbackfunc() {
  console.log('step 2')
}
```

실행하면 개발자 도구 → Console 탭에 step 1 → step 3 → step 2 순으로 출력하며 이 결과는 가장 간단한 비동기 처리의 예라고 할 수 있다.

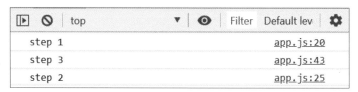

그림 9-3 비동기적 처리

조금 더 자세히 살펴보자. node.js에서 파일을 동기적, 비동기적으로 읽으려면 다음과 같은 readFileSync(), readFile() 메서드를 이용한다.

```
fs.readFileSync(path, [options])
fs.readFile(path, [options], callback)
```

path는 읽을 파일 이름, options을 utf-8 같은 인코딩 설정이나 읽기모드 등으로 설정할 때 사용하고 callback은 콜백^{callback} 함수를 의미한다. 조금 전 예제의 폴더에 index.js 파일을 추가하고 다음의 코드를 작성한다.

```
var fs = require("fs");
console.log("시작 : "+ new Date().toISOString());

// 동기 파일읽기 시작
var data = fs.readFileSync('movies.json');
console.log("동기 파일 읽기: " + new Date().toISOString() +" "+ data.toString());
// 동기 파일읽기 마침

console.log("종료 : " + new Date().toISOString());
```

읽을 파일인 movies.json 파일을 추가하고 다음과 같이 추가한다.

```
[ { "Id": "1",  "Title": "캡틴 마블", "Director": "애나 보든, 라이언 플랙", "Year": "2019"},
 { "Id": "2", "Title": "킹스맨", "Director": "매튜 본", "Year": "2015"} ]
```

vscode 터미널에서 node index.js를 입력해 실행하면 코드가 작성된 순서대로 처리돼 나타난다.

```
시작 : 2019-06-21T07:24:19.051Z
동기 파일 읽기: 2019-06-21T07:24:19.055Z [{
  "Id": "1",
  "Title": "캡틴 마블",
  "Director": "애나 보든, 라이언 플랙",
  "Year": "2019"
},
{
  "Id": "2",
  "Title": "킹스맨",
  "Director": "매튜 본",
  "Year": "2015"
}]
종료 : 2019-06-21T07:24:19.056Z
```

특별히 설명하지 않아도 이해하는 데 어려움이 없을 것이라 생각한다. 이제 비동기 처리를 확인하려면 "//동기 파일 읽기 시작" 부분을 다음의 코드로 수정한다.

```
fs.readFile('movies.json', function (err, data) {
  if (err) { return console.error(err); }
  console.log("비동기 파일 읽기 : "+new Date().toISOString() + " " + data.toString());
});
```

vscode 터미널에서 node index.js를 입력해 실행하면 비동기적 처리 결과가 나타난다. readFileSync() 메서드를 이용한 동기적 파일 읽기와는 다르게 파일 읽기 종료가 먼저 출력되는 것을 볼 수 있다.

```
시작 : 2019-06-21T07:28:00.798Z
파일 읽기 종료 : 2019-06-21T07:28:00.803Z
비동기 파일 읽기 : 2019-06-21T07:28:00.805Z [{
  "Id": "1", …
```

9.2.2 콜백함수, callback Hell

콜백함수는 다른 함수의 입력 인자$^{input\ parameter}$로 전달되는 함수를 말한다. 콜백함수는 콜백함수를 인자 값으로 받은 함수 내에서 실행된다. 쉽게 얘기해서 나중에 실행되는 함수라고 할 수 있다.

자바스크립트 같은 단일 스레드^{thread} 기반의 문제점은 브라우저에서 Ajax 요청이나 MongoDB, 오라클^{Oracle} 같은 데이터베이스 요청 등의 응답에 적지 않은 시간이 소요되고 언제 응답을 받을지도 예측하기 어렵다는 것이다. 이런 경우 callback 함수에 의존해 많이 처리한다.

콜백함수의 실행은 동기적^{Sync}, 비동기적^{Async}으로 처리될 수 있는데 앞서 setTimeout(), fs.readFile() 메서드에서 이용된 콜백은 비동기적으로 실행되는 비동기 콜백함수다. 동기적 콜백함수의 간략한 예는 다음과 같다.

```
function greeting(name) { console.log('안녕 ' + name); }
function displayMessage(callback) { callback(name); }
var name='이재원';
console.log("시작");
displayMessage(greeting);
console.log("종료");
```

첫 라인에 정의된 greeting() 함수가 콜백함수가 되며 displayMessage(greeting) 함수를 통해서 콜백함수가 실행된다. 위 코드의 실행결과는 "시작" → "안녕 이재원" → "종료" 순으로 출력된다.

만일 콜백함수가 포함된 displayMessage^{greeting} 부분에 긴 시간을 필요로 하는 입출력 작업이나 데이터베이스 작업 등을 요청하는 경우라면 그만큼 대기시간이 발생하므로 비효율적이다.

콜백함수에서 본 콜백 기능은 데이터베이스 작업이나 파일 입출력 등과 같은 상당한 시간이 소요되는 작업이다. 그러나 서버에 요청하고 이에 대한 응답을 처리하는 작업처럼 언제 끝날지 모르는 경우와 같이 동기적 처리보다는 비동기적인 처리에 유용한 방법이다.

이전 내용에서 setTimeout(), fs.readFile() 메서드들을 사용한 비동기적 처리를 알아봤는데 처리할 작업이 다음과 같이 jobA, jobB, jobC가 있다고 가정한다.

```
jobA = getData();
jobB = getMoreData(jobA);
jobC = getMoreData(jobB);
```

jobA가 실행되고 나서 jobB를 실행해야 하고 jobC는 jobB가 실행된 후 실행돼야 한다. 또한 모두 비동기적으로 처리해야 한다면 비동기적으로 jobA를 실행하고 그 결과를 getMoreData(jobA)의 입력 인자로 넘겨 jobB를 얻은 다음 이 데이터를 다시 getMoreData(jobB)의 입력 인자로 넘겨 jobC를 얻게 된다. 이를 콜백함수를 이용해서 다음과 같이 처리할 수 있다.

```
getData(function(jobA){
  getMoreData(jobA, function(jobB){
    getMoreData(jobB, function(jobC){

      …

    });
  });
});
```

위와 같은 형태를 nested callback이라고 하는데 nested callback을 사용하면 코드 작성과 유지관리뿐 아니라 애플리케이션의 흐름의 이해와 예외 처리도 어려워지기 때문에 callback hell이라고 부른다. 가급적 nested callback 형태의 사용보다는 callback hell의 대안으로 뒤에 이어지는 promise와 async/wait의 사용을 권하고 있다.

9.2.3 Promise

promise는 약속이라는 의미에서도 알 수 있듯이 현재 바로 진행되는 것이 아닌 미래의 어느 시점에 완료(실패, 성공)되는 하나의 백그라운드 작업이라고 할 수 있다.

promise는 비동기적인 작업이 완료되기를 기다리는 일종의 객체^{object}고 작업이 종료되면 해당 작업의 상태는 성공을 나타내는 fulfilled, 실패한 경우는 rejected가 된다.

promise의 상태는 그림 9-4에서 보는 것처럼 pending, fulfilled, rejected, settled 4가지가 있다.

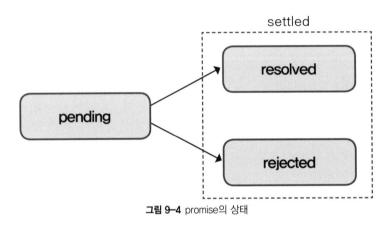

그림 9-4 promise의 상태

pending 상태는 promise가 생성된 후 resolved나 rejected로 전이되지 않은 상태를 나타낸다. pending 상태에서 resolved가 되면 promise가 성공이라는 의미고 rejected가 되면 promise가 실패했다는 것을 의미한다. 그리고 resolved나 rejected 상태를 settled됐다고 말한다. 참고로 한 번 settled된 것은 다시 settled될 수 없다.

promise 생성하기

promise 객체^{object}는 new 키워드와 Promise 생성자를 이용해 다음과 같이 생성할 수 있다.

생성자는 "executor 함수"를 사용한다. 이 함수는 일반적인 형식과 화살표 함수 형식을 이용해 나타내며 다음과 같이 비동기 작업이 성공하면 호출되는 resolve 함수와 실패하면 호출되는 reject 함수로 구성된다.

```
const promise = new Promise( function(resolve, reject) {
  // do something
});

const promise = new Promise( (resolve, reject) => {
  // do something
});
```

예를 들어, 다음주 화요일 오후 6시에 건대 입구에 있는 롯데 백화점에서 친구를 만나기로 약속했다고 가정하자. 이 약속은 친구나 혹은 여러분 자신의 사정으로 취소될 수도 있고 약속대로 만남이 이뤄질 수도 있다. 이를 promise를 이용해서 만들어보려면 promiseExam 폴더를 생성하고 해당 폴더를 vscode로 연 후 simplePromise.js 파일을 생성한다. 다음과 같이 코드를 작성한다.

```
const meetOrNot = true;   // 만남, 만나지 못함에 대한 true, false
const place = new Promise(function(resolve, reject) {
  if (meetOrNot) {
    const placeDetails = {
      name: '롯데 백화점',
      location: '건대 입구',
      time: '오후 6시'
    };
    resolve(placeDetails)
  } else {
    const errMessage ={ error: '급한 일이 생겨서'}
    reject(errMessage)
  }
});
console.log(place);
```

meetOrNot 값이 true이면 Promise 형태로 placeDetails를 반환해 place에 저장되고 meetOrNot 값이 false이면 Promise 형태로 errMessage를 반환해 place에 저장된다.

터미널에 node simplePromise.js를 입력하면 콘솔 화면에 resolve(placeDetails)를 통해 저장된 Promise 타입의 placeDetails 데이터가 나타난다.

```
C:\willbackup\VueJS Mybook\9. RESTful Service\src\promiseExam>node simplePromise.js
Promise { { name: '롯데 백화점', location: '건대 입구', time: '오후 6시' } }
```

그림 9-5 simplePromise.js meetOrNot은 true

코드에서 meetOrNot 값을 false로 하면 reject(errMessage)를 통해 넘어온 다음의 값을 나타낸다.

```
C:\willbackup\VueJS Mybook\9. RESTful Service\src\promiseExam>node simplePromise.js
Promise { <rejected> { error: '급한 일이 생겨서' } }
```

그림 9-6 simplePromise.js meetOrNot은 false

간단한 예지만 위의 결과를 보면 출력된 값이 Promise 형태인 것을 알 수 있다. promise를 이용해 미래에 이뤄질 일을 처리할 수 있음을 알아봤다. 위에서 meetOrNot 값을 false로 한 경우 터미널의 콘솔에 다음과 같은 에러 메시지를 함께 나타낸다.

```
(node:9984) UnhandledPromiseRejectionWarning: #<Object>
(node:9984) UnhandledPromiseRejectionWarning: Unhandled promise rejection.
This error originated either by throwing inside of an async function without a catch
block, or by rejecting a promise which was not handled with .catch(). (rejection id: 1)
```

위와 같은 UnhandledPromiseRejectionWarning에 대한 메시지가 함께 나타난다. 이는 바로 이어지는 promise.then() 메서드에서 처리할 수 있다.

promise.then() 메서드

promise.then() 메서드는 promise가 성공^{resolve} 혹은 실패^{rejected}한 후 promise의
후속 작업을 할 수 있도록 하고 그 결과를 promise 타입으로 리턴한다.

```
promise.then( onFulfilled [, onRejected])
promise.then(
  function(data) {  },     // resolve의 경우
  function(reason) {  }  // rejected의 경우
)
```

onFulfilled는 promise가 성공했을 때 호출되는 함수, onRejected는 promise가
실패했을 때 호출되는 함수를 나타낸다. 이를 두 개의 익명함수로 나타내면 위와
같다.

조금 전 simplePromise.js 파일 안에 "//console.log(place);" 다음 라인에 아래의
코드를 추가한다.

```
place.then( function(data){
    console.log(data);
    console.log(JSON.stringify(data));
  },
  function(reason) {
    console.log(reason);
    console.log(JSON.stringify(reason));
  }
)
```

성공했을 때의 data, 실패했을 때의 reason은 모두 object 타입이므로 이를
JSON 형태로 바꾸려면 JSON.stringify() 함수를 사용한다. meetOrNot 값을
true, false로 바꿔서 확인하면 결과는 각각 다음과 같이 나타난다. false의 경
우 UnhandledPromiseRejectionWarning에 대한 경고 메시지가 나타나지 않
는다.

```
{ name: '롯데 백화점', location: '건대 입구', time: '오후 6시' }
{"name":"롯데 백화점","location":"건대 입구","time":"오후 6시"}

{ error: '급한 일이 생겨서' }
{"error":"급한 일이 생겨서"}
```

promise.catch() 메서드

catch() 메서드는 promise가 실패[rejected]됐을 때만 발생하고 Promise 형태로 반환한다. 다음의 형식을 사용한다.

```
promise.catch(onRejected);
promise.catch(function(reason) {
  //
});
```

위에서 onRejected는 promise가 실패했을 때 호출되는 함수를 나타낸다. 앞 예제 코드에 다음과 같이 catch() 메서드를 추가하고 수정한다.

```
place.then( function(data){
  console.log(data);
  console.log(JSON.stringify(data));
})
.catch(function(error) {
  console.log(error);
  console.log(JSON.stringify(error));
})
```

meetOrNot 값을 true, false로 바꿔가며 터미널[Terminal]에 node simplePromise.js를 입력해 실행하면 then() 메서드 때와 동일한 결과를 나타낸다. 이와 같이 catch() 메서드를 이용해 promise가 실패[rejected]했을 때 발생하는 에러를 잡아낼 수 있다.

9.2.4 Promise Chaining

promise chaining은 2개 이상의 비동기적 작업이 연이어 실행돼야 한다. 각 작업은 그 전 작업이 성공한 후 이뤄져야 하는 경우 여러 개의 then() 메서드를 이용해 처리한다.

간단한 예로 서버에 HTTP 요청을 하고 응답하는 데이터를 이용해 특정 작업을 수행할 때나 여러 개의 파일 데이터를 읽어서 하나의 파일에 통합하는 작업 등을 들수 있다.

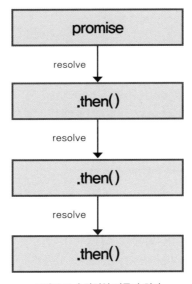

그림 9-7 순차적인 비동기 처리

그림 9-7은 여러 개의 비동기 처리 작업들이 존재할 때 한 작업이 성공적으로 끝나면 그 다음 작업이 진행되는 형태로 순차적인 비동기 처리가 이뤄지는 과정을 나타낸 것이다.

배열의 데이터를 이용해 csv 파일을 만드는 예제로 promise chaining 과정을 이해하길 바란다. promiseExam 폴더 내에 chaining.js 파일을 생성하고 다음과 같이코드를 작성한다.

```
var fs = require("fs");
var data = ["김창수", "01077859923", 25000 ];
console.log("시작");
new Promise(function(resolve, reject) {
  resolve(data[0]);
})
.then(function(result) {
  console.log(result); // 김창수
  return result + "," + data[1];
})
.then(function(result) {
  console.log(result); // 김창수,01077859923
  return result + "," + data[2];
})
.then(function(result) {
  console.log(result); // 김창수,01077859923,25000
  fs.writeFile('paylist.csv', result, function(error){ if(error)
    console.error(error); })
})
.catch(function(error){ console.log(error); })
console.log("종료");
```

터미널^{terminal}에 node chaining.js를 입력하면 다음과 같이 비동기처리 결과를 나타낸다.

```
시작
종료
김창수
김창수,01077859923
김창수,01077859923,25000
```

해당 디렉터리에 'paylist.csv' 파일이 생성되고 저장된 데이터는 터미널에 출력된 마지막 라인의 결과와 동일하다. 물론 위의 코드는 실제로 하나의 then() 메서드만으로도 처리가 가능하지만 여기서는 어떻게 여러 개의 then() 메서드에 전달되는지를 보여준다. 각각의 then() 메서드에는 promise가 성공^{resolve}했을 때 호출되는 익명함수를 나타낸다. 위 예제와 동일한 결과를 얻고 싶다면 앞서 코드의 처음 부분을 다음과 같이 function 형태로 하고 리턴값을 promise로 만들어서 처리할 수 있다.

```
function makeCsv(value){
  return new Promise(function(resolve, reject) {
      resolve(value)
  });
}
console.log("시작");
makeCsv(data[0]).then(function(result) {
  console.log(result); // 김창수
  return result + "," + data[1];
})
...
```

정리하면 promise는 콜백 지옥^{Callback Hell}에서 벗어날 수 있는 하나의 대안으로 등장했고 지금도 HTTP 요청, 응답이나 데이터베이스 작업, 파일 입출력 등에 많이 사용된다. 자세한 사항은 다음 링크를 참고하길 바란다.

"https://developer.mozilla.org/en-US/docs/Web/JavaScript/Reference/

Global_Objects/Promise"

"https://javascript.info/promise-basics"

9.2.5 async/await를 이용한 비동기 처리

함수 앞에 async를 붙이면 함수의 리턴값은 항상 promise가 된다. promise 형태를 반환하므로 promise.then() 메서드를 사용할 수 있고 다음과 같이 사용한다.

```
async function function_name() {
 // 코드
}
```

예제를 만들면서 async 키워드를 이해해보자. asyncawait 폴더를 생성한 후 vscode를 실행해 해당 폴더를 연다. index.html 파일을 추가하고 **doc + tab** 키를 이용해 html 기본 구조를 자동 생성한 후 body 태그 안에 다음의 코드를 추가한다.

```
<script src="app.js"></script>
```

app.js 파일을 생성한 후 같은 리턴값을 반환하는 일반적인 함수와 async 키워드를 사용한 함수를 작성한다.

```
function func() {
  return 7;
}
async function asyncFunc(){
  return 7;
}
console.log(func())
console.log(asyncFunc())
```

위와 같이 7을 반환하는 일반적인 함수 func와 async 키워드가 포함된 asyncFun을 작성하고 Live Server를 실행한다. 콘솔을 확인하면 그림 9-8과 같이 async 키워드를 사용한 asyncFunc는 Promise 형태로 리턴함을 알 수 있다.

그림 9-8 func와 async의 리턴 결과

promise 형태로 반환하기 때문에 then() 메서드를 이용할 수 있으므로 다음과 같이 then() 메서드의 result에는 promise 형태로 넘어온 리턴값을 받아 출력할 수 있다.

```
console.log(asyncFunc())
asyncFunc().then(result => {
  console.log(result);
})
```

콘솔에 일반적인 함수 func의 결과와 같이 7을 출력한다.

await 키워드는 promise가 정상적으로 처리돼 결과값이 넘어올 때까지 기다리도록 할 때 사용하는 키워드로 다음과 같이 사용한다.

```
async function asyncFun() {
  …
  let result = await promise;
  …
}
```

await 키워드는 async 키워드가 사용된 함수 내에서만 사용할 수 있으며 일반적인 함수에서는 사용할 수 없다. app.js 파일 내의 모든 코드를 주석 처리한 후 다음과 같이 코드를 작성한다.

```
async function asyncFunc() {
  let promise = new Promise( (resolve, reject) => {
    setTimeout( () => { resolve(7) }, 3000);
  });
  let result = await promise;
  console.log(result);
}
asyncFunc();
```

그 결과 콘솔에 7을 출력한다. async 키워드가 사용된 함수 내에서 await을 이용하면 마치 promise.then() 메서드를 이용한 것처럼 일반함수의 결과를 직접 출력할 수 있어 더욱 간단해진다. 참고로 async를 생략하고 function asyncFunc() { … } 형태로 바꿀 경우 콘솔에 Uncaught SyntaxError: await is only valid in async function 메시지를 표시한다.

예외 처리를 조금 설명하면 asyncFunc() 내에서 정의한 promise가 정상적으로 처리돼 resolve된다면 문제가 없겠지만 어떤 이유로 reject될 경우를 생각해보자. 먼저 setTimeout() 부분을 다음과 같이 수정한다.

```
setTimeout( () => { reject("Error") }, 3000);
```

위와 같이 resolve가 아닌 reject로 처리되도록 하면 콘솔에 Uncaught (in promise) Error와 같이 예외상황이 발생했는데 캐치[catch]되지 않았다는 걸 나타내고 뒤에 이어지는 console.log(result);는 실행되지 않는다. 이를 집으려면 promise에서 배운 catch() 메서드를 이용하면 편리하며 let result 코드 부분을 다음과 같이 수정한다.

```
let result = await promise.catch(err => { console.error(err); });
```

그러면 콘솔에 Uncaught (in promise) Error는 나타나지 않고 setTimeout()에서 정의된 reject의 결과가 예외 처리돼 나타난다.

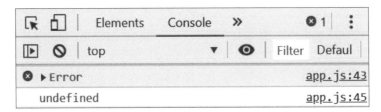

그림 9-9 에러 처리

위에서 undefined의 값은 console.log(result);의 값으로 await promise가 정상적으로 처리되지 않았기 때문에 catch() 메서드의 결과를 기다리는 상태다. 따라서 catch() 메서드에서는 아무것도 리턴하지 않았기 때문에 undefined를 나타낸다. 만일 error 메시지를 result로 받고자 한다면 다음과 같이 수정해주면 된다.

```
let result = await promise.catch(err => {
  console.error(err);
  return err;
});
```

그리고 그 결과는 콘솔에 다음과 같이 나타난다.

그림 9-10 예외 처리(return)

9.3 Axios

Axios는 간편한 HTTP 라이브러리로 기타 jQuery의 $ajax나 Angular의 HTTP 모듈에 비해 이용하기 편리하다. 기본적으로 promise를 사용하며 비동기 작업을 효과적으로 처리할 수 있도록 async/await를 지원한다. Vue 2.0 버전 이전에는 공식적인 HTTP 라이브러리로 vue-resource를 이용했지만 Vue 2.0 버전부터 axios를 주로 사용한다.

혹자의 말에 의하면 Vue.js를 만든 에반 유조차 Axios를 공식적으로 언급할 정도니 현재는 Axios가 대세인 것은 확실하다. Axios의 설치는 https://github.com/axios/axios#installing에 명시된 대로 npm이나 bower 그리고 CDN을 이용해 다음과 같이 설치할 수 있다.

```
npm install axios
bower install axios
<script src="https://unpkg.com/axios/dist/axios.min.js"></script>
```

먼저 간단한 예제를 만들어본 후 좀 더 자세하게 axios를 알아보도록 한다.

axios를 이용해서 데이터를 요청하면 JSON 형태의 데이터를 반환하는 서버가 필요하다. 여기서는 https://api.adviceslip.com에서 좋은 문장을 간단한 JSON 형태로 제공하므로 이를 이용하기로 한다. 데이터 요청 URL은 https://api.adviceslip.com/advice이며 브라우저 URL에 입력하고 접속하면 다음과 같이 JSON 형태의 데이터를 반환한다.

```
{
  "slip": {
     "advice":"One of the top five regrets people have is that they didn't stay
     in contact with friends.",
    "slip_id":"116"}
}
```

첫 번째 CDN을 이용한 방법을 알아보려면 advice 디렉터리를 생성한다. 그 안에 index.html을 생성하고 〈body〉 태그 다음에 아래와 같이 코드를 작성한다.

```
<div id="app">
  <h2>오늘의 조언</h2>
  <p>{{advice}}</p>
</div>
<script src="https://cdn.jsdelivr.net/npm/vue/dist/vue.js"></script>
<script src="https://unpkg.com/axios/dist/axios.min.js"></script>
<script src="app.js"></script>
```

그 다음 app.js를 다음과 같이 작성한다.

```javascript
new Vue({
  el:'#app',
  data: { advice:'데이터 로딩중...' },
  created() {
    axios.get('https://api.adviceslip.com/advice') // 서버에 요청하기
    .then((res) => { console.log(res); })          // 성공 시
    .catch((err) => { console.log(err); });         // 에러 발생
  }
})
```

create() 메서드와 axios.get() 메서드를 이용해 설정할 데이터를 가져온다.

Live Server를 이용해 브라우저에서 그림 9-11과 같은 결과를 확인할 수 있다.

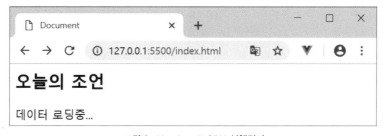

그림 9-11 axioswithCDN 실행결과

브라우저 → 개발자 도구를 실행하고 **콘솔**console 탭을 클릭해 보면 서버인 https://api. adviceslip.com에 요청을 보내서 정상적으로 답변을 받은 결과가 나타난다.

```
▼Object
  ▶config: {adapter: f, transformRequest: {…}, transformResponse: {…}, timeout: 0, xsrfCookieNam…
  ▼data:
    ▼slip:
        advice: "Some of life's best lessons are learnt at the worst times."
        slip_id: "164"
      ▶__proto__: Object
    ▶__proto__: Object
  ▶headers: {content-type: "text/html;charset=UTF-8", cache-control: "max-age=0, no-cache, must-…
  ▶request: XMLHttpRequest {onreadystatechange: f, readyState: 4, timeout: 0, withCredentials: f…
    status: 200
    statusText: "OK"
  ▶__proto__: Object
```

그림 9-12 axioswithCDN 응답

서버에서 데이터 로딩중... 메시지를 정상적으로 받았으므로 적용하기 위해 다음과 같이 app.js 파일의 코드를 수정한다.

```
axios.get('https://api.adviceslip.com/advice') // 서버에 요청하기
  .then((res) => {
  // console.log(res); // 성공 시
    this.advice = res.data.slip.advice
  })
```

서버에서 정상적으로 답변을 받은 부분의 순서가 data → slip → advice이므로 앞에 res를 추가해 advice를 설정해준다.

그림 9-13 코드 수정 후 axioswithCDN 실행결과

axios.get()에서 https://api.adviceslip.com/advicess와 같이 url 부분 철자를 잘못 입력할 경우 개발자 도구의 콘솔에 Failed to load resource: the server responded with a status of 404와 같은 에러 메시지를 표시한다.

다음으로 이미 만들어져 있는 JSON-Server를 설치해 Axios를 이용한 GET, POST, PUT, DELETE 사용 방법을 알아보자. JSON-Server를 이용하려면 다음의 절차를 따른다.

- npm 명령을 이용해 설치

```
npm install -g json-server
```

- 기본 JSON 데이터 파일 생성(db.json)
  프로젝트 폴더 내에 db.json이나 data.json처럼 json 파일을 생성하고 원하는 데이터를 추가
- JSON Server 시작

```
json-server --watch db.json
```

withJSONServer라는 이름의 폴더를 생성하고 index.html 파일을 생성하고 **doc + Tab** 키를 이용해 html 기본 구조를 생성한다. ⟨body⟩ 태그 다음 라인에 아래의 코드를 작성한다.

```html
<div id="app"></div>
<script src="https://cdn.jsdelivr.net/npm/vue/dist/vue.js"></script>
<script src="https://unpkg.com/axios/dist/axios.min.js"></script>
<script src="app.js"></script>
```

다음으로 뷰 인스턴스를 app.js 파일에 생성한 후 해당 코드를 추가한다.

```js
new Vue({
  el:'#app'
})
```

이제 JSON-Server를 설치하려면 터미널^{Terminal}을 실행하고 다음과 같이 입력해

json-server를 설치한다.

```
npm install -g json-server
```

정상적인 설치가 완료되면 현재 프로젝트의 폴더 내에 db.json이라는 파일을 생성하고 직원^{employee}의 번호^{id}, 이름^{name}, 이메일^{email}을 키^{key}로 갖는 키^{key}-값^{value} 형태로 작성한다.

```
{
  "employees": [
    {
      "id": 1,
      "name": "이재원",
      "email": "jwlee@google.com"
    },
    {
      "id": 2,
      "name": "김창수",
      "email": "cskim@yahoo.com"
    }
  ]
}
```

저장한 후 마지막으로 터미널에 json-server --watch db.json을 입력해 JSON-Server를 실행하면 json-server가 시작됐음을 나타낸다.

그림 9-14 json-server 시작화면

374

정상적으로 동작하는지 확인해보자. 웹 브라우저를 실행해 URL에 "http://localhost:3000/employees"를 입력하면 웹 브라우저에 나타나는 결과는 db.json 파일에 작성한 이재원, 김창수를 포함하는 내용과 동일하다.

이제 fake JSON-Server를 이용해 REST에서 언급한 4가지 HTTP 메서드들에 대해서 어떻게 사용할 수 있는지 구체적으로 알아보자.

9.3.1 GET 요청

axios에서 GET 요청^{Request}은 하나의 자원^{Resource}이나 다수의 자원을 검색하기 위해 서버에 요청하는 것이며 다음과 같은 형식을 사용한다.

```
axios.get(url [, config]).then((response) => {  }).catch( (error) => { } )
axios.get(config).then((response) => {  }).catch( (error) => { } )
```

url 파라미터는 자원의 위치를 나타낸다. 선택적으로 사용할 수 있는 config 파라미터는 get, post, put 같은 메서드를 설정하는 데 사용한다. method, url, 특정 자원을 검색하는 데 사용하는 params 같은 프로퍼티^{property}로 다음과 같이 구성될 수 있다.

```
axios.get( method: 'get', url: 'http://localhost:3000/employees', params: { id:1})
```

다음의 get() 메서드는 서버로의 요청을 나타낸다. 첫 번째의 get() 메서드는 employees의 모든 자원을 검색하고 두 번째, 세 번째, 네 번째는 같은 검색 결과를 나타내는 것으로 employees 자원에서 id가 2인 자원만을 검색한다.

```
axios.get('http://localhost:3000/employees')
axios.get('http://localhost:3000/employees', { params: { id : 2 } } )
axios.get('http://localhost:3000/employees?id=2')
axios({ method:'get', url:'http://localhost:3000/employees?id=2' })
```

이제 이미 만들어 놓은 withJSONServer 프로젝트의 app.js를 열어서 axios.get()
메서드를 이용해 employees 자원을 검색한다.

```
el:'#app',
data: {
  employees:[]
},
created() {
  axios.get('http://localhost:3000/employees')
    .then((res) => {
      console.log(res); // 성공 시
      this.employees = res.data;
    })
    .catch((err) => {
      console.log(err); // 에러 발생 시
    });
}
```

axios.get() 메서드를 통해 검색된 자원을 저장할 employees 객체를 선언하고
created() 메서드에서 axios.get() 메서드를 호출한다. 다음으로 index.html에 〈div
id="app"〉 다음 라인에 검색된 데이터가 저장돼 있는 employee, v-for를 이용해 나
타낼 수 있도록 table 구조의 코드를 작성한다.

```
<table>
  <thead class="blue white-text">
    <th>직원번호</th><th>직원이름</th><th>이메일</th><th></th>
  </thead>
  <tbody>
    <tr v-for="emp in employees" :key="emp.id">
      <td>{{emp.id}}</td>
      <td>{{emp.name}}</td>
      <td>{{emp.email}}</td>
      <td>
        <button @click="showForm()">추가</button>
        <button @click="showForm(emp)">수정</button>
```

```
        <button @click="deleteEmployee(emp.id)">삭제</button>
      </td>
    </tr>
  </tbody>
</table>
```

스타일을 적용하려면 materialize(https://materializecss.com)에서 다음의 코드를 복사해서 〈title〉 태그 다음 라인에 복사한다.

```
<link rel="stylesheet" href="https://cdnjs.cloudflare.com/ajax/libs/materialize/1.0.0/css/
materialize.min.css">
```

vscode의 Live Server를 이용해 브라우저에서 보면 json-server에서 정상적으로 데이터를 검색해 브라우저에 나타낸다.

그림 9-15 axios.get( ) 실행결과 화면

응답 객체

서버 요청request이 성공하면 .then() 메서드는 응답 객체Response Object를 받는다. 이 객체는 다음과 같은 프로퍼티들을 가지고 있다.

data	서버로부터 받는 데이터. 기본적으로 JSON 형태
status	서버로부터 받는 HTTP 상태 코드(Status Code), 성공 200
statusText	서버로부터 받는 HTTP 상태 메시지(Status Message)
headers	서버로부터 받는 모든 헤더(header)

config	서버 요청 시 사용한 config 옵션
request	서버 요청 시 사용한 XMLHttpRequest

에러 객체

서버 요청이 실패하면 promise는 실패[reject]하고 다음과 같은 프로퍼티를 포함하는
에러 객체[Error Object]를 반환한다.

message	서버로부터 받은 에러 코드를 포함한 에러 메시지
response	서버로부터 받은 에러 객체로 message, request, config 등을 모두 포함
request	서버에 요청하는 데 사용된 XMLHttpRequest
config	서버 요청 시 사용한 config 옵션

9.3.2 POST request

POST 요청은 하나의 자원이나 다수의 자원을 생성하도록 서버에 요청하는 것으로
다음의 형식을 따른다.

```
axios.post(url[, data[, config]])
```

```
axios.post(url, data [, config]).then((response) => {  }).catch( (error) => { } )
axios(config).then((response) => {  }).catch( (error) => { } )
```

data 파라미터는 추가될 새로운 자원를 나타내고 config 파라미터는 method:
'post'로, 새로운 자원을 추가하는 데 사용하는 data 프로퍼티[property]를 포함해 구성
된다.

```
axios.post('http://localhost:3000/employees',{ "id": 3, "name": "체르니",
                                    "email":  "cywon@naver.com" })
```

```
axios({ method:'post', url:'http://localhost:3000/employees',
```

```
    data: { "id": 3, "name": "체르니", "email": "cywon@naver.com" }  })
```

앞서 get() 메서드에서는 config 파라미터에서 특정 자원을 검색할 때 params 프로퍼티를 이용했지만 post에서는 data 프로퍼티를 이용해야 한다. 만일 params 프로퍼티를 사용할 경우 에러는 나지 않지만 새로운 자원은 추가되지 않는다.

POST 메서드를 이용해서 새로운 데이터를 JSON 서버에 저장하려면 서버에 전달할 employee 객체를 뷰 인스턴스의 data 객체에 추가한다.

```
data: {
  employees:[],
  employee:{ id:0, name:'', email:'' },
  isUpdate:false,
  show:false,
  send:false
}
```

isUpdate는 POST, PUT 요청 시 새로운 데이터 추가인지 아니면 기존 데이터 업데이트인지 구분하려고 정의한다. show는 **추가, 수정** 버튼을 클릭할 경우 추가할 데이터나 기존 데이터 수정에 필요한 HTML 태그가 나타나도록 정의한다. 마지막으로 send는 실제로 JSON 서버로 데이터 추가, 수정을 하기 위해 정의한다.

⟨/table⟩ 태그 다음 라인에 show가 true일 때 나타낼 코드들을 작성한다.

```
<div v-show="show == true" class="row">
  <div class="row">
    <div class="input-field col s2">
      <input type="text" v-model="employee.id">
      <label class="active" for="id">번호</label>
    </div>
    <div class="input-field col s4">
      <input id="name" type="text" v-model="employee.name">
      <label class="active" for="name">이름</label>
    </div>
```

```
        <div class="input-field col s4">
          <input id="email" type="text" v-model="employee.email">
          <label class="active" for="email">이메일</label>
        </div>
      </div>
</div>
<a class="waves-effect waves-light btn" @click="btnOK">확인</a>
<a class="waves-effect waves-light btn" @click="btnCancel">취소</a>
```

다음으로 추가 버튼에서 언급한 showForm() 메서드를 app.js 내에 methods 속성과 함께 작성한다.

```
methods: {
  showForm(emp){ this.show = true; }
}
```

확인 버튼을 클릭하면 입력한 데이터를 추가하기 위해 btnOK() 메서드를 app.js의 methods 프로퍼티 내에 작성하고 취소 버튼을 클릭하면 입력 폼이 사라지도록 작성한다.

```
btnOK(){
  this.send=true;
  if(this.isUpdate == false) this.addEmployee();
},
btnCancel(){ this.show=false; this.send=false; }
```

추가된 **확인, 취소** 버튼에 다음과 같이 스타일을 적용한다.

```
<style>
  a { margin-top: 10px;  margin-left: 5px;  }
</style>
```

브라우저에서 **추가** 버튼을 클릭하면 다음과 같이 JSON 서버에 전달할 데이터를 입력할 수 있는 입력 HTML 태그가 나타난다.

그림 9-16 추가 버튼 클릭 시 화면

입력된 데이터를 서버에 추가하려면 addEmployee() 메서드를 methods 프로퍼티 내에 작성한다.

```
addEmployee(){
  if(this.send == true){
    axios.post('http://localhost:3000/employees',
    { "id": this.employee.id, "name":this.employee.name,
    "email": this.employee.email })
    .then((res) => { console.log(res); })
    .catch((err) => { console.log(err); }) // 에러 발생 시
    this.show=false;
    this.send=false;
  }
}
```

브라우저에서 **추가** 버튼을 클릭하고 번호에 6, 이름에 김가을, 이메일에 gkim@gmail.com을 입력하고 **확인** 버튼을 클릭하면 해당 데이터가 정상적으로 추가된다.

직원번호	직원이름	이메일			
1	이재원	jwlee@google.com	추가	수정	삭제
2	김창수	cskim@yahoo.com	추가	수정	삭제
6	김가을	gkim@gmail.com	추가	수정	삭제

그림 9-17 추가된 데이터

프로젝트 내의 JSON 서버의 데이터 저장 파일인 db.json 파일을 열어보면 **김창수** 다음 라인에 **김가을** 데이터가 추가된 것을 알 수 있다.

9.3.3 PUT request

PUT 요청은 특정 자원을 수정하거나 대체[replace]하도록 서버에 요청하는 것으로 다음의 형식을 따른다.

```
axios.put(url, data [,config]).then((response) => {  }).catch( (error) => { } )
axios(config).then((response) => {  }).catch( (error) => { } )
```

data 파라미터는 수정하거나 대체할 자원을 나타낸다. config 파라미터는 method: 'put'으로, 기존 자원을 수정하거나 대체하는 데 사용하는 data 프로퍼티[property]를 포함해 다음과 같이 구성될 수 있다.

```
axios.put('http://localhost:3000/employees/+id', { "id": 3, "name": "Hally",
  "email":"cywon@naver.com" })
axios({ method:'put', url:'http://localhost:3000/employees/+id',
  data:{ "id": 3, "name": "John", "email": "cywon@naver.com" } })
```

위에서 url은 실제 서버로 전달될 때 http://localhost:3000/employees/3과 같은 형태가 돼야 처리된다.

수정 버튼과 연결된 메서드가 showForm(emp)이므로 app.js 파일로 이동해 showForm() 메서드를 다음과 같이 수정한다.

```
showForm(emp){
    this.show = true;
    if((emp !== undefined)){
        this.employee.id =emp.id;
        this.employee.name = emp.name;
        this.employee.email = emp.email;
        this.isUpdate=true;
    }
}
```

show를 true로 설정해 앞서 언급한 입력 HTML 태그가 나타나게 하고 if 조건절을 통해 showForm(emp)의 입력 파라미터인 emp의 값이 'undefined'가 아닌 경우만 업데이트하도록 한다. 아울러 기존의 데이터를 업데이트해야 하므로 입력 파라미터 emp를 이용해 data 프로퍼티의 employee 객체를 초기화한다. 마지막으로 이 동작이 업데이트임을 알리는 데 필요한 isUpdate를 true로 설정한다.

다음으로 두 번째 김창수의 **수정** 버튼을 클릭하면 그림 9-18과 같이 해당 데이터가 나타난다.

그림 9-18 두 번째 수정 버튼 클릭 결과

김창수의 이메일 주소를 cskim@gmail.com으로 수정한 후 **확인** 버튼을 클릭하면 수정한 이메일 주소가 변경된다. 위의 **확인** 버튼과 연결돼 있는 btnOK() 메서드를 다음과 같이 조건부 삼항 연산자를 이용해 수정한다.

```
//if(this.isUpdate == false) this.addEmployee();
(this.isUpdate == false)? this.addEmployee() : this.updateEmployee(this.
employee.id);
```

isUpdate가 false면 this.addEmployee() 메서드를 호출하고 true면 this.updateEmployee(this.employee.id) 메서드를 호출한다.

app.js 파일의 methods 프로퍼티 내에 updateEmployee() 메서드를 작성한다.

```
updateEmployee(id){
    axios.put('http://localhost:3000/employees/'+id,{
      "id": this.employee.id,
      "name": this.employee.name,
      "email": this.employee.email
    })
    .then((res) => {
      console.log(res); // 성공 시
      this.isUpdate =false;
    })
    .catch((err) => {
       console.log(err); // 에러 발생 시
    });
}
```

김창수의 이메일 주소를 cskim@gmail.com으로 수정한 후 **확인** 버튼을 클릭하면 정상적으로 이메일 주소가 변경된다. 만일 정상적으로 수정되지 않으면 작성한 코드를 다시 확인하기 바란다.

9.3.4 DELETE request

DELETE 요청은 특정 자원을 삭제하도록 서버에 요청하는 것으로 다음의 형식을 따른다.

```
axios.delete(url [,config]).then((response) => {   }).catch( (error) => { } )
axios.delete('http://localhost:3000/employees/3')
```

config 파라미터가 있지만 실제로는 제외하고 다음 라인에 나타난 것처럼 url 파라미터에 삭제할 자원을 직접 설정해야 한다.

삭제 버튼을 클릭하면 deleteEmployee(emp.id) 메서드를 호출하므로 app.js 파일로 이동해 methods 프로퍼티 내에 다음과 같이 메서드를 작성한다.

```
deleteEmployee(id){
  axios({method:'delete', url:'http://localhost:3000/employees/'+id})
  .then((res) => { this.employees.splice(id, 1); })
  .catch((err) => { console.log(err); });
}
```

브라우저 결과 화면에서 2번째 김창수의 **삭제** 버튼을 클릭하면 정상적으로 삭제되고 db.json 파일에서도 삭제되는 것을 확인할 수 있다.

그림 9-19 삭제 결과화면

이상으로 axios를 이용하고 json-server를 설치해 JSON 형태의 데이터에 대한 GET, POST, PUT, DELETE 메서드를 이용하는 방법을 알아봤다.

9.4 MongoDB

MongoDB는 현재 가장 각광받고 있는 NoSQL의 대표적인 데이터베이스다. 기존의 데이터 저장의 구조를 정의하는 데 사용하는 컬럼Column, 정의된 컬럼들로 구성된 데이터행Row, 그리고 이러한 다수의 데이터행으로 구성된 테이블 형태인 관계형 데이터 모델Relational Data Model을 기반으로 한 데이터베이스와 달리 BSONBinary JSON이라는 JSON 형태의 문서Document를 이용한다.

2009년 10gen에서 처음으로 MongoDB를 소개한 이후 많은 기관에서 MongoDB를 사용해 애플리케이션을 빠르게 만들고 있다. 정형화되지 않은 데이터나 대량의 데이터를 처리하기 쉽고 효율적으로 관리할 수 있어 MongoDB를 사용하고 있다.

그림 9-23처럼 MongoDB에서 하나의 데이터베이스database는 여러 개의 컬렉션collection으로 구성할 수 있고 각각의 컬렉션은 실제 데이터를 저장하는 단위인 문서로 구성된다.

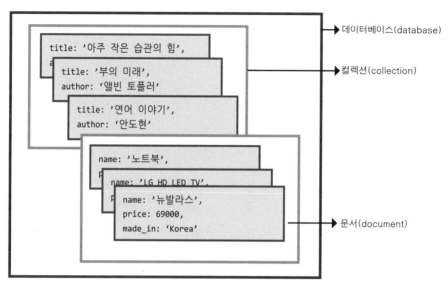

데이터베이스(database)

컬렉션(collection)

title: '아주 작은 습관의 힘',

title: '부의 미래',
author: '앨빈 토플러'

title: '연어 이야기',
author: '안도현'

name: '노트북',

name: 'LG HD LED TV',

name: '뉴발라스',
price: 69000,
made_in: 'Korea'

문서(document)

그림 9-20 MongoDB의 구조

관계형 데이터베이스와 비교하면 MongoDB의 데이터베이스database는 관계형 데이터베이스의 데이터베이스에 대응되고 MongoDB의 컬렉션collection은 관계형 데이터베이스의 테이블table에 대응된다. MySQL 같은 관계형 데이터베이스를 경험해 본 사람이라면 잘 알겠지만 컬럼Column을 이용해 테이블에 저장될 데이터 형식, 데이터 크기 등을 정하면 해당 테이블에는 이 정해진 형식에 맞는 데이터만 저장할 수 있다.

하지만 컬렉션은 컬렉션 내의 모든 문서가 같지 않아도 된다. 그림 9-23에서 마지막 문서는 해당 컬렉션 내의 다른 문서에는 없는 필드:값(made_in:'Korea') 이 존재하며 하나의 문서Document는 기본적으로 다수의 필드:값field:value 쌍으로 구성된다.

```
name: '뉴발라스',
price: 69000,
made_in: 'Korea'
```

Mongodb에서는 위와 같이 단순한 형태의 문서 구조를 가질 수도 있지만 하나의 필드^{Field} 값으로 BSON 데이터 타입("https://docs.mongodb.com/manual/reference/bson-types/")에 정의된 데이터 타입의 값^{value}으로 다음과 같이 정의될 수 있다.

```
{
    _id: ObjectId("5c76803df3f4948bd2f98378"),
    name: "김창수"
    birth: new Date('Jan 23, 2000'),
    books: [ "자바스크립트", "C#", "python" ]
}
```

_id는 ObjectId 타입으로 관계형 데이터베이스의 기본 키^{Primary Key}와 같은 역할을 하며 컬렉션에 저장되는 문서들은 모두 _id 필드 입력이 요구된다. 만일 _id 필드가 포함되지 않은 문서를 저장하려면 MongoDB 드라이버가 자동으로 _id 필드를 생성하고 문서에 포함해 컬렉션에 추가한다. name은 문자열, birth는 Date 타입, books는 Array 타입을 나타낸다.

이와 같이 컬렉션^{collection} 안에는 동일한 구조의 문서들로 저장될 수 있고 다양한 형태의 문서들로 구성될 수 있다.

다운로드 및 설치

MongoDB는 https://www.mongodb.com/download-center/community에서 다운로드할 수 있다. 처음에는 4.0.6 버전으로 작성하기 시작했는데 다시 검토를 하다 보니 사이트가 바뀌어 다운로드하는 경로가 달라졌다. 첫 화면(https://www.mongodb.com)에서 **Product**를 클릭해 Software 아래의 **MongoDB Server**를 클릭한다. 그리고 "What is MongoDB?" 화면에서 **Download the latest release 4.0**을 클릭한다. 나타나는 화면에서 **Server** 탭을 선택하면 그림 9-21이 나타난다.

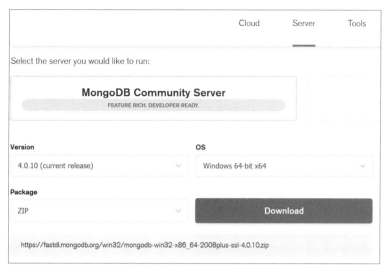

그림 9-21 MongoDB 다운로드

여기서는 MSI 형태가 아닌 zip 파일 형태를 사용한다. 먼저 윈도우 탐색기를 이용해 원하는 위치에 MongoDB라는 폴더를 생성한다(필자의 설치 폴더 경로는 C:\MongoDB다).

그 다음 해당 위치에 다운로드 받은 mongodb-win32-x86_64-2008plus-ssl-4.0.6.zip 파일의 압축을 푼다.

그림 9-22 MongoDB 디렉터리

MongoDB 폴더 내에 현재 bin 폴더밖에 없는데 여기에 MongoDB의 데이터가 저장될 data 폴더를 생성한다. 그리고 생성된 data 폴더 안에 다시 db 폴더를 생성한다.

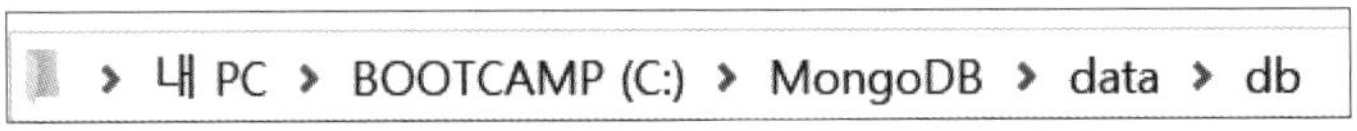

> 내 PC > BOOTCAMP (C:) > MongoDB > data > db

그림 9-23 db 폴더 생성

명령 프롬프트 창을 열고 다음과 같이 입력한다.

```
C:\MongoDB\bin\mongod.exe --dbpath C:\MongoDB\data\db
```

bin 디렉터리에 있는 MongoDB 데몬daemon을 실행하면서 조금 전에 생성한 db 폴더 경로를 옵션으로 추가해 실행한다. 그러면 다음과 같은 메시지들을 표시하면서 MongoDB가 시작된다.

```
2019-02-23T00:09:42.589-0700 I CONTROL   [main] Automatically disabling TLS 1.0, to
force-enable TLS 1.0 specify --sslDisabledProtocols 'none'
2019-02-23T00:09:42.594-0700 I CONTROL   [initandlisten] MongoDB starting : pid=14192
port=27017
```

현재 실행 중인 명령 프롬프트를 그대로 둔 채 새로운 명령 프롬프트창을 실행한다. 그 다음 MongoDB가 설치된 폴더로 이동해 다음과 같이 입력하고 MongoDB 쉘shell을 실행한다.

```
C:\MongoDB\bin>mongo.exe
```

여러 메시지가 나타나고 가장 마지막 라인에 ">"로 나타나는데 여기서 "db"를 입력하면 현재 MongoDB에는 test 데이터베이스가 존재하는 것으로 나타난다.

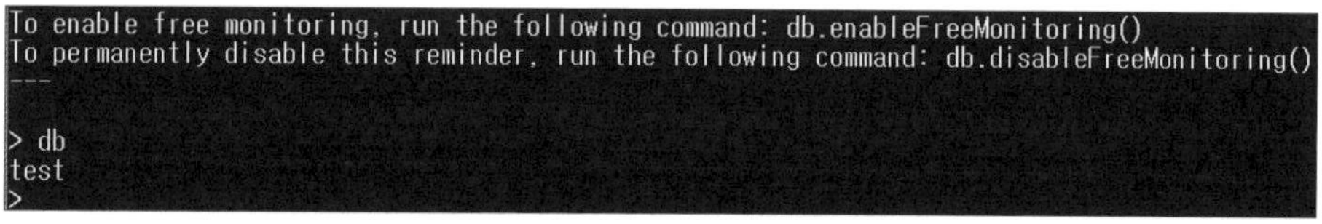

그림 9-24 db 명령 실행결과

사용하길 원하는 데이터베이스로 이동하려면 use 명령을 이용해 다음과 같이 입력한다.

```
> use test
switched to db test
```

test 데이터베이스로 이동됐으므로 데이터를 하나 추가하고 검색한다.

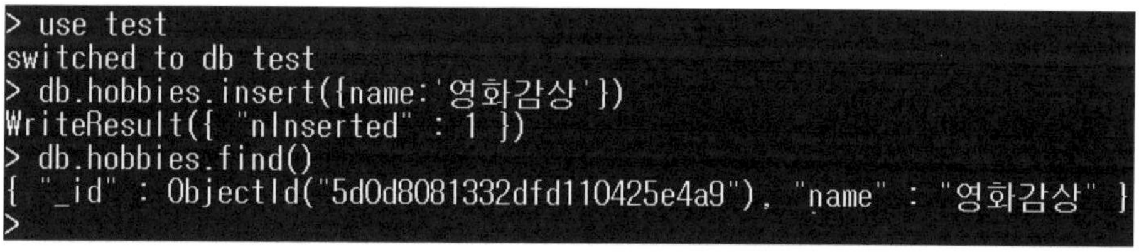

그림 9-25 test db에 insert와 find한 결과화면

위에서 hobbies는 test 데이터베이스 내에 생성되는 컬렉션^{Collection}의 이름이고 Insert() 메서드를 이용해 하나의 문서를 추가한 것이다. 그 다음 라인은 정상적으로 1개의 문서가 추가됐다는 것을 알려주는 것이고 find() 명령을 통해서 저장된 문서에 대해서 검색결과를 표시한다. 명령 프롬프트창에서 **Ctrl + C**를 입력해서 MongoDB 셸^{shell}을 종료한다.

```
> ^C
bye
C:\MongoDB\bin>
```

표 9-2 쉘 명령어

명령	기능
db	새로운 데이터베이스를 생성하거나 기존의 데이터베이스로 이동할 수 있고 현재 데이터베이스 이름을 알려줄 수도 있다.
show dbs	존재하는 데이터베이스를 나열
db.dropDatabase( )	현재 데이터베이스를 삭제
db.createCollection( )	데이터베이스에 새로운 컬렉션을 생성
show collections	데이터베이스 내의 컬렉션을 나열
db.collection_name.drop( )	데이터베이스 내의 컬렉션(collection_name)을 삭제

다른 데이터베이스도 마찬가지지만 MongoDB 역시 데이터를 추가, 검색, 수정, 삭제하려면 먼저 데이터베이스가 존재해야 한다. 따라서 bin 디렉터리에 있는 MongoDB 데몬(mongod.exe)이 실행된 상태에서 새로운 명령 프롬프트로 mongo.exe를 실행한 후 MongoDB 쉘shell에서 다음과 같이 입력해 데이터베이스를 생성한다.

```
>use cruddb
switched to db cruddb
```

9.4.1 데이터 추가(CREATE)

생성한 cruddb 데이터베이스에 문서를 추가하는 방법은 컬렉션을 만들고 추가하거나 미리 컬렉션을 만들지 않고 문서를 추가하는 방법이 있는데, 이 방법은 자동적으로 컬렉션이 생성된다. 이외에 외부 파일을 이용한 추가 방법도 있다. 앞서 2가지 방법은 다음과 같은 insert() 메서드를 이용한다.

```
db.collection.insert( <document or array of douments>)
db.products.insert( { name: '가습기' } )
db.books.insert([ {title:"나눔의 세계", author:"카트린 카뮈" }, {title:"엔트로피", author:"
제레미 리프킨"} ])
```

위에서 〈document or array of douments〉는 컬렉션에 추가할 하나의 문서 혹은 다수의 문서 배열 형태를 나타낸다. 이외에도 추가할 수 있는 옵션으로 writeConcern: 〈document〉, ordered: 〈Boolean〉도 있으나 이에 대한 설명은 이 책의 범위를 벗어나므로 관련 자료를 참고하길 바란다.

먼저 컬렉션을 만들고 데이터를 추가하는 방법으로 책이름[title], 저자[author]로 구성된 문서를 insert() 메서드를 이용해 다음과 같이 추가할 수 있다.

```
> db.createCollection('books')
{ "ok" : 1 }
> show collections
books
> db.books.insert({title:'아주 작은 습관의 힘', author:'제임스 클리어' })
WriteResult({ "nInserted" : 1 })
> db.books.find()
{ "_id" : ObjectId("5c7656ff2c9bee8df8850b28"), "title" : "아주 작은 습관의 힘", "author"
: "제임스 클리어" }
```

컬렉션을 만들지 않고 추가하는 방법은 제품이름[name], 가격[price]으로 구성된 문서를 products 컬렉션에 추가하는 것이다.

```
> db.products.insert({name:'노트북',price:1250000})
WriteResult({ "nInserted" : 1 }
> show collections
books
products
> db.products.find()
{ "_id" : ObjectId("5c76586d2c9bee8df8850b29"), "name" : "노트북", "price" : 1250000 }
```

마지막으로 외부 파일을 이용한 추가 방법으로 mongoimport 명령을 이용해 다음과 같은 products.csv 파일에 데이터를 추가하는 방법을 소개한다.

```
name,price
LG HD LED TV,279580
삼성 김치 냉장고,489440
뉴발란스,69000
```

mongoimport의 사용 방법은 다음과 같다.

```
mongoimport --host ip_addr --db db_name --collection collection_name --type file_type
--file file_name --headerline --ignoreBlanks
```

--headerline 옵션은 csv 파일에 name, price 같은 헤더가 포함돼 있을 경우를 제외하고 데이터를 추가하라는 의미이고 -ignoreBlanks 옵션은 데이터가 없는 빈 필드는 무시하라는 옵션이다. 자세한 사항은 https://docs.mongodb.com/manual/reference/program/mongoimport/를 참고하기 바란다.

명령 프롬프트를 실행해 mongodb가 설치된 bin 디렉터리로 이동한 후 다음과 같이 입력한다. 참고로 products.csv 파일은 mongoimport.exe와 같이 bin 디렉터리 내에 있다.

```
C:\MongoDB\bin>mongoimport --host 127.0.0.1 --db cruddb --collection products --type csv
--file products.csv --headerline --ignoreBlanks
2019-02-27T18:58:31.961+0900    connected to: 127.0.0.1
2019-02-27T18:58:31.993+0900     imported 3 documents
```

products 컬렉션에 3개의 새로운 문서가 추가됐는지 확인해보려면 명령 프롬프트 화면의 mongo.exe를 실행해 MongoDB 셸shell에서 find() 메서드를 검색한다. 다음과 같이 정상적으로 추가된 것을 알 수 있다.

```
> db.products.find()
{ "_id" : ObjectId("5c76586d2c9bee8df8850b29"), "name" : "노트북", "price" : 1250000 }
{ "_id" : ObjectId("5c765f474a18a23d2160aa72"), "name" : "LG HD LED TV", "price" :
279580}
```

```
{ "_id" : ObjectId("5c765f474a18a23d2160aa73"), "name" : "삼성 김치 냉장고", "price" :
489440 }
{ "_id" : ObjectId("5c765f474a18a23d2160aa74"), "name" : "뉴발란스", "price" : 69000 }
```

9.4.2 데이터 검색(READ)

컬렉션^{collection}에 저장돼 있는 문서를 검색하는 방법은 find() 메서드를 사용해 검색
하는 것이다.

```
db.collection.find(query, projection)
```

query는 문서 형태^{document type}를 취하고 선택적으로 사용할 수 있으며 다양한 쿼
리 연산자를 이용해 컬렉션 내 문서들 중 특정 조건이 일치하는 문서만 검색한다.
예를 들어 find({})와 같이 query에 아무런 조건도 설정하지 않으면 전체 문서가 검
색된다.

projection 역시 문서 형태를 취하고 선택적으로 사용할 수 있으며 다음과 같은
형식을 따른다.

```
{field1: <value>, field2:<value>, …}
```

데이터 추가 마지막 부분에서 products 컬렉션에 3개의 새로운 문서가 추가됐
는데 검색 결과에 다음과 같이 mongodb에서 자동적으로 생성한 _id 필드가 나타
난다.

```
"{ "_id" : ObjectId("5c76586d2c9bee8df8850b29"), "name" : "노트북", "price" : 1250000 }"
```

이 _id 필드가 나타나지 않도록 검색하려면 MongoDB 쉘에서 db. products.

find({}, {_id:0}) 같이 _id 필드 값을 0으로 설정하면 되고 그 결과는 다음과 같다.

```
{ "name" : "노트북", "price" : 1250000 }
{ "name" : "LG HD LED TV", "price" : 279580 }
{ "name" : "삼성 김치 냉장고", "price" : 489440 }
{ "name" : "뉴발란스", "price" : 69000 }
```

마지막으로 가격이 500000원보다 비싼 제품만 검색하려면 쿼리 연산자를 이용해 다음과 같이 간단하게 "노트북"만을 검색할 수 있다.

```
db.products.find({ price: {$gt:500000} })
```

Mongodb의 쿼리 연산자(https://docs.mongodb.com/manual/reference/operator/)를 참고하길 바란다.

9.4.3 데이터 수정(UPDATE)

컬렉션에서 조건에 맞는 문서를 수정할 경우 update() 메서드를 이용한다.

```
db.collection.update(<query>, <update>,
                   { upsert:<boolean>, multi:<boolean>, writeConcern: <document>,
                     collation:<document>, arrayFilters:[<filterdocument1>,…]  })
```

〈query〉는 업데이트할 문서에 대한 조건을 설정하는 것으로 document 형태로 설정해주면 된다. 다음으로 〈update〉는 업데이트되는 내용을 document 형태로 설정하는 것으로 업데이트 연산자(https://docs.mongodb.com/manual/reference/operator/update/#id1)를 이용해 설정할 수 있다.

upsert:〈boolean〉을 만일 true로 설정하고 〈query〉에서 설정한 것과 일치하는 문서가 존재하지 않을 경우 데이터 추가[insert] 동작이 이뤄지며 기본 값은 false다.

multi:⟨boolean⟩은 기본 값은 false인데 true로 설정하면 ⟨query⟩에서 설정한 것과 일치하는 문서가 여러 개 존재할 경우 모두 업데이트된다. 이외에 writeConcern, collation, arrayFilters에 대한 설명은 생략한다.

새 학기를 맞아 노트북을 10% 할인해 제품을 판매하려고 한다. 10% 할인된 가격은 1125000으로 update() 메서드를 이용해 적용한다면 ⟨query⟩ 부분은 { name: '노트북' }, ⟨update⟩ 부분은 { $set:{ price: 1125000 } } 같이 설정해야 하며 전체 코드는 다음과 같다.

```
>db.products.update( {name:'노트북'}, { $set: { price: 1125000} })
WriteResult({ "nMatched" : 1, "nUpserted" : 0, "nModified" : 1 })
> db.products.find({name:'노트북'})
{ "_id" : ObjectId("5c76586d2c9bee8df8850b29"), "name" : "노트북", "price" : 1125000 }
```

products 컬렉션에는 name이 '안경'인 문서가 없다. upsert 옵션을 알아보기 위해서 다음과 같이 작성한 후 결과를 확인하면 upsert 옵션에 의해 새롭게 추가된 것을 확인할 수 있다.

```
> db.products.update( {name:'안경'}, { $set: { price: 160000}}, {upsert:true } )
WriteResult({ "nMatched" : 0, "nUpserted" : 1, "nModified" : 0,
        "_id" : ObjectId("5c769c514963970192057d02" })
> db.products.find({name:'안경'})
{ "_id" : ObjectId("5c769c514963970192057d02"), "name" : "안경", "price" : 160000 }
```

multi 옵션을 true로 설정해 다수의 문서가 수정^{update}되는지 확인하려면 먼저 name이 '안경'인 문서를 하나 더 추가한다.

```
> db.products.insert( { name: '안경', price:250000  })
WriteResult({ "nInserted" : 1 }
> db.products.find({name:'안경'})
{ "_id" : ObjectId("5c769c514963970192057d02"), "name" : "안경", "price" : 160000 }
{ "_id" : ObjectId("5c769d8c675dd688e4ae2ce9"), "name" : "안경", "price" : 250000 }
```

multi 옵션을 true로 설정해 다음과 같이 입력한다.

```
> db.products.update( {name:'안경'}, {$set: {price:30000} }, {multi:true} )
```

그러면 다음과 같이 일치하는 2개를 찾아서 2개를 수정(업데이트)했다고 나타내며 find() 메서드를 이용해 확인하면 적용된 것을 알 수 있다.

```
WriteResult({ "nMatched" : 2, "nUpserted" : 0, "nModified" : 2 })
> db.products.find({name:'안경'})
{ "_id" : ObjectId("5c769c514963970192057d02"), "name" : "안경", "price" : 30000 }
{ "_id" : ObjectId("5c769d8c675dd688e4ae2ce9"), "name" : "안경", "price" : 30000 }
```

이외에도 조건에 맞는 하나의 문서만 수정하는 updateOne()과 조건에 맞는 다수의 문서를 수정하는 updateMany() 메서드도 있다.

9.4.4 데이터 삭제(DELETE)

컬렉션에서 조건에 맞는 한 개의 문서를 삭제할 경우에는 deleteOne() 메서드를 사용한다.

```
db.collection.deleteOne( <filter>, { writeConcern: <document>, collation:<document> })
```

⟨filter⟩는 쿼리 연산자를 이용해 삭제할 문서에 대한 조건을 설정하는 것으로 deleteOne() 메서드는 조건이 일치하는 첫 번째 문서만 삭제한다. ⟨filter⟩에 설정한 조건이 일치하는 문서가 많을 경우 첫 번째 문서를 제외한 나머지 문서는 삭제되지 않으므로 deleteMany() 메서드를 이용해 처리한다. 현재 products에 name이 '안경'인 문서가 2개 존재한다. deleteOne() 메서드를 이용해 다음과 같이 삭제할 수 있다.

```
> db.products.deleteOne( {name:'안경'} )
{ "acknowledged" : true, "deletedCount" : 1 }
```

위의 결과처럼 먼저 검색된 문서 하나만 삭제되고 나머지 하나는 삭제되지 않는다. 이외에 remove() 메서드도 있는데 deleteOne(), deleteMany() 메서드를 합쳐놓은 메서드로 자세한 내용은 mongodb 매뉴얼을 참고하기 바란다.

9.4.5 save() 메서드로 데이터 추가, 수정

save() 메서드는 문서에 _id 필드가 존재하면 해당 문서를 수정update하고 존재하지 않으면 새로운 문서를 추가insert한다.

```
db.collection.save( <document>, { writeConcern: <document>})
```

{ "_id" : ObjectId("5c765f474a18a23d2160aa74"), "name" : "뉴발란스", "price" : 69000}의 문서가 있다. save() 메서드를 다음과 같이 id 필드가 포함된 형태로 적용하면 기존 문서가 수정되는 것을 알 수 있다.

```
db.products.save({ "_id" : ObjectId("5c765f474a18a23d2160aa74"), "name" : "뉴발란스",
"price" : 35000})
WriteResult({ "nMatched" : 1, "nUpserted" : 0, "nModified" : 1 })
> db.products.find({name:'뉴발란스'})
{ "_id" : ObjectId("5c765f474a18a23d2160aa74"), "name" : "뉴발란스", "price" : 35000 }
```

save() 메서드의 update 기능은 다음과 같이 문서의 구조를 바꿀 수도 있다.

```
db.products.save({ "_id" : ObjectId("5c765f474a18a23d2160aa74"), "tag_name" : "뉴발란
스", "default_price" : 50000})
{ "_id" : ObjectId("5c765f474a18a23d2160aa74"), "tag_name" : "뉴발란스", "default_price"
: 50000 }
```

update()와의 차이점은 문서 단위로 데이터를 변경한다는 점으로 만일 문서 단위로 데이터를 수정해야 하는 경우는 save() 메서드가 효율적이지만 필드 단위로 수정하는 경우에는 update() 메서드를 이용한 방법이 더 효율적일 수 있다.

마지막으로 _id 필드가 없는 상태로 save() 메서드를 실행하면 다음과 같이 mongod에서 자동적으로 새로운 _id 필드, ObjectId를 생성해서 새로운 문서를 추가한다.

```
db.products.save({ "name" : "뉴발란스", "price" : 135000})
WriteResult({ "nInserted" : 1 }
{ "_id" : ObjectId("5c76adeb675dd688e4ae2ceb"), "name" : "뉴발란스", "price" : 135000 }
```

9.5 Node.js + MongoDB를 이용한 RESTful 서비스 만들기

JSON 파일 형태의 데이터를 새롭게 추가하고 검색하고 갱신하는 등의 작업을 하는 서버를 복잡한 인증이나 기타 세밀한 작업을 제외하고 만든다면 Node.js를 이용해 쉽게 구현할 수 있다. node.js를 처음 접하는 사람을 기준으로 간단한 예제로 기본적인 사용 방법을 익힌 후 그 뒤를 이어 RESTful + MongoDB에 함께 동작하는 서비스를 만들어본다.

firstapp 폴더를 생성한 후 vscode를 실행해 해당 폴더를 연다. 그 다음 터미널을 실행한 후 npm init를 입력한다.

```
C:\willbackup\VueJS Mybook\9. RESTful Service\src\firstapp>npm init
This utility will walk you through creating a package.json file.
…
```

npm init 명령을 이용해 package.json 파일을 생성하는데, 진행하면서 물어보는 질문에 Enter 키를 입력해 생성한다. 정상적으로 package.json 파일이 만들어지면 다음과 같이 나타난다.

```
{
    "name": "firstapp",
```

```
…
"main": "app.js",
…
}
```

vscode에서 package.json에 정의된 app.js 파일을 생성하고 다음과 같이 간단하게 서버를 만들어본다.

```
const http = require('http');
const hostname ='127.0.0.1';
const port = 8001;

const server = http.createServer( (req, res) => {
  res.status = 200;
  res.setHeader('Content-Type', 'text/plain');
  res.write('<html></html>' +
          '<head>' +
          '  <title>Test</title> ' +
          '  <meta charset="utf-8" />' +
          '</head>' +
          '<body>' +
          '  <div>안녕하세요.</div>' +
          '</body>');
  res.end();
});
server.listen(port, hostname, () => {
  console.log('서버 동작 중... 포트(port) : ' + port);
})
```

크게 보면 HTTP 서버를 만들고 특정 포트를 통해 클라이언트(브라우저)의 요청에 반응할 서버를 동작하도록 하면 된다. 위의 코드를 순서대로 나타내면 다음과 같다.

node.js에서 http/https 서버를 만드는 데 필요한 http 모듈을 require() 메서드를 이용해 http 변수에 저장한다.

createServer() 메서드를 이용해 HTTP 서버를 만들고 서버가 정상적으로 시작되면 브라우저와 같은 클라이언트로부터 요청받은 정보[request]와 이에 대한 응답을 인자로 하는 콜백함수 형태를 구성한다. 그리고 요청(req)에 대한 응답(res)으로 처리되면 반환하는 res.status를 200으로 한다. 클라이언트에 보낼 응답으로 res.write() 메서드를 이용해 처리하고 res.end() 메서드로 응답(res)을 종료한다.

마지막으로 생성한 server의 listen() 메서드를 이용해 서버가 서버 동작 중…이라는 메시지를 표시하도록 처리한다.

서버가 실제로 동작하도록 vscode에서 터미널[Terminal]을 실행하고 ">node app.js"를 입력해 서버를 실행한다. 브라우저를 열어 확인하면 그림 9-26과 같이 나타나는데 원하는 결과인 "안녕하세요"는 표시되지 않고 한글도 깨지고 html 태그 포함 형태로 나타난다.

그림 9-26 firsapp 실행결과

코드 중에서 설명하지 않은 res.setHeader() 메서드를 자세히 보면 Content-Type, text/plain으로 돼 있는데 setHeader() 메서드는 HTTP 응답 헤더를 설정한다.

여기서 사용된 Content-Type은 클라이언트(브라우저)로 보내는 내용이 어떤 타입인지 정의하는 데 사용하는 것으로 text/plain으로 정의했으므로 위와 같은 결과가 나타난다.

그러므로 이를 text/html로 바꿔주고 **Ctrl + C** 키를 눌러서 서버를 종료한 후 node app.js를 입력해 재시동하면 그림 9-27과 같이 정상적인 결과를 확인할 수 있다.

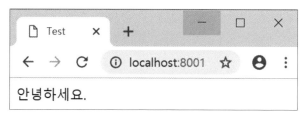

그림 9-27 content-type 변경 후 실행결과

9.5.1 Express.js

Express.js(https://expressjs.com/) 프레임워크는 가볍고 유연한 Node.js 애플리케이션 프레임워크로 단일 페이지^{single-page}, 다중 페이지^{multi-page} 및 하이브리드^{hybrid} 서버 사이드^{server-side} 웹 애플리케이션을 개발할 수 있다. Node.js에서 제공하는 기본적인 API를 이용해서도 개발할 수 있지만 express.js를 이용하면 더 빠르고 쉽게 개발할 수 있다. 또한 다음과 같이 개발에 필요한 다양한 기능을 제공한다.

첫째, HTTP 메소드 및 URL을 기반으로 애플리케이션의 경로^{routes}를 정의할 수 있다.

둘째, Pug, Mustache, EJS, Jade 같은 템플릿 엔진^{template engine}을 제공해 런타임 시에 템플릿 파일의 변수 값을 실제 값으로 바꾼 후 해당 템플릿을 클라이언트(브라우저)로 전달하기 전 HTML 파일을 변환하는 데 템플릿 엔진을 이용하면 효율적으로 HTML 페이지를 관리할 수 있다.

셋째, app.use(), app.get() 메서드를 이용한 애플리케이션 수준^{level}의 미들웨어^{middleware}부터 router.use(), router.get() 같은 라우터 미들웨어뿐만 아니라 에러 처리, express.json(), express.urlencoded() 같은 내장 미들웨어, 마지막으로 morgan, multer 같은 third-party 미들웨어를 사용할 수 있다. 여기서 미들웨어는 클라이언트의 요청(request)에 응답^{response}하는 과정에서 동작하는 프로그램이라고 생각하면 된다.

넷째, MongoDB, PostgreSQL, SQLite 등과 같은 다양한 데이터베이스와 연동할 수 있다.

위와 같은 편리한 기능들 덕분에 Express.js는 Node.js에서 동작하는 사실상의 표준 서버 프레임워크로 불리고 있다.

express.js를 이용해 최종적으로 클라이언트(vue.js) – RESTful 서버(express.js) – 데이터베이스(mongodb)로 구성되는 형태를 구현하는 데 필요한 기본적인 express.js 사용 방법을 알아본다.

node.js 패키지 중에서 가장 유명한 패키지인 express.js의 전역 설치나 특정 프로젝트 설치는 다음과 같이 npm 명령을 이용한다.

```
>npm install -g express
>npm install express --save
```

명령 프롬프트창을 열거나 윈도우 탐색기를 실행해 withexpress 디렉터리를 생성하고 해당 디렉터리로 이동한 다음 npm init 명령으로 package.json 파일 생성, express 설치 순으로 진행한다.

```
>npm init
>npm install express --save
```

정상적으로 설치되면 node_modules 폴더가 생성되고 그 안에 다양한 패키지가 생성돼 있는 것을 알 수 있다. app.js 파일을 추가하고 앞서 예제 코드를 전체 복사한 후 다음과 같이 코드를 수정한다.

```
const express = require('express');
const app = express();
const hostname ='127.0.0.1';
const port = 1377;
```

```
app.get('/', (req, res) => {
  res.status = 200;
  res.set('Content-Type', 'text/html');
  res.write('<html></html>' +
        '<head>' +
        ' <title>Test</title> ' +
        ' <meta charset="utf-8" />' +
        '</head>' +
        '<body>' +
        ' <div>안녕하세요.</div>' +
        '</body>');
  res.end();
});
app.listen(port, hostname, () => {
  console.log('서버 동작 중... 포트(port) : ' + port);
})
```

위 코드를 설명하면 express 모듈이 필요하므로 require() 함수를 이용해 express 모듈을 가져온 후 app 변수에 할당해 서버 역할을 하는 express 인스턴스를 만든다.

```
const express = require('express');
const app = express():
```

브라우저(혹은 클라이언트)로부터 HTTP 요청을 처리하려면 app.get() 메서드를 이용한다. 다음과 같은 형식을 사용한다.

```
app.get(path, callback):
app.get('/', function(request, response)  { //처리할 코드들 }
```

위에서 path 파라미터에 해당하는 '/'는 '/test', '/products', '/product/:id' 등과 같은 다양한 형태로 라우트route 경로를 정의할 수 있고 요청에 대해 클라이언트(브라우저)로 전달할 데이터들을 정의한다. app.get() 안에서 사용된 res.set() 메서드는 HTTP 응답 헤더를 설정하는 데 사용하며 응답하는 형식이 html임을 나타낸다. 위 예제 실행은 이전의 예제와 같이 node app.js와 함께 입력하면 되고 실행결과는 동일하게 '안녕하세요'를 출력한다.

get() 메서드의 기능을 확인하려면 app.get() 메서드 부분을 복사해서 app.listen() 메서드 위 라인에 붙여넣은 후 app('/test', ~) 형태로 수정한다. '안녕하세요'를 '테스트입니다'로 수정하고 서버를 재시작한 후 브라우저에서 확인하면 그림 9-28과 같이 나타난다.

그림 9-28 withexpress 실행결과

Express는 크게 Application, Request, Response, Router로 구분하며 다음과 같은 기능을 한다.

Application은 express 애플리케이션을 나타내며 app.get(), app.post(), app.put(), app.delete() 메서드를 이용해 HTTP 요청[request]에 대해서 처리하고 라우팅하는 기능을 제공한다. 또한 app.engine() 메서드를 이용해 'pug', 'EJS' 같은 템플릿 엔진을 등록하고 app.listen() 메서드를 이용해 호스트[host]와 포트[port]를 열고 클라이언트 요청을 기다리는 작업 등을 할 수 있다.

Request는 app.get() 메서드의 콜백함수의 첫 번째 파라미터에서 보는 것처럼 서버로 요청[Request]하는 정보를 담고 있으며 보통 Request를 줄여서 req로 표시한다. 만일 클라이언트(브라우저)에서 보낸 데이터를 체크하려면 req.body 프로퍼티를 이용하면 되는데 기본 값이 undefined이므로 클라이언트(브라우저)에서의 요청[request]이 json 형태일 경우 .use(express.json())과 같이 JSON 형태를 파싱[parsing]할 수 있도록 코드를 추가해야 한다.

Response는 Request에 대응되는 개념으로 클라이언트(브라우저)로부터 온 요청 Request을 응답Response 한다. 위의 코드에서 보는 것처럼 상태 정보, set() 메서드를 이용해 전달하는 콘텐츠의 타입을 설정할 수도 있고 write(), send() 메서드를 이용해 단순한 데이터들을 전달하거나 json() 메서드를 이용해 json 형태로 응답을 보낼 수 있다. 이외에도 쿠키cookie를 설정하거나 지우고 파일을 전송하거나 다운로드하는 등의 작업을 처리할 수도 있다.

Router는 미들웨어middleware와 라우트route 기능만 있는 미니 express.js 애플리케이션으로 다음과 같은 형식으로 사용할 수 있다.

```
var express = require('express');
var router = express.Router();

router.get('/', function (req, res) { res.send('home 페이지'); })
router.get('/login', function (req, res) { res.send('login 페이지'); })
```

언뜻 보기에도 기존의 app.get(), app.post(), app.put(), app.delete() 같은 메서드들을 이용한 애플리케이션 수준level의 미들웨어middleware와 기능이 비슷하며 추가적으로 모듈 형태로 라우팅을 구현할 때 유용하다.

withexpress 프로젝트는 http://localhost:1377로 접근할 수 있다. 여기에 Express.js가 지원하는 라우터를 이용해서 http://localhost:1377/memo, http://localhost:1377/memo/login과 같은 새로운 라우팅을 만들어본다. 이를 위해 withexpress 폴더를 vscode를 실행해 연 후 memo.js 파일을 추가하고 다음과 같이 코드를 작성한다.

```
var express = require('express');
var router = express.Router();

router.get('/', function (req, res) { res.send('메모 홈(home) 페이지'); })
```

```
router.get('/login', function (req, res) { res.send('login 페이지'); })

module.exports = router;
```

위에서 module.exports를 이용해 생성한 라우터를 export해 외부에서 이 라우터를 임포트^{import}할 수 있게 한다. 작성된 memo.js 모듈을 index.js에서 사용하려면 require()를 이용해 정의된 memo.js 모듈을 임포팅^{importing}하고 그 다음 app.use () 메서드를 이용해 라우터를 추가한다.

```
const port = 1377;
const memo = require('./memo.js');
app.use('/memo', memo);
```

저장하고 node index.js를 터미널에 입력해 실행한 후 브라우저에서 확인하면 memo.js에 정의한대로 라우팅이 가능하다.

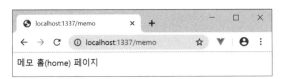

그림 9-29 withexpress 실행결과-memo

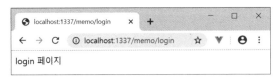

그림 9-30 withexpress 실행결과-memo-login

앞에서 app.get() 메서드는 콜백함수를 다음과 같이 request, response 형태를 취한다고 했었다.

```
app.get('/', function(request, response) { //처리할 코드들 }
```

여기에 next() 함수가 들어갈 수 있는데 next() 함수는 라우트 경로path와 일치하는 다음 라우터 처리 루틴을 호출하는 데 사용된다. next_func.js 파일을 추가하고 다음과 같이 코드를 작성한다.

```
const express = require('express');
const app = express();
const hostname ='127.0.0.1';
const port = 1377;

app.get("/", function(req, res, next){ console.log("step 1");  next(); });
app.get("/", function(req, res, next){ console.log("step 2");  next(); });
app.get("/", function(req, res, next){ console.log("step 3");  res.end(); });
app.listen(port, hostname, () => { console.log('서버 동작 중... 포트(port) : ' + port); })
```

위와 같이 app.get() 메서드를 동일한 라우트 경로('/')로 next() 함수를 포함해 정의하고 마지막 app.get() 메서드에서 res.end() 메서드를 호출해 요청request을 종료한다.

vscode의 터미널에 node next_func를 입력해 실행하고 터미널에서 확인하면 다음과 같이 next()에 의해 순차적으로 라우트 경로path와 일치하는 다음 라우터 처리 루틴을 호출한다.

```
C:\willbackup\VueJS Mybook\9. RESTful Service\src\withexpress>node next_func
서버 동작 중... 포트(port) : 1377
step 1
step 2
step 3
```

"이런 next() 함수는 어떻게 활용될 수 있을까?"하는 의문이 생길 수 있는데 next_func_up.js로 파일을 추가하고 다음과 같이 코드를 작성한다.

```
const express = require('express');
const app = express();
const hostname ='127.0.0.1';
const port = 1377;

function checkLogin() { return false; }
function logRequest() { console.log("새로운 요청"); }

app.get("/*", function(req, res, next){  logRequest();  next(); })
app.get("/*", function(req, res, next){
  if(checkLogin()) { next(); }
  else {
    console.log("로그인하지 않았습니다. 로그인하세요.");
    res.send("로그인하지 않았습니다. 로그인하세요.");
  }
})
app.get("/dashboard", function(req, res, next){ res.send("dashboard 페이지"); });
app.listen(port, hostname, () => { console.log('서버 동작 중... 포트(port) : ' + port); })
```

위에서 라우트 경로가 ("/*")인 요청[request]에 대해 첫 번째 app.get() 메서드에서 logRequest() 함수를 호출하고 next() 함수로 라우트 경로[path]와 일치하는 다음 라우터 처리 루틴인 2번째 app.get()을 호출한다. 그러면 checkLogin() 함수를 호출해 true, false에 따라서 처리하는데 현재는 false이므로 실행하면 "로그인하지 않았습니다. 로그인하세요."를 출력한다.

터미널에 node next_func_up을 입력해 실행한 후 브라우저에서 다음과 같이 입력한다.

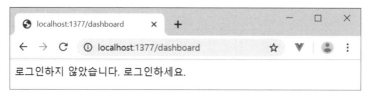

그림 9-31 next_func_up.js 실행(웹)

터미널의 로그를 보면 다음과 같이 나타난다.

```
서버 동작 중... 포트(port) : 1377
새로운 요청
로그인하지 않았습니다. 로그인하세요.
```

마지막으로 함수 checkLogin()에서 return true;로 설정하고 서버를 다시 시작한 후 브라우저를 확인하면 다음과 같이 정상적으로 dashboard 페이지에 접근됐음을 나타낸다. 이와 같이 next() 함수를 이용할 경우 동일한 경로에서 다수의 작업을 순차적으로 처리하거나 접근 제어를 처리할 때 유용하게 활용할 수 있다.

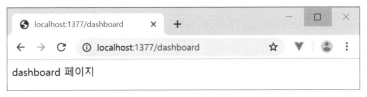

그림 9-32 next_func_up.js 실행(웹)-접근 성공

이상으로 express.js를 간략하게 알아봤다. 자세한 사항은 https://expressjs.com/en/4x/api.html이나 관련 도서를 참고하길 바란다.

9.5.2 RESTful 서비스 서버 + MongoDB

지금까지 학습한 내용을 바탕으로 RESTful 서버를 만들고 MongoDB에서 배운 내용을 바탕으로 MongoDB에 데이터베이스를 생성하며 그 안에서 새로운 데이터를 추가하고 기존의 데이터를 수정, 검색, 삭제할 수 있게 만들어보자.

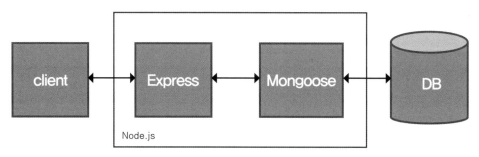

그림 9-33 client, DB 처리과정

클라이언트에서 Express 서버에 REST 요청을 하면 Mongoose로 MongoDB에 요청해 요청 처리 결과를 클라이언트에 전달한다. 위에서 Mongoose(https://mongoosejs.com)는 MongoDB와 관련해 가장 유명한 ODM^{Object Document Mapping}이다. ODM이란 쉽게 말해서 자바스크립트 객체^{Object}를 MongoDB의 Document로 매칭시킨다는 의미다. 이를 이용해서 Mongodb에 Document를 추가할 때 스키마^{Schema} 개념을 적용해 값과 형식 등을 검사할 수 있고 프라미스^{promise}와 콜백^{callback} 기능 등을 제공해 효과적으로 데이터를 처리할 수 있다.

윈도우 탐색기를 실행해 rest_contacts 디렉터리를 생성하고 vscode를 실행해 생성한 디렉터리를 연다. vscode의 메뉴 중 **터미널(Terminal) → 새 터미널(New Terminal)**을 실행한 후 npm init 명령을 실행해 디폴트값으로 package.json 파일을 생성하고 필요한 패키지를 설치한다.

```
npm install express mongoose body-parser cors --save
```

body-parser는 HTTP POST 요청을 처리하려고 설치하는 것으로 HTTP POST 요청으로 전달된 JSON, buffer, string 및 url로 인코딩된 데이터를 파싱(구문 분석)하는 데 사용된다.

인터넷 초창기에는 보안을 고려하지 않았지만 웹사이트에서 해킹이 빈번하게 발생하고 이로 인해 금전적, 정신적 피해가 증가하면서 보안상의 이유로 동일한 도메인으로 HTTP 요청을 보내는 것만 가능해졌다. 이를 Same-Origin Policy라고 한다. 자바스크립트에서는 스크립트가 실행되는 페이지와 Ajax 같은 비동기 호출 시 주소의 프로토콜, 호스트, 포트 번호가 모두 같아야 한다.

CORS^{Origin Resource Sharing}는 이러한 문제를 해결하기 위해 다른 도메인에서 요청하는 것을 허용한다.

cors를 설치하지 않고 RESTful(http://localhost:8000/contacts) 서버에 vue.js를 이용해 만든 CLI 프로젝트를 브라우저(http://localhost:8080)를 통해 접근하면 다음과 같은 CORS 에러를 나타낸다.

"Access to XMLHttpRequest at 'http://localhost:8000/contacts' from origin 'http://localhost:8080' has been blocked by CORS policy:
Response to preflight request doesn't pass access control check: No 'Access-Control-Allow-Origin' header is present on the requested resource."

정상적으로 설치되면 package.json 파일에 dependencies 부분에 설치된 패키지가 버전과 함께 나타난다. 이제 index.js 파일을 추가하고 서버가 동작하도록 작성한다.

```javascript
const express = require('express');
const bodyparser = require('body-parser');
const cors = require('cors');
const app = express();        // express app 생성

app.use(bodyparser.json());  // json 형식 파싱하기
app.use(cors()); // cors 적용

const dbconfig = require("./db.js");
const mongoose = require('mongoose');
// 데이터베이스 연결 및 상태 로깅
mongoose.connect(dbconfig.url, { useNewUrlParser:true })
.then( () => {
    console.log("정상적으로 MongoDB 서버에 연결되었습니다.");
```

```
}).catch( err => {
    console.log("MongoDB에 연결되지 않았습니다.", err);
});

app.get('/', (req, res) => {
  console.log(req);
  res.json({"message": "여러분들을 환영합니다."});
})

var port = process.env.PORT || 8000;  //서버 포트(port) 설정

// 클라이언트로부터 요청 듣기
app.listen(port, ()=> { console.log("포트 : " + port + " 을 열고 서버 동작 중...") });
```

위 코드에서 로컬 MongoDB에 연결하기 위한 mongoose.connect() 메서드는 기본적으로 다음과 같은 형식을 사용한다.

```
mongoose.connect('mongodb://localhost:27017/myapp', {useNewUrlParser: true});
```

로컬 컴퓨터의 포트는 27017이고 사용할 로컬 데이터베이스는 myapp으로 Mongo의 새로운 URL Parser를 사용한다는 의미다. 이제 위에서 언급한 db.js 파일을 새롭게 추가하고 다음과 같이 로컬 컴퓨터에 설치된 MongoDB에 연결하는 코드를 작성한다.

```
module.exports = { url:'mongodb://localhost:27017/contactlist'}
```

MongoDB 서버가 동작 중인지 확인하고 만약 동작하고 있지 않다면 MongoDB에서와 같이 명령 프롬프트를 열고 다음과 같이 입력해 서버를 시작한다.

```
C:\MongoDB\bin\mongod.exe --dbpath C:\MongoDB\data\db
```

명령 프롬프트에 다음과 같은 메시지를 표시하면서 MongoDB가 시작된 것을 확인한다.

```
2019-02-23T00:09:42.589-0700 I CONTROL  [main] Automatically disabling TLS 1.0, to
force-enable TLS 1.0 specify --sslDisabledProtocols 'none'
2019-02-23T00:09:42.594-0700 I CONTROL  [initandlisten] MongoDB starting : pid=14192
port=27017
```

터미널에서 node index.js를 입력하면 서버가 8080 포트를 열고 동작하며 MongoDB에도 정상적으로 연결됐다고 표시한다.

```
>node index.js
포트 : 8000 을 열고 서버 동작 중...
정상적으로 MongoDB 서버에 연결되었습니다.
```

브라우저에서 보면 다음과 같다.

그림 9-34 localhost 8000 실행결과

클라이언트에서 REST 서버에 GET, POST, PUT, DELETE를 요청하면 REST 서버는 MongoDB에 데이터를 저장, 수정, 삭제, 검색한다. 그 과정에서 사용되는 자바스크립트 객체(object)는 다음과 같은 형식을 따른다.

```
{
  "contactId": 1
  "name": "김창수"
  "email": "cskim@naver.com"
```

```
    "gender": "남성"
    "phone": "01033792549"
}
```

위와 같은 자바스크립트 객체를 MongoDB에 Document 형태로 매핑하는 데 mongoose 스키마^{schema}를 사용한다. 스키마를 사용하면 생성할 계정 아이디 같이 반드시 입력해야 할 데이터에 대한 데이터 타입이나 기본 값을 필드를 정의하면서 사용할 수 있다. 예를 들어 위와 같이 연락처^{contact}에 대한 스키마는 다음과 같이 정의 할 수 있다.

```
var ContactSchema = mongoose.Schema({
 contactId: { type: Number, require:true},
  …
});
```

이렇게 정의된 스키마는 mongoose.model() 메서드를 이용해 모델이 되고 mongoose 스키마로 정의된 모델을 이용해 해당하는 객체를 읽고, 쓰고, 수정하고 삭제할 수 있게 된다. 이러한 이해를 바탕으로 RESTful 서비스에 사용할 model을 만들려면 contact.model.js 파일을 생성하고 require() 함수를 이용해 mongoose 를 사용할 수 있도록 다음과 같이 정의한다.

```
const mongoose = require('mongoose');

var ContactSchema = mongoose.Schema({    // 스키마(Schema) 설정
  contactId: {type: Number, require:true},
  name: { type: String, require: true},
  email: { type: String, require: true},
  gender: String,
  phone: String,
  register_date: { type: Date, default:Date.now}
})
```

```
module.exports = mongoose.model('Contact', ContactSchema);
```

ContactSchema의 정의 부분에서 "contactId"를 시작으로 순서대로 데이터 타입^{type}이 입력돼야 함을 나타내는 require를 이용해 각 필드를 정의한다. requireregister_date 필드는 현재의 날짜를 저장하기 위해 정의한다.

mongoose.model() 메서드를 이용해 첫 번째 Contact는 mongoose가 생성할 데이터베이스 콜렉션 이름을 나타내고 두 번째 ContactSchema는 모델을 만들 때 사용할 스키마를 나타낸다. 이로써 Contact 모델이 생성되며 module.exports를 이용해 생성한 Contact 모델을 다른 파일에서 사용할 수 있도록 export한다.

다음으로 요청을 처리할 라우팅^{Routing} 부분을 작성해야 하는데 index.js에 모두 둘 수 있지만 router.js 파일을 만들고 필요한 기능을 작성한 후 이를 index.js에서 적용한다. 먼저 router.js 파일을 생성하고 다음과 같이 코드를 작성한다.

```
module.exports = (app) => {
  const contacts = require('./contact.controller.js');  // contact.controller.js를 로딩
  app.get('/contacts', contacts.findAll);                  // 모든 연락처 검색
  app.get('/contacts/:contactId', contacts.findOne);   // 특정 연락처 검색
  app.post('/contacts',contacts.create);                   // 새로운 연락처 추가
  app.put('/contacts/:contactId', contacts.update);    // 특정 연락처 업데이트
  app.delete('/contacts/:contactId', contacts.delete); // 특정 연락처 삭제
}
```

위에서 contacts.findAll, contacts.findOne 등은 주석에 나타난 것처럼 해당 작업을 요청하는 메서드로 이후 contact.controller.js에서 정의한다. 클라이언트에서 요청^{request}했을 때 정의한 router.js를 이용해 라우팅할 수 있도록 index.js 파일을 열어서 "//서버 포트^{port} 설정" 위에 다음의 코드를 추가한다.

```
require('./router.js')(app);
```

위에서 언급한 contact.controller.js 파일을 추가하고 router.js에서 언급한 메서드를 다음과 같이 작성한다. 새로운 연락처[contact] 추가 부분은 다음과 같다.

```javascript
const Contact = require('./contact.model.js');

exports.create = (req, res) => {
  // 새로운 연락처 만들기
  const contact = new Contact({
    contactId: req.body.contactId,
    name: req.body.name,
    email: req.body.email,
    gender: req.body.gender,
    phone:req.body.phone
  });

  // 데이터베이스에 새로운 연락처 저장하기
  contact.save()
  .then(data => { res.send(data); })
  .catch(err => {
    res.status(500).send({ message: err.message});
  });
};
```

위 코드는 router.js 내에서 post 메서드 발생 시 호출되는 create() 함수를 정의한 것이다. 새로운 Document를 MongoDB에 저장하려면 새로운 연락처 객체인 contact를 contact.mode.js에 정의된 스키마를 이용해 만들고 이를 mongoose API에서 제공하는 save() 메서드를 이용해 db.js에 명시한 로컬 MongoDB에 저장한다.

기존 연락처[contact] 모두를 검색하는 부분인 findAll() 메서드는 다음의 코드와 같이 mongoose API에서 제공하는 find() 메서드를 이용해 모든 연락처(contact)를 검색한다.

```
exports.findAll = (req, res) => {
  Contact.find()
  .then( contacts => { res.send(contacts);  })
  .catch(err => {
    res.status(500).send({ message: err.message });
  });
};
```

contactId를 기준으로 특정 연락처만 검색하려면 mongoose API에서 제공하는 findOne() 메서드를 사용한다. MongoDB에 도큐먼트를 추가할 때 자동적으로 생성되는 "_id" 값을 이용해 검색할 경우에는 findById() 메서드를 이용한다.

```
exports.findOne = (req, res) => {
  Contact.findOne({contactId : req.params.contactId})
  .then( contact => {
    if(!contact){
      return res.status(404).send({
        message: req.params.contactId + "에 해당하는 연락처가 없습니다." });
    }
    res.send(contact);
  }).catch(err => {
    return res.status(500).send({ message: req.params.contactId +
      "로 검색 중 에러 발생" });
  });
};
```

기존의 연락처 중 contactId로 특정 연락처를 업데이트할 경우 mongoose API에서 제공하는 findOneAndUpdate() 메서드를 이용한다. "_id" 값을 이용해 업데이트할 경우에는 findByIdAndUpdate() 메서드를 이용한다.

```
exports.update = (req, res) => {
  Contact.findOneAndUpdate( {contactId:req.params.contactId},
    { contactId: req.body.contactId, name:req.body.name, email:req.body.email,
```

```
      gender:req.body.gender, phone:req.body.phone }, {new:true}
    )
    .then(contact => {
      if(!contact) {
        return res.status(404).send({ message: req.params.contactId +
          "에 해당하는 연락처(contact) 발견되지 않았습니다." })
      }
      res.send(contact);
    }).catch(err => {
      return res.status(500).send({ message: err.message });
    });
};
```

마지막으로 mongoose API에서 제공하는 findOneAndDelete() 메서드를 이용해 삭제할 수 있다.

```
exports.delete = (req, res) => {
  Contact.findOneAndDelete({contactId:req.params.contactId})
  .then(contact => {
    if(!contact) {
      return res.status(404).send({
        message: req.params.contactId +"에 해당하는 연락처(contact)가 없습니다." })
    }
    res.send({ message: "정상적으로 " + req.params.contactId + " 연락처가 삭제되었습니다." })
  })
  .catch(err => {
    return res.status(500).send({ message: err.message });
  });
};
```

브라우저를 열어서 다음과 같이 http://localhost:8000/contacts를 입력하면 조금 전 결과와는 다르게 검색되는 데이터가 없음을 나타낸다.

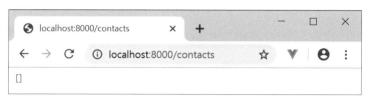

그림 9-35 localhost 8000 contacts 실행결과

9.5.3 Postman을 이용한 REST 서비스 테스팅

지금까지 작성한 REST 서버가 정상적으로 동작하는지 확인하려면 Postman을 설치해 알아본다. Postman은 Node.js를 이용해 RESTful 서비스를 만들 경우 제대로 동작하는지 확인하는 프로그램이다. 만든 서비스에 요청[Request]을 보내고 응답[Response]를 받을 수 있는 일종의 HTTP 클라이언트 프로그램으로 API 테스팅 도구로 많이 사용한다.

이외에도 세부적으로 다양한 기능들을 제공하는데 여기서는 JSON 형태의 객체[Object]를 이용해 로컬 컴퓨터에 설치된 MongoDB에 새로운 문서를 추가하거나 문서를 검색하고 수정, 삭제하는 방법을 알아본다.

Postman을 사용하려면 공식 사이트(https://www.getpostman.com/downloads)에서 Postman 설치파일(Postman-win64-6.7.3-Setup.exe)을 다운로드한 후 실행한다. 설치를 시작하면 계정을 생성하거나 구글 계정으로 로그인하는 화면이 나타난다. 편한 방법을 선택해 로그인하면 다음과 같이 Untitle Request 탭이 나타난다.

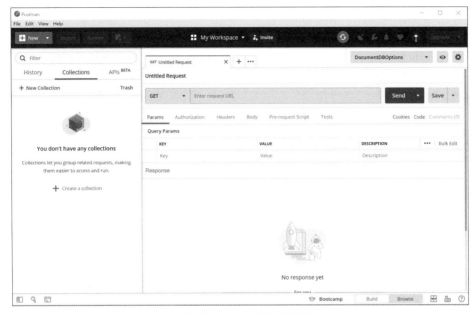

그림 9-36 postman 처음 실행화면

데이터 추가(POST)

로컬 컴퓨터에 MongoDB와 앞서 작성한 RESTful 서버가 동작하는 상태에서 Postman을 이용해 json 형태의 데이터를 추가[Post]하려면 그림 9-37과 같이 HTTP 메서드를 POST로 변경하고 URL을 입력한 후 **Send** 버튼을 클릭한다.

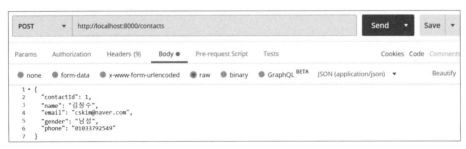

그림 9-37 POST 메서드-request

contact.model.js에서 스키마를 정의하면서 register_date 필드를 정의했다. 이 값은 자동적으로 현재 날짜를 저장하므로 이에 대한 코드는 작성하지 않아도 된다. 하단의 Response 부분에 다음과 같이 MongoDB에 추가된 데이터가 나타난다.

그림 9-38 POST 메서드-response

브라우저를 통해 확인하면 동일한 결과가 나타난다.

그림 9-39 POST 메서드-response(웹)

동일한 방법으로 Postman을 이용해 다음과 같은 연락처 2개를 추가한다.

```
{
  "contactId":2,
  "name":"이경진",
  "email":"kjlee79@gmail.com",
  "phone":"01123457898",
  "gender":"여성"
}
```

```
{
  "contactId":3,
  "name":"최민식",
  "email":"mschoi@outlook.com",
  "phone":"01065477121",
  "gender":"남성"
}
```

데이터 검색(GET)

3개의 연락처가 MongoDB에 저장돼 있으므로 브라우저에서 전체 연락처와 특정 연락처를 각각 다음과 같이 검색할 수 있다.

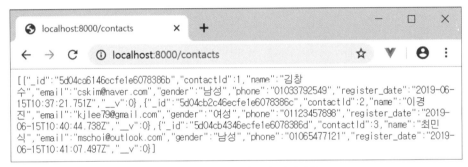

그림 9-40 데이터 검색(GET)-전체 검색

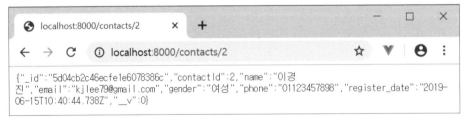

그림 9-41 데이터 검색(GET)-부분 검색

데이터 업데이트(PUT)

최민식의 이메일 주소가 mschoi@outlook.com에서 mschoi@gmail.com으로 바뀌

어 이를 적용할 경우 Postman에서 POST를 PUT으로 바꿔 그림 9-42와 같이 처리한다.

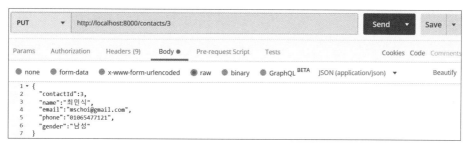

그림 9-42 PUT 데이터 업데이트

하단의 Response 부분을 보거나 브라우저를 실행해 확인하면 최민식의 이메일 주소가 정확히 변경된 것을 알 수 있다.

데이터 삭제(DELETE)

이경진의 데이터를 삭제할 경우에는 그림 9-43과 같이 DELETE로 변경하고 이경진의 contactId가 2인 것을 다음과 같이 작성한 후 **Send** 버튼을 클릭한다.

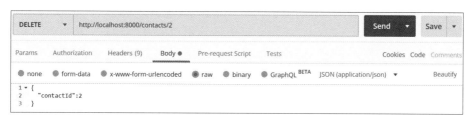

그림 9-43 DELETE 메서드의 데이터 삭제

브라우저에서 확인하면 {"message":"연락처에 2에 해당하는 연락처가 없습니다."} 메시지를 나타낸다.

9.6 Vue.js + RESTful 서비스 + MongoDB

지금까지 RESTful 서버를 만들고 만들어진 서버를 통해 로컬에서 동작하는 MongoDB에 Postman을 이용해 데이터를 추가, 수정, 검색, 삭제하는 방법을 알아 봤다. 이제 이렇게 만들어진 RESTful 서버 + DB에 클라이언트단으로 Vue.js를 이용 해 추가, 수정, 검색, 삭제하는 방법을 알아본다.

vuetify에는 연락처를 테이블 형태로 나타내는 data table 컴포넌트가 있다.

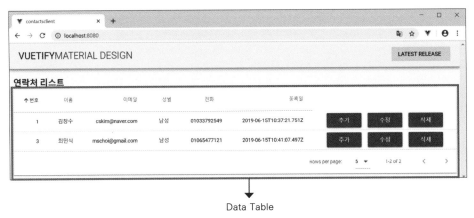

Data Table

그림 9-44 처음 실행결과

그림 9-44의 결과는 MongoDB의 contactlist 데이터베이스에 존재하는 연락처 contact 정보를 나타낸 것이다. Data table 컴포넌트는 테이블 형태의 데이터를 나타내 는 데 사용되며 다음과 같은 template 형태로 구성된다.

```
<v-data-table :headers="headers" :items="items" class="elevation-1">
  <template v-slot:top>
    …
  </template>
</v-data-table>
```

headers는 번호, 이름, 이메일, 성별, 전화, 등록 같은 것으로 〈script〉 부분에서

data 객체 내에 정의된 headers와 바인딩된다.

```
<script>
import axios from 'axios';
export default {
  data () {
    return {
      headers: [
        { text: '번호', align: 'right', value: 'contactId'},
        { text: '이름', align: 'center',value: 'name' },
         …
      ],
      items:[],
      …
    }
  }
  …
}
```

axios를 이용해 가져온 데이터는 items와 바인딩돼 나타난다. 기본적인 data table의 이해를 바탕으로 Vue.js를 이용해 클라이언트 부분을 시작한다. 명령 프롬프트를 실행한 후 vue create 명령을 이용해 RESTful 서버에 연동할 Vue.js 클라이언트 프로젝트를 생성한다.

```
>vue create contactsclient --default
```

프로젝트가 생성되면 vscode로 해당 폴더를 연다. 그 다음 터미널 메뉴에서 새 터미널을 실행한 후 터미널에 vue add vuetify를 입력해 설치를 시작하고 preset을 선택하는 옵션에서 Default를 선택해 vuetify를 설치한다. 설치가 완료된 후 npm run serve 명령으로 정상적으로 vuetify가 설치된 것을 확인하고 App.vue 파일을 열어서 다음과 같이 수정한다.

```
    <v-content>
      <h2>연락처 리스트</h2>
      <data-table></data-table>
    </v-content>
    …
<script>
import DataTable from './components/DataTable';
export default {
  name: 'App',
  components: { DataTable },
…
<style scoped>
  h2{ margin-top:20px; margin-left: 10px; color:blue; }
</style>
```

axios 패키지를 이용해 RESTful 서버에 요청할 것이므로 터미널에 npm install --save axios를 입력 실행해 패키지를 설치한다.

App.vue에서 언급된 DataTable 컴포넌트를 정의하려면 components 폴더에 DataTable.vue 파일을 추가하고 다음과 같이 코드를 작성한다.

```
<<template>
  <div id="app">
    <v-data-table :headers="headers" :items="items" class="elevation-1">
      <template v-slot:top>
        <v-dialog v-model="dialog" persistent max-width="500px">
          <v-card>
            <v-card-title>
              <span class="headline">{{dialogTitle}}</span>
            </v-card-title>
            <v-card-text>
              <v-container grid-list-md>
                <v-layout wrap>
                  <v-flex xs12>
                    <v-text-field label="번호" v-model="contactInfo.contactId" required>
                    </v-text-field>
```

```html
        </v-flex>
        <v-flex xs12>
          <v-text-field label="이름" v-model="contactInfo.name" required>
          </v-text-field>
        </v-flex>
        <v-flex xs12>
          <v-text-field label="이메일" v-model="contactInfo.email" required>
          </v-text-field>
        </v-flex>
        <v-flex xs12>
          <v-text-field label="성별" v-model="contactInfo.gender" required>
          </v-text-field>
        </v-flex>
        <v-flex xs12>
          <v-text-field label="전화" v-model="contactInfo.phone" required>
          </v-text-field>
        </v-flex>
        <v-flex xs12>
          <v-text-field label="등록일" v-model="contactInfo.register_date" required>
          </v-text-field>
        </v-flex>
      </v-layout>
    </v-container>
  </v-card-text>
  <v-card-actions>
  <v-spacer></v-spacer>
    <v-btn color="blue darken-1" text @click="btnClick($event)">취소</v-btn>
    <v-btn color="blue darken-1" text @click="btnClick($event)">확인</v-btn>
  </v-card-actions>
    </v-card>
  </v-dialog>
</template>
<template v-slot:item.action="{ item }">
 <v-btn  color="primary" class="mr-2" v-on:click.native="addContact()">추가</v-btn>
 <v-btn color="primary" class="mr-2" v-on:click.native="updateContact(item)">
 수정</v-btn>
 <v-btn color="primary" class="mr-2" v-on:click.native="deleteContact(item)">
```

```
    삭제</v-btn>
  </template>
</v-data-table>
  </div>
</template>
```

〈v-dialog v-model="dialog" 〉</v-dialog〉 부분은 data 객체 내의 dialog와 바인딩돼 기본적으로 실행화면에서 나타나지 않는다. v-data-table에 정의된 3개의 v-btn을 클릭하면 추가, 수정, 삭제 타이틀을 나타내는 대화상자 형태로 나타난다. 이어서 〈script〉 블록을 동작중인 Restful 서버에 요청해 axios를 사용할 수 있도록 작성한다.

```
<script>
import axios from 'axios';
export default {
  data () {
    return {
      urlinfo:'http://localhost:8000/contacts',
      contactInfo:{
        _id: null,
        contactId: null,
        name:null,
        email:null,
        gender:null,
        phone:null,
        register_date: null
      },
      dialog: false,
      dialogTitle:null,
      headers: [
        { text: '번호', align: 'right', value: 'contactId'},
        { text: '이름', align: 'center',value: 'name' },
        { text: '이메일', align: 'right', value: 'email' },
        { text: '성별', align: 'center', value: 'gender' },
        { text: '전화', align: 'center', value: 'phone' },
        { text: '등록일', align: 'right', value: 'register_date' },
```

```
      {text: '작업', align: 'center', value:'action'}
    ],
    items:[]
  }
},
created(){
  axios.get(this.urlinfo) // 서버에 요청하기
  .then((res) => {
    console.log(res.data); // 성공 시
    this.items = res.data;
  })
  .catch((err) => { alert('에러 발생: ' + err);  });    // 에러 발생
},
methods: {
  // 추가할 코드들
}
</script>
<style scoped>
  div{ margin:0 5px 0 5px; }
</style>
```

data 객체에 정의된 urlinfo 프로퍼티는 Vue.js 클라이언트를 이용해 RESTful 서비스를 제공하는 RESTful 서버에 연결할 URL 정보를 정의한 것이다. contactInfo 프로퍼티는 연결하려는 RESTful 서버에 전달하거나 전달받는 데이터를 정의한 것이다. header 프로퍼티는 Data Table 컴포넌트에 나타낼 헤더 정보를 정의한다. 마지막은 created()으로 axios.get() 메서드를 이용해 Restful 서버로부터 모든 연락처를 가져와서 items에 저장한다.

위와 같이 작성한 후 npm run serve 명령으로 실행하면 다음과 같이 기본적으로 RESTful 서버에 연결해 MongoDB에 저장돼 있는 모든 연락처[contact]의 정보를 가져와서 나타낸다.

그림 9-45 처음 실행결과

데이터 추가하기

그림 9-45의 실행결과에서 **추가** 버튼을 클릭하면 addContact() 메서드가 동작한다. addContact() 메서드를 다음과 같이 추가한다.

```
methods: {
  // 추가할 코드들
  addContact(){
    this.dialog = true;
    this.dialogTitle = "추가";
    this.contactInfo.register_date = Date.now();
  }
}
```

위와 같이 작성하고 **추가** 버튼을 클릭하면 dialog 값이 true가 돼 그림 9-46과 같이 v-dialog 컴포넌트가 RESTful 서버에 전송할 데이터를 입력하는 화면을 나타낸다.

그림 9-46 데이터 추가

그림 9-46에서 **취소** 버튼을 클릭하면 v-dialog 컴포넌트는 사라지고 **확인** 버튼을 클릭하면 RESTful 서버로 데이터를 전송한다. v-dialog 컴포넌트는 추가, 수정, 삭제 버튼에서 같이 사용하므로 실제 동작 코드는 수정, 삭제 버튼의 코드를 작성한 후 마지막에 해보기로 한다.

데이터 수정하기

수정 버튼을 클릭하면 updateContact(item) 메서드가 동작하므로 이에 대한 코드를 addContact() 메서드 다음에 작성한다.

```
updateContact(data){
  this.dialog = true;
  this.dialogTitle = "수정";
  this.contactInfo.contactId = data.contactId;
  this.contactInfo.name = data.name;
  this.contactInfo.email = data.email;
  this.contactInfo.gender = data.gender;
  this.contactInfo.phone = data.phone;
```

```
    this.contactInfo.register_date = data.register_date;
  }
```

수정 버튼을 클릭하면 dialog 값이 true돼 **추가** 버튼을 클릭했을 때와 같이 v-dialog 컴포넌트가 "수정"이라는 타이틀에 선택된 연락처를 포함해 나타낸다.

데이터 삭제하기

삭제 버튼을 클릭하면 deleteContact(item) 메서드가 동작하므로 이에 대한 코드를 updateContact() 메서드 다음에 작성한다.

```
deleteContact(data){
  this.dialog = true;
  this.dialogTitle = "삭제";
  this.contactInfo.contactId = data.contactId;
  console.log('deleteContact : ' + data);
}
```

삭제 버튼을 클릭하면 dialog 값이 true가 돼 추가, 수정 버튼을 클릭했을 때와 같이 v-dialog 컴포넌트가 "삭제"라는 타이틀에 선택된 연락처의 contactId만을 포함해 나타난다.

마지막으로 **추가, 수정, 삭제** 버튼을 클릭해 나타나는 v-dialog 대화상자에서 **확인** 버튼을 클릭하면 실제로 Restful 서버에 요청된다. 해당하는 작업이 MongoDB에서 일어나도록 하려면 deleteContact() 메서드 다음 라인에 btnClick() 메서드를 작성한다.

```
btnClick($event){
  this.dialog = false;
  if($event.target.innerHTML == "확인"){
    if(this.dialogTitle =="추가"){
      axios.post(this.urlinfo,{
        contactId: this.contactInfo.contactId, name: this.contactInfo.name,
```

```
        email: this.contactInfo.email, gender: this.contactInfo.gender,
          phone: this.contactInfo.phone
      })
      .then(() => {
        axios.get(this.urlinfo) // 서버에 요청하기
        .then((res) => { this.items = res.data;  alert("연락처 추가 성공");  })
        .catch((err) => { alert('에러 발생: ' + err);  });
      })
      .catch((err) => { alert('에러 발생: ' + err);  });
    }
    else if(this.dialogTitle=="수정"){
      axios.put(this.urlinfo + '/'+ this.contactInfo.contactId, {
        contactId: this.contactInfo.contactId, name: this.contactInfo.name,
        email: this.contactInfo.email, gender: this.contactInfo.gender,
        phone:this.contactInfo.phone, register_date:this.contactInfo.register_date
      })
      .then(() => {
        axios.get(this.urlinfo) // 서버에 요청하기
        .then((res) => { this.items = res.data; alert("업데이트 성공"); })
        .catch((err) => { alert('에러 발생: ' + err);  });
      })
      .catch((err) => { alert('에러 발생: ' + err);  });
    }
    else {
      axios.delete(this.urlinfo + '/'+ this.contactInfo.contactId,
                 { data: { contactId: this.contactInfo.contactId } } )
      .then((result) => {
        axios.get(this.urlinfo) // 서버에 요청하기
        .then((res) => { this.items = res.data; alert("삭제 성공"); })
        .catch((err) => { alert(' 삭제 후 데이터 가져오는 중 에러 발생: ' + err);  });
      })
      .catch((err) => { alert('에러 발생: ' + err); });
    }
  }
  this.contactInfo.contactId = null;
  this.contactInfo.name = null;
  this.contactInfo.email = null;
```

```
    this.contactInfo.gender = null;
    this.contactInfo.phone = null;
    this.contactInfo.register_date = null;
  }
```

이와 같이 작성한 후 다시 **추가** 버튼을 클릭해 앞서 입력한대로 다시 입력한다. **확인** 버튼을 클릭하면 그림 9-47과 같이 연락처가 추가 성공했다는 알림창이 뜬다.

localhost:8080 내용:

연락처 추가 성공

확인

그림 9-47 데이터 성공 알림

확인 버튼을 클릭하면 그림 9-48과 같이 정상적으로 데이터가 추가된 것을 알 수 있다.

↑번호	이름	이메일	성별	전화	등록일			
1	김창수	cskim@naver.com	남성	01033792549	2019-06-22T05:23:50.151Z	추가	수정	삭제
3	최민식	mschoi@gmail.com	남성	01065477121	2019-06-22T05:27:52.989Z	추가	수정	삭제
5	이혜진	hjlee@naver.com	여성	01027531213	2019-06-22T06:41:50.717Z	추가	수정	삭제

연락처 리스트

Rows per page: 5 ▼   1-3 of 3   <   >

그림 9-48 데이터 추가 결과화면

수정, 삭제 버튼을 클릭하면 다음과 같은 화면이 나타난다.

그림 9-49 데이터 수정 화면   **그림 9-50** 데이터 삭제 화면

수정화면에서 변경할 정보를 변경하고 **확인** 버튼을 클릭하면 수정이 이뤄지며 삭제화면에서 **확인** 버튼을 클릭하면 5번의 데이터가 MonoDB에서 삭제된다.

지금까지 Vue.js의 개념과 뷰 인스턴스를 이용해 Vue.js 애플리케이션을 시작하는 방법을 알아봤다. 이를 바탕으로 재사용할 수 있는 컴포넌트, 다양한 장치들의 반응형 디자인 방법, 라우팅, 효과적인 데이터 관리 방법을 학습했다. 또한 클라이언트(Vue.js) + RESTful 서버 + DB(MongoDB)로 구성되는 MEVN(MongoDB, Express, Vue, Node.js) 스택의 예제를 구체적으로 알아봤다.

예제에서 MongoDB에 연결하는 코드를 별도 파일로 분리해 해당 파일만 수정하면 로컬이나 클라우드와 같은 외부 mongodb 서버로 연결할 수 있으므로 직접 확장해보길 바란다.

찾아보기

예제로 배우는 **Vue.js**

Vue.js 기초부터 MEVN(MongoDB, Express, Vue.js, Node.js)까지

발 행 ㅣ 2019년 10월 25일

지은이 ㅣ 원 철 연

펴낸이 ㅣ 권 성 준
편집장 ㅣ 황 영 주
편 집 ㅣ 이 지 은
디자인 ㅣ 박 주 란

에이콘출판주식회사
서울특별시 양천구 국회대로 287 (목동)
전화 02-2653-7600, 팩스 02-2653-0433
www.acornpub.co.kr / editor@acornpub.co.kr

한국어판 ⓒ 에이콘출판주식회사, 2019, Printed in Korea.
ISBN 979-11-6175-354-6
http://www.acornpub.co.kr/book/start-vuejs-mevn

이 도서의 국립중앙도서관 출판시도서목록(CIP)은 서지정보유통지원시스템 홈페이지(http://seoji.nl.go.kr)와
국가자료공동목록시스템(http://www.nl.go.kr/kolisnet)에서 이용하실 수 있습니다.(CIP제어번호: CIP2019041146)

책값은 뒤표지에 있습니다.